LA GLORIEUSE ÉPOPÉE DE NAPOLÉON

Les plus belles victoires de Napoléon

LES AUTEURS :

Patrick Facon est docteur en histoire, spécialiste de l'histoire militaire et directeur de recherche au Service Historique de l'Armée de Terre (SHAT).

Renée Grimaud est historienne, professeur à l'Institut de Recherche et d'Études Supérieures du Tourisme (IREST) et auteur de *Nos Ancêtres les Gaulois* (Editions Ouest France).

François Pernot est Maître de conférences en histoire moderne à l'Université de Cergy-Pontoise, auteur de plusieurs ouvrages, communications et articles sur l'histoire politique, militaire et diplomatique de la France et de l'Europe.

Edité par © Editions Atlas MMIII
1186, rue de Cocherel, 27000 Evreux

Cet ouvrage est une édition partielle enrichie de l'encyclopédie « Soldats de plomb de la Grande Armée de Napoléon ».

Directeur éditorial : Jean-Michel Boissier
Responsable d'édition : Patricia de Poncins
Adaptation éditoriale : Renée Grimaud
Adaptation maquette : Opixido
Compléments iconographiques : Anne Sibers
Cartographie : Michel Berget

Imprimé en U. E.
Dépôt légal : décembre 2003
ISBN : 2-7312-2791-5

Préface

Arcole, Rivoli, la campagne d'Italie, les Pyramides, la campagne d'Égypte, Marengo, Austerlitz, Iéna, Friedland, Wagram, la Moskova, Montmirail… des noms qui résonnent encore aujourd'hui dans la mémoire collective des Français, et de bon nombre d'Européens, comme autant de victoires de Napoléon. Des noms qui font naître des images tout droit sorties du panthéon de l'histoire de France : Bonaparte au pont d'Arcole, les cavaliers mamelouks tournoyant autour des carrés français sans parvenir à les percer, Desaix tombant foudroyé d'une balle à Marengo, le soleil d'Austerlitz, la charge de Murat à Iéna, le déchaînement de l'artillerie française à Friedland, les cuirassiers prenant d'assaut la Grande Redoute à la Moskova, le sacrifice des « Marie-Louise » à Montmirail… Des noms synonymes de masses humaines enchevêtrées dans de terribles combats au corps à corps, de feux de salve et d'explosions assourdissantes et meurtrières, de blessés, de prisonniers, d'hommes et de chevaux morts par milliers, mais aussi de grognards en uniformes chamarrés avançant en ligne et en rangs serrés sous le feu adverse, de charges de cavalerie héroïques, d'actes de bravoure incroyables…

Pourtant, les batailles et les victoires remportées par Napoléon sont bien plus que des noms gravés dans la mémoire collective européenne. Les enjeux et les forces en présence, les chefs qui placent et déplacent leurs troupes sur le champ de bataille, les hommes qui s'affrontent, les épreuves qu'ils subissent et les souffrances qu'ils endurent, les souvenirs qu'en gardent ceux qui échappent à la mort sont certes « objets d'histoire ». Mais, au-delà des combattants eux-mêmes, souvenons-nous que ces affrontements mobilisent des sociétés en lutte, avec leurs régimes politiques, leurs idéologies, leurs potentialités démographiques, économiques, techniques et culturelles. Nous en percevons encore l'écho.

François Pernot

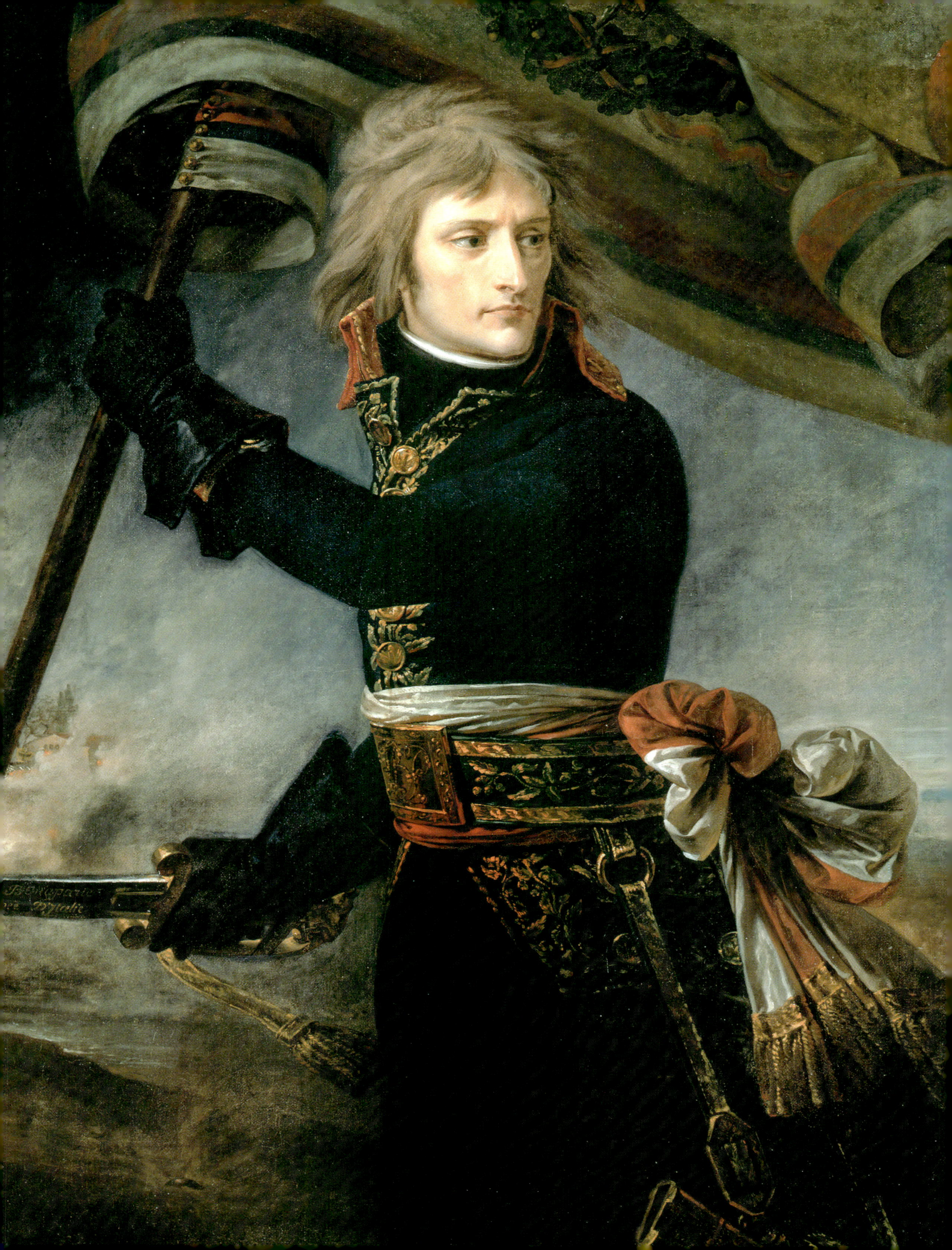

avril 1796 - octobre 1797

La première campagne d'Italie

Ci-contre : le général Bonaparte reçoit le sabre d'un officier autrichien mortellement blessé sur un champ de bataille pendant la campagne d'Italie *(tableau d'Antoine, musée de Versailles).*

Page de gauche : Bonaparte fait passer le pont d'Arcole à ses grenadiers, le drapeau à la main. Cette victoire va lancer la carrière politique du jeune général, en l'imposant conjointement à l'armée d'Italie et au Directoire *(tableau de Gros, musée de Versailles).*

« *Soldats, vous êtes nus, mal nourris ; le gouvernement vous doit beaucoup, il ne peut rien vous donner. (…) Je vais vous conduire dans les plus fertiles plaines du monde. (…) Vous y trouverez honneurs, gloire et richesse.* » Ainsi s'adresse un jeune général, Napoléon Bonaparte, aux soldats de l'armée d'Italie.

Sur l'insistance de Barras, un jeune général, Napoléon Bonaparte – dont on raconte que ses seuls titres de gloire se réduisent à l'écrasement d'insurrections à Paris ou en province – prend le commandement en chef de l'armée d'Italie, forte d'à peine 38 000 hommes dépenaillés, mal nourris et pauvrement armés. Arrivé à Nice, où se trouve son quartier général, le 26 mars 1796, le futur Premier consul s'emploie à redonner vigueur et moral à ses troupes, tout en affirmant un très net ascendant sur les principaux chefs de corps qui lui sont subordonnés. Sur place, la situation est pour le moins complexe. L'Autriche, qui possède la Lombardie, bénéficie également de l'appui du royaume de Sardaigne, qui domine le Piémont, et de l'aide plus ou moins directe des principautés et autres États qui forment la péninsule.

En quelques semaines, le nouveau général en chef imagine une campagne téméraire et rapide, inspirée de projets longuement mûris et visant à battre séparément ses adversaires, en les empêchant de se réunir pour tenter de tirer parti de leur supériorité numérique. Il va faire d'un théâtre d'opérations jusque-là marginal dans la stratégie du Directoire le lieu où le sort de la première coalition sera définitivement scellé.

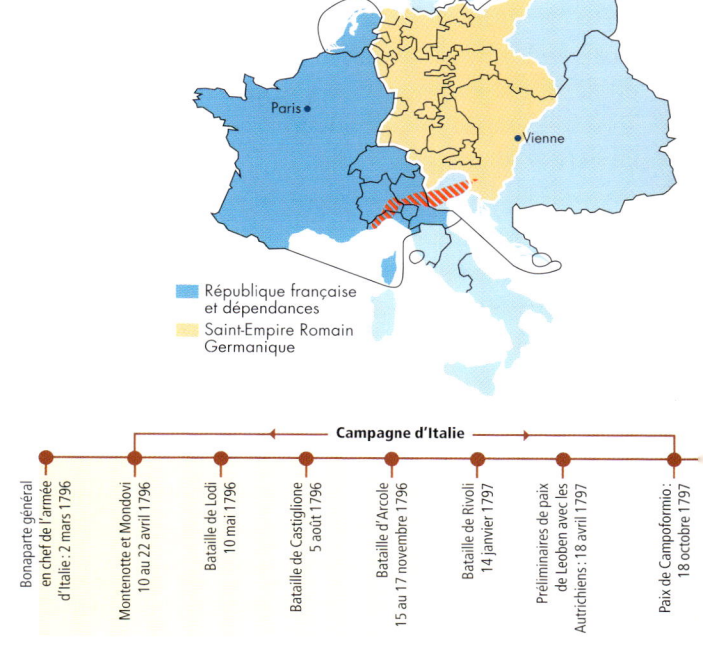

- République française et dépendances
- Saint-Empire Romain Germanique

Campagne d'Italie

- Bonaparte général en chef de l'armée d'Italie : 2 mars 1796
- Montenotte et Mondovi 10 au 22 avril 1796
- Bataille de Lodi 10 mai 1796
- Bataille de Castiglione 5 août 1796
- Bataille d'Arcole 15 au 17 novembre 1796
- Bataille de Rivoli 14 janvier 1797
- Préliminaires de paix de Leoben avec les Autrichiens : 18 avril 1797
- Paix de Campoformio 18 octobre 1797

Bonaparte donne une leç

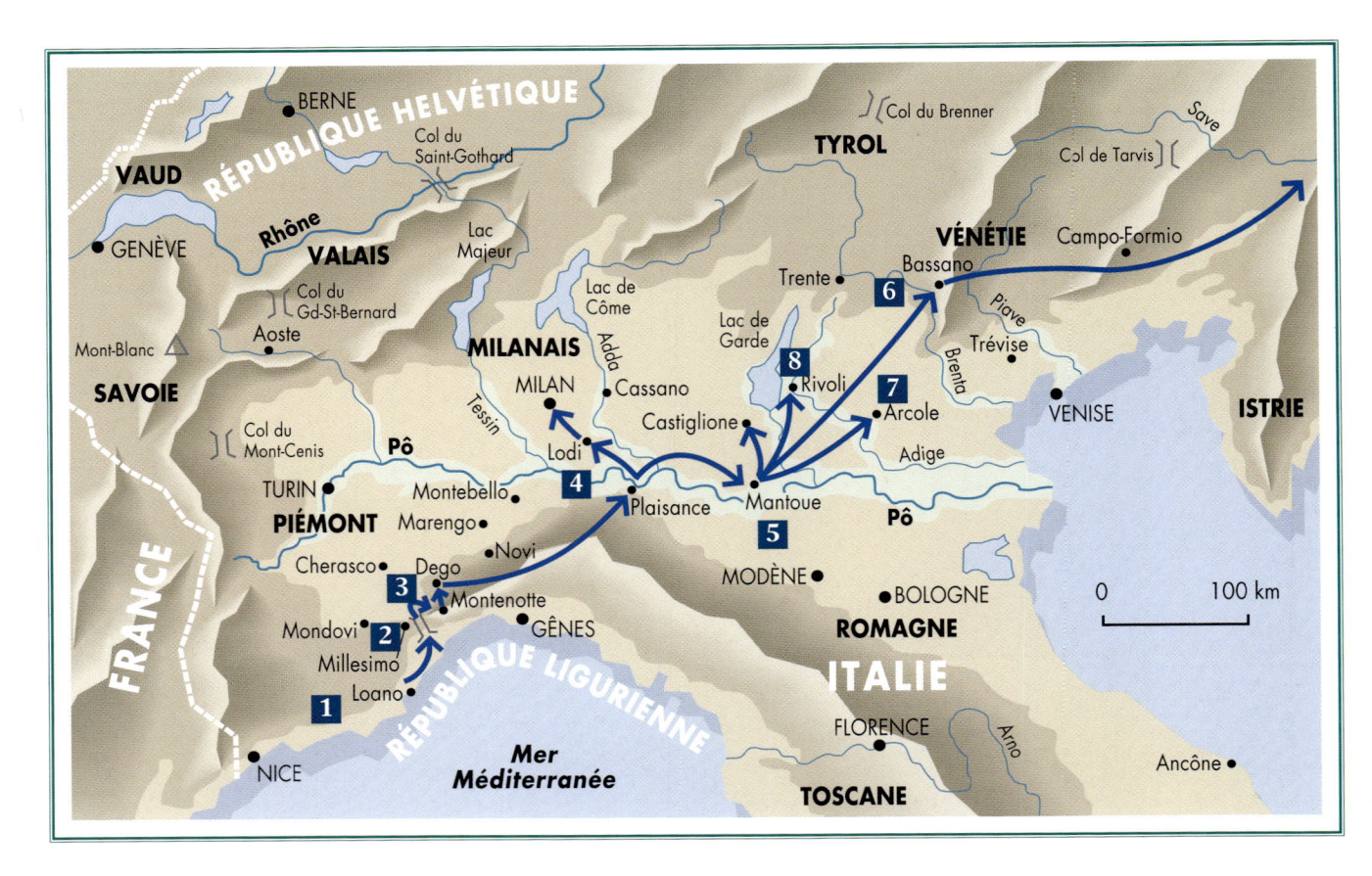

1 Lorsqu'il prend le commandement de l'armée d'Italie, Bonaparte dispose d'un corps de 18 000 hommes sous les ordres de Masséna, autour de Savone et de Finale ; d'un corps de 27 000 hommes, placé sous les ordres d'Augereau, à Loano et à Albenga ; de quelques éléments de cavalerie et d'unités qui assurent la protection des côtes entre Toulon et Nice ; enfin, d'une quarantaine de pièces d'artillerie.

2 Du côté ennemi, les troupes austro-sardes prêtes à l'offensive rassemblent l'armée sarde de Colli-Marchi (20 000 hommes), à Ceva et à Mondovi ; une armée autrichienne de 30 000 hommes sous les ordres de Beaulieu, à Novi et à Gavi ;

Le sabre porté par Bonaparte pendant la campagne d'Italie, donné à l'aide de camp Le Marois. On lit sur la lame : « La Nation et la Loi armées pour la Patrie » *(musée de la Malmaison).*

le corps autrichien d'Argenteau, entre Dego et Acqui, et le corps autrichien de Proveda (5 000 hommes), à Millesimo. L'ensemble de ces armées aligne au moins 200 canons.

3 Le 11 avril 1796, devancé par Beaulieu, Bonaparte lance son attaque principale plus tôt qu'il ne l'a prévu ; il parvient à battre les armées sardes à Millesimo (13 avril) et à Mondovi (22 avril), les isolant ainsi des Autrichiens. Le résultat de cette manœuvre, menée de main de maître, ne se fait guère attendre. Dès le 28 du même mois, le roi de Sardaigne signe, avec le commandant de l'armée française d'Italie, l'armistice de Cherasco, qui débouchera sur le traité de Paris, le 15 mai suivant (Nice et la Savoie tombent alors dans le giron de la France).

4 Napoléon s'applique, sans perdre de temps, voulant empêcher son adversaire d'être renforcé depuis le Tyrol, à régler le sort de l'armée de Beaulieu, déjà accrochée à Dego. L'arrière-garde du maréchal autrichien, battue à Lodi (10 mai), sur la rivière Adda, laisse entre les mains des Français 2 000 prisonniers et 14 canons. Beaulieu lui-même est contraint de trouver refuge dans la ville de Mantoue, où commence un siège de plusieurs mois. Napoléon entre à Milan (15 mai).

Première campagne d'Italie

...on aux Autrichiens

Reddition de Mantoue, le 2 février 1797. Le général Wurmser se rend au général Sérurier et quitte la ville avec 16 000 survivants *(tableau de Lecomte, musée de Versailles).*

5 L'essentiel de la campagne gravite désormais autour de Mantoue, que les Autrichiens vont s'acharner à délivrer. La première tentative ennemie se produit en juillet 1796, sous le commandement du maréchal Wurmser, successeur de Beaulieu, qui a été limogé. Avec 50 000 hommes, le nouveau commandant en chef ennemi, descendant les vallées du Chiese et de l'Adige, contraint les Français à reculer et même à lever le siège de Mantoue où Wurmser entre en triomphateur. Mais le 5 août, Napoléon, ayant redressé la situation, le repousse jusqu'à Trente, non sans avoir livré une rude bataille dans la région de Solférino et de Castiglione.

6 Wurmser, obnubilé par Mantoue, ne renonce pas à la reprendre aux Français. À la fin du mois d'août, soucieux de se débarrasser définitivement du maréchal autrichien, Bonaparte remonte sur Trente, en longeant l'Adige, puis surprend l'ennemi sur ses arrières à Bassano (8 septembre), le contraignant à trouver refuge à Mantoue.

7 Une autre tentative autrichienne est menée, avec 50 000 hommes sous les ordres du maréchal Alvinczy, par le Frioul et la vallée de l'Adige. Elle se solde par un nouvel échec, non sans qu'une dure et meurtrière bataille ait été livrée à Arcole, du 15 au 17 novembre 1797.

8 Enfin, le dernier acte de cette difficile campagne survient lorsque Alvinczy, avec des forces importantes, dévale la vallée de l'Adige et se heurte à Bonaparte, à Rivoli, le 14 janvier 1797, où il est écrasé. La bataille gagnée à La Favorite, deux jours plus tard, scelle définitivement le sort de Mantoue, qui capitule le 2 février.

Une victoire politique pour le jeune général

Ayant désormais les mains libres, le futur Empereur des Français, avec 50 000 hommes, décide de marcher sur Vienne, se heurtant à l'archiduc d'Autriche Charles sur le Tagliamento et à Tarvis, en mars 1797, puis à Neumarckt, en avril. La capitale de l'Empire germanique étant menacée, et alors que Napoléon vient d'occuper Venise, François II signe un armistice à Leoben, le 18 avril, puis la paix de Campoformio, le 17 octobre suivant. En quelques mois, sachant utiliser de la meilleure façon son génie politique, stratégique et tactique, le général Bonaparte conclut donc avec brio une campagne qui traînait en longueur depuis 1792. Pour le vainqueur de Lodi, d'Arcole et de Rivoli, plus rien ne sera désormais comme avant. ■

Signature des préliminaires de paix au château d'Ekward, près de Leoben, entre le général Bonaparte et les plénipotentiaires d'Autriche, le 18 avril 1797. On reconnaît à gauche Murat, qui a commandé une brigade de cavalerie pendant la première campagne d'Italie *(tableau de Lethière-Guillon, musée de Versailles).*

10 - 22 avril 1796

MONTENOTTE ET MONDOVI

À peine arrivé à son quartier général de Nice, Bonaparte applique un plan de campagne que son prédécesseur à l'armée d'Italie, le général Scherer, considère comme l'œuvre d'un fou : battre séparément les Sardes et les Autrichiens.

Le jeune général n'ignore pas l'importance des forces qu'alignent ses adversaires, commandés par le maréchal Beaulieu. Il sait que 10 000 Napolitains sont prêts à renforcer les 70 000 Austro-Sardes qui lui sont opposés. Mais il connaît le point faible de cette coalition : l'armée sarde, d'environ 25 000 hommes, placée sous les ordres de Colli-Marchi. Aussi entend-il, dans un premier temps, vaincre cette dernière, non sans l'avoir auparavant séparée des forces autrichiennes, en enfonçant un coin entre les deux alliés.

Une stratégie audacieuse

Bonaparte n'a guère le choix. Il n'est pas capable, avec les forces dont il dispose, d'affronter en même temps les Sardes et les Autrichiens. Forcer l'ennemi à agir en dispersant ses forces, tel est son premier objectif. Pour ce faire, il expédie l'un de ses divisionnaires, le général La Harpe, en direction de Gênes, sachant que Beaulieu interviendra pour protéger le grand port. Le maréchal autrichien agit en dépêchant Colli-Marchi à Ceva, Argenteau à Montenotte et Bochetta à Voltri. La campagne éclair qui va permettre à Bonaparte de battre les Sardes et de les contraindre à la paix est sur le point de s'engager.

La redoute de Monte Legino, près de Montenotte, défendue par le colonel Rampon en avril 1796 *(tableau de Berthon, musée de Versailles).*

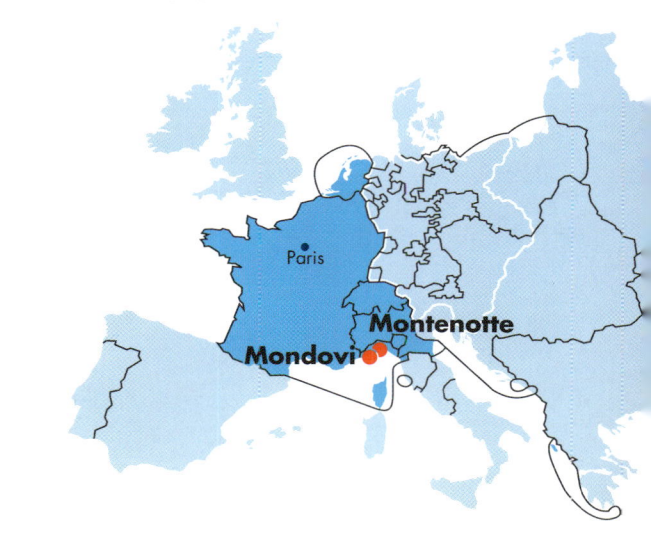

Première campagne d'Italie

Une offensive menée tambour battant

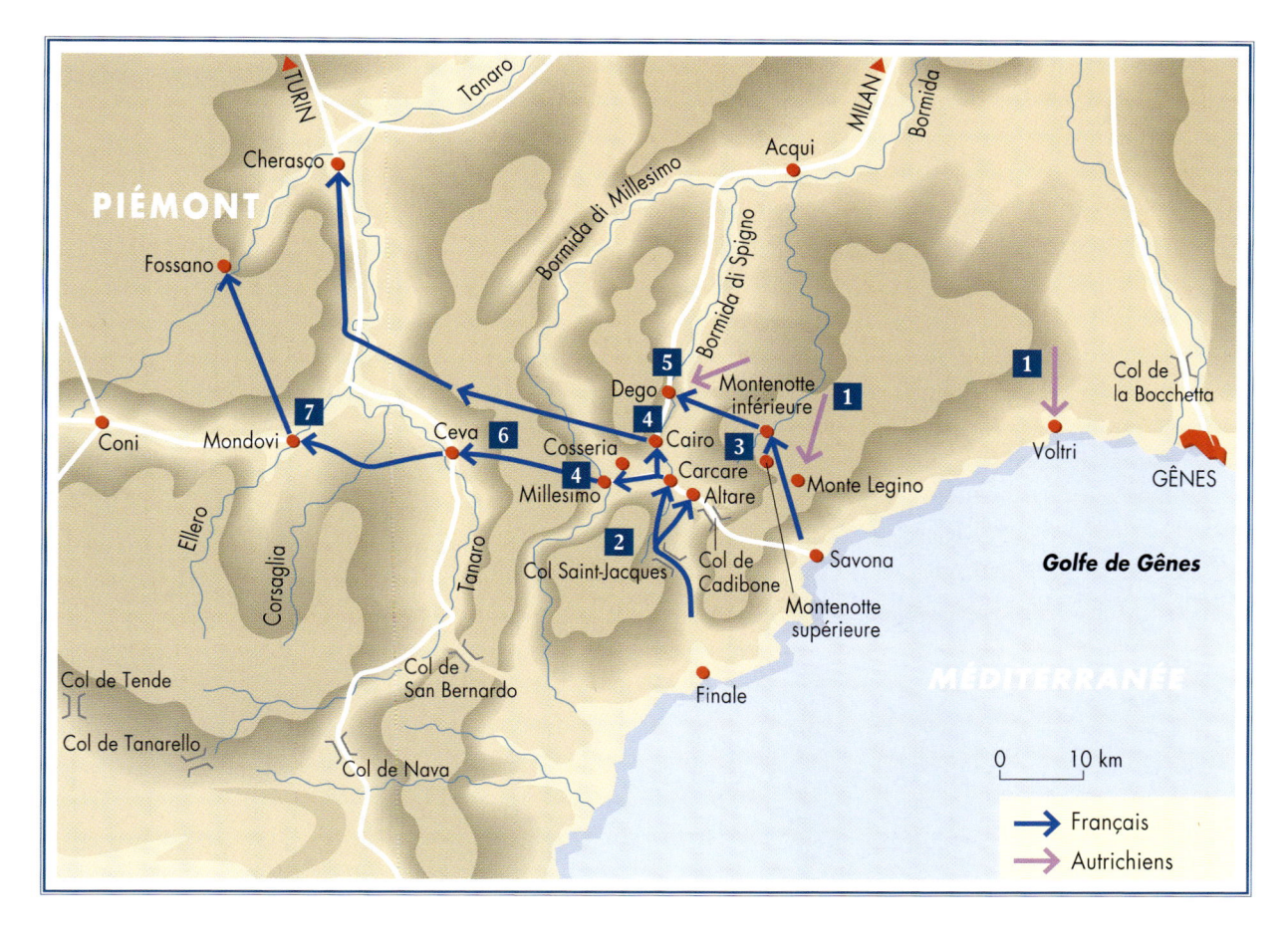

1 L'attaque austro-sarde débute le 10 avril, sous les ordres de Beaulieu, contraignant le général français Cervoni à se replier vers les positions de La Harpe. Dans le même temps le Piémontais Argenteau s'en prend à ce dernier, mais il se heurte à la résistance de Rampon et, dès le 11, est pris à revers par La Harpe, qui le met en déroute à Monte Legino.

2 Parallèlement, les Français, avec Bonaparte, Augereau et Masséna, progressent sur Cairo, Altare et Carcare dans l'intention d'écraser le centre de l'armée coalisée avant que Beaulieu ne puisse le secourir.

3 L'affaire se joue alors à Montenotte, le 11 avril, où les coalisés ont décidé de se faire face. Assaillis par Augereau et tournés par Masséna, qui arrive par Montenotte inférieure, l'ennemi se retrouve dans la confusion la plus totale. Argenteau lui-même, blessé, ne peut empêcher la déroute de ses soldats.

4 Napoléon, ayant divisé son armée en trois corps, progresse, du 12 au 14 avril, à gauche sur Millesimo (Augereau), au centre sur Dego (Masséna), à droite sur Cairo (La Harpe). De furieux combats se déroulent au défilé de Millesimo, forcé par Augereau, tandis que Masséna et La Harpe s'emparent de Dego, contraignant le général Provera à déposer les armes à Cossaria. Les Sardes et les Autrichiens sont désormais séparés. Beaulieu s'applique alors à couvrir le Milanais en se fortifiant à Acqui, tandis que Colli-Marchi protège Turin en tenant Ceva.

5 Un retour offensif de Wukassovitch, par Dego, se produit le 19 avril, mais le général autrichien est promptement repoussé par l'adjudant général Lanusse. Dego marque un tournant dans cette campagne en permettant d'isoler de manière définitive l'armée sarde de son allié autrichien.

6 Dès le 17, Colli-Marchi a été contraint d'évacuer le camp retranché de Ceva, clef du Piémont. Dès lors, Bonaparte, Masséna et Sérurier, réunis en une puissante phalange, convergent sur Mondovi pour livrer la bataille décisive.

7 À Mondovi, les Sardes de Colli-Marchi ont fondé leur système défensif sur des redoutes, dont celle de la Bicoque. Sérurier, en enlevant cette dernière, le 22 avril, décide du sort du combat.

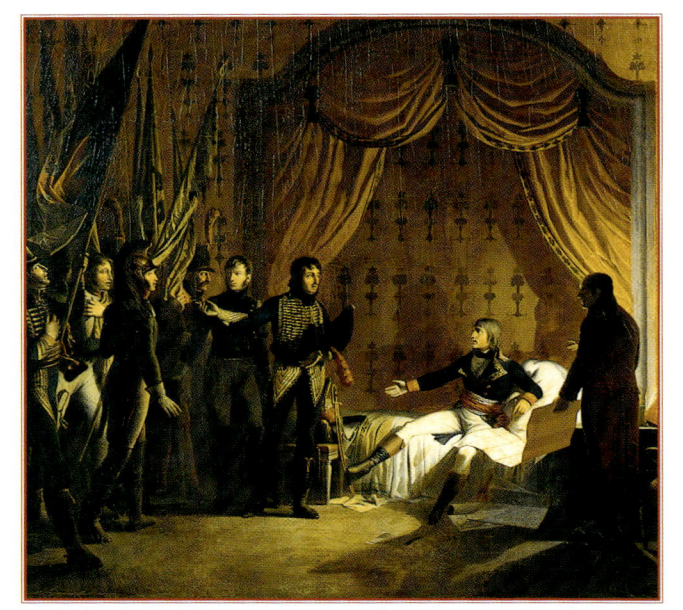

Installé dans la villa de la comtesse Caretti, à Millesimo, Bonaparte reçoit des mains de Junot et de Marmont les drapeaux austro-sardes pris à l'ennemi lors de la bataille de Montenotte, le 13 avril 1796 *(tableau de Roehn, musée de Versailles)*.

Avant la bataille

	Forces françaises	Forces ennemies
🪖	61 000 hommes	70 000 hommes
🔫	30 canons	210 canons

Après la bataille

	Pertes françaises	Pertes ennemies
🪖	Faibles	10 000 tués ou blessés
⛓	—	15 000 prisonniers
🔫	—	56 canons
🚩	—	21 drapeaux

Les conséquences

C'est à Cherasco que le royaume sarde, dont l'armée a été décimée en quelques batailles, met bas les armes. Le roi Victor-Amédée III de Savoie, roi de Sardaigne, consent à signer un armistice, à livrer ses principales citadelles, à ouvrir ses magasins. Puis il conclura un traité de paix, signé à Paris le 15 mai. ■

Détail tactique du jour

Le combat de Dego, mené le 19 avril, outre les qualités manœuvrières remarquables de l'adjudant général Lanusse, qui mourra pendant la campagne d'Égypte, permet de révéler la fougue et la bravoure d'un jeune chef de bataillon, Lannes.

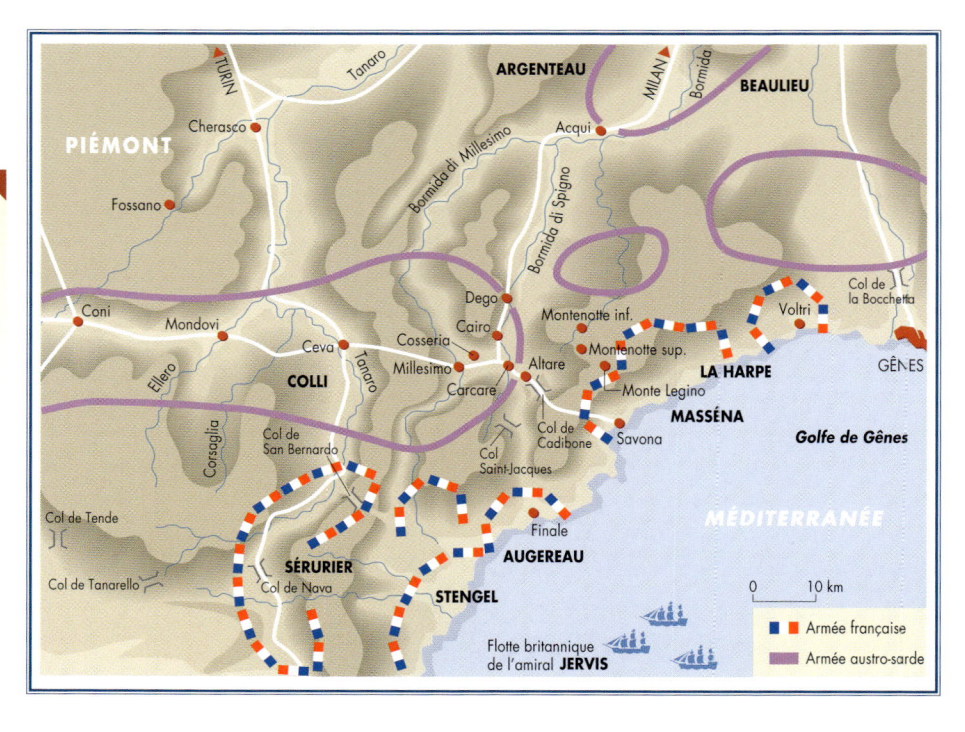

Masséna (1756-1817)

Le général Masséna joue un rôle important pendant la première campagne d'Italie comme commandant de l'avant-garde française. Il a été affecté sur ce théâtre en 1794.

Colli-Marchi (1738-1808)

Au début de la première campagne d'Italie, l'armée austro-sarde, qui forme la droite ennemie, est commandée par ce lieutenant-général piémontais.

10 mai 1796

Première campagne d'Italie

LA BATAILLE DE LODI

Pendant que son artillerie tire sur la rive opposée, Bonaparte fait franchir le pont de Lodi à ses soldats, le 10 mai 1796 *(tableau du baron Lejeune, musée de Versailles).*

« Soldats, vous avez en quinze jours remporté 6 victoires, pris 21 drapeaux, 55 pièces de canon, plusieurs places fortes, conquis la partie la plus riche du Piémont. Mais vous n'avez rien fait, puisqu'il vous reste à faire. »

Bonaparte en a à peine fini avec les Sardes – il n'a même pas encore signé avec eux un cessez-le-feu – qu'il songe déjà à se tourner vers les Autrichiens, avec l'objectif avoué de les vaincre avant que leur commandant en chef, Beaulieu, ne reçoive des renforts.

À la conquête de la Lombardie

Le futur Empereur des Français, aussi vite qu'il veuille aller, ne peut empêcher l'ennemi de se renforcer, au point que Beaulieu rassemble bientôt autour lui près de 60 000 hommes. Il fonde son système de défense sur des redoutes et des places fortes – notamment Mantoue, clef de l'Italie – auxquelles Bonaparte n'envisage même pas de s'attaquer. Le commandant en chef de l'armée d'Italie, repartant en campagne le 6 mai, reprend la tactique qu'il a déjà appliquée avec succès au Piémont. Manœuvrant avec souplesse et célérité, il tourne une par une les positions fortifiées de l'adversaire et accomplit une marche de flanc qui n'est pas sans risque mais qui lui permettra d'obtenir victoire sur victoire.

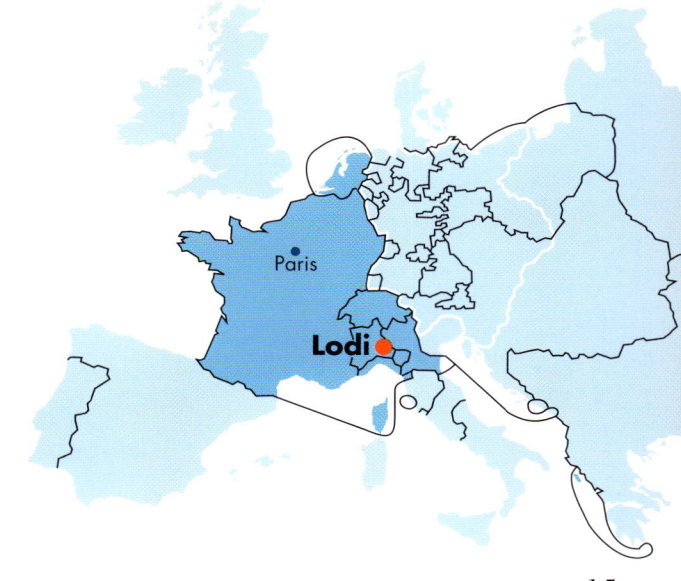

À Lodi, Bonaparte fait donner

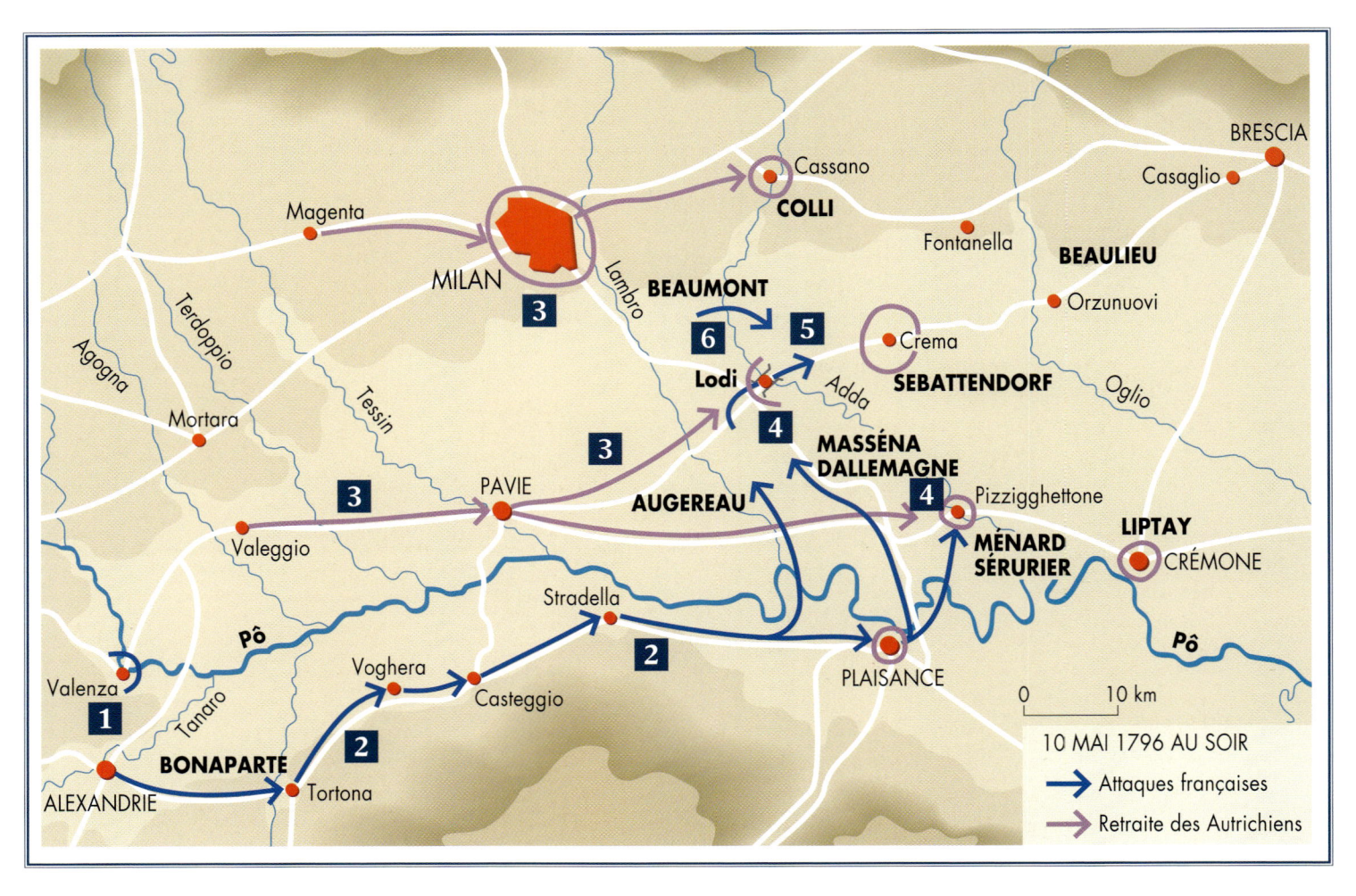

Sérurier (1742-1819)

D'une très grande bravoure, il est promu général de brigade en 1793, alors qu'il se trouve à l'armée d'Italie. Il est l'artisan de la prise de Mantoue, en 1797.

Beaulieu (1725-1819)

Nommé commandant en chef de l'armée autrichienne en Italie, le général Beaulieu perd toutes les batailles contre Bonaparte. Cela lui vaudra d'être limogé.

1 Pour entreprendre la campagne qui le mènera à Lodi, Bonaparte dispose des divisions Laharpe, Augereau, Masséna, Sérurier et Kilmaine – successeur de Stengel, tué à Mondovi, le 21 avril.

2 Voulant faire croire aux Autrichiens qu'il franchira le Pô, dressé sur sa route, à Valenza, il ne laisse face à eux que quelques troupes et file vers la ville de Plaisance. Là, après un petit engagement à Fombio, au cours duquel Laharpe trouve la mort, il passe le fleuve, s'emparant de la moitié de la Lombardie.

3 La situation stratégique créée par le franchissement du Pô contraint le maréchal Beaulieu à battre en retraite derrière l'Adda et le Mincio, abandonnant même la prestigieuse capitale de la Lombardie, Milan.

4 Négligeant cette dernière, ne pensant qu'à la manœuvre stratégique qui doit lui permettre de battre l'ennemi, Bonaparte talonne le maréchal autrichien, ne le laissant guère souffler. Dans un pre-

l'artillerie

Première campagne d'Italie

Avant la bataille

	Forces françaises	Forces ennemies
🪖	6 000 hommes	Entre 10 000 et 16 000 hommes
🔫	24 canons	Entre 14 et 20 canons

Après la bataille

	Forces françaises	Forces ennemies
🪖	—	2 000 tués, blessés ou disparus

mier temps, il borde l'Adda à la hauteur de Pizzighetone, mais les défenses ennemies sont décidément trop puissantes de ce côté-là. Aussi décide-t-il de suivre le cours de l'Adda vers le nord. À Lodi, il découvre la faille dans le dispositif adverse et entreprend de l'exploiter.

5 En face se trouve le général Sebattendorf, qui aligne une armée d'autant plus puissante que, pour le battre, Bonaparte ne dispose que d'un seul passage, un pont de 195 mètres de longueur sur l'Adda. Avec 6 000 hommes, dirigés par Dallemagne, Lannes et Masséna, le commandant de l'armée d'Italie part à l'attaque. Il bouscule d'abord les troupes qui tiennent Lodi, sur la rive occidentale de la rivière, avant d'aborder le pont. Malgré les décharges de l'artillerie ennemie, qui fauche les premiers rangs, les Français franchissent l'ouvrage de vive force. Parvenus sur l'autre rive, ils repoussent les Autrichiens qui tentent de contre-attaquer.

6 Le succès est parachevé par l'arrivée sur le flanc droit de l'adversaire de la cavalerie française du général Beaumont, passée à gué, un peu plus haut, au nord. C'en est fini désormais des espoirs de Beaulieu dont les hommes s'enfuient en désordre. Le soir même de la bataille, les soldats de l'armée d'Italie décernent à Bonaparte le titre de caporal. Par la suite, ce dernier sera surnommé le petit caporal.

Détail tactique du jour

Après avoir occupé le village de Lodi et bordé l'Adda, Bonaparte découvre la puissance de l'artillerie autrichienne, qui défend le seul pont sur l'Adda par où ses troupes s'efforcent de passer. Pour permettre à ces dernières de franchir le fleuve de la manière la plus rapide possible, sans pertes excessives, le commandant en chef de l'armée d'Italie fait amener sur place deux pièces d'artillerie et soutient de leur feu le passage du pont.

Les conséquences

« La bataille de Lodi donne à la République toute la Lombardie », écrit Bonaparte à Lazare Carnot au lendemain de sa brillante victoire. Le combat livré sur l'Adda ouvre en effet aux Français la riche Lombardie, mais il fait aussi prendre conscience au futur Empereur du destin exceptionnel qui l'attend. Ne prédit-il pas, dès que l'engagement a pris fin : « Ce jour-là, je me regardai pour la première fois non comme un simple général, mais comme un homme appelé à influer sur le sort du peuple. » L'affaire de Lodi contraint surtout les Autrichiens à abandonner toute la région située entre l'Adda et le Mincio, livrant aux Français un certain nombre de places fortes, dont Crémone et Pavie, et permettant à Bonaparte d'effectuer son entrée dans Milan, vide d'ennemis, le 15 mai 1796. ■

L'armée française débouche du pont de Lodi drapeaux à la main, bousculant les Autrichiens (coll. Winck, Paris, BNF).

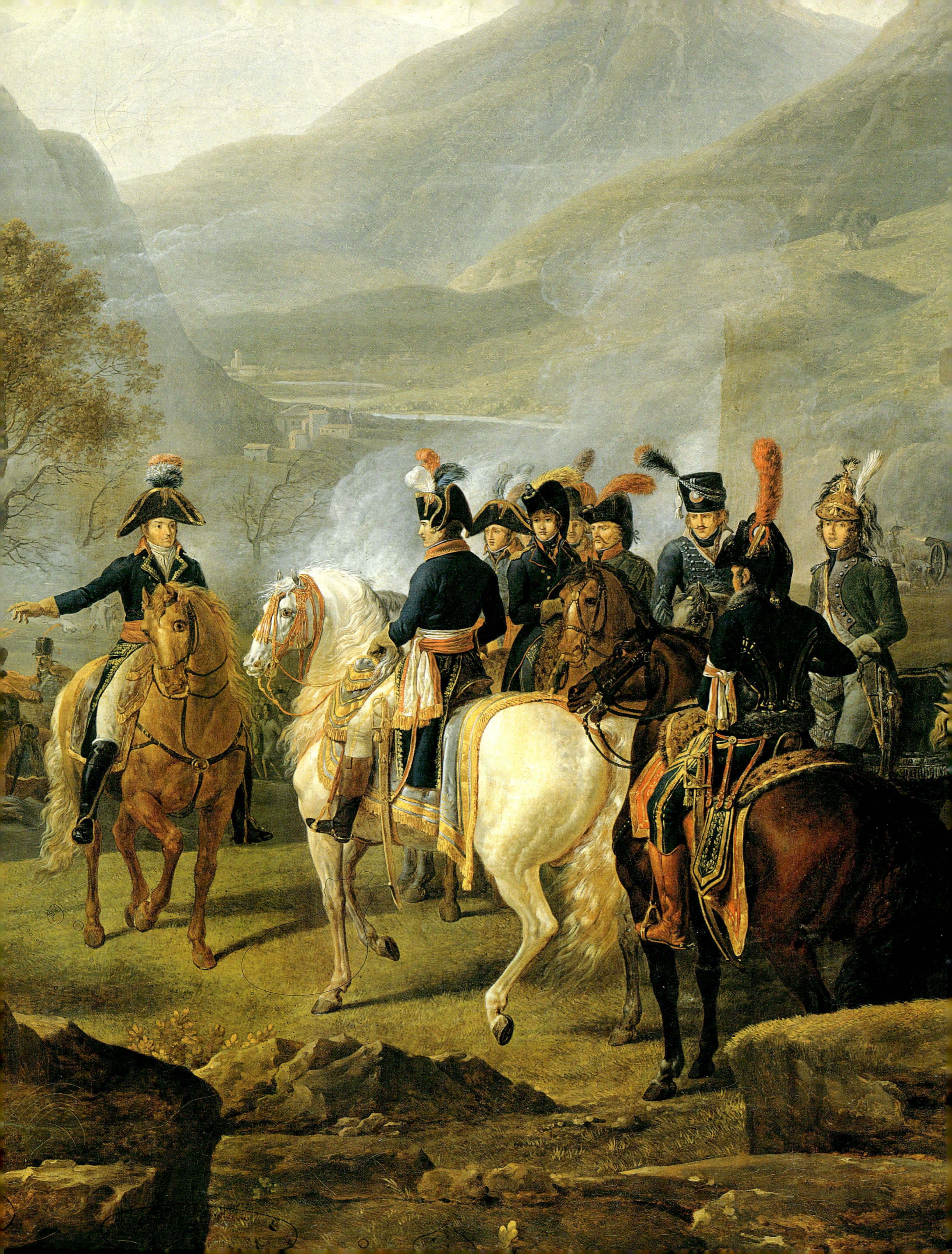

5 août 1796

Première campagne d'Italie

LA BATAILLE DE CASTIGLIONE

Bonaparte lors de la bataille de Castiglione, le 5 août 1796. Avant que le combat s'engage, le commandant de l'armée d'Italie est acclamé par ses soldats qui s'écrient : « À l'ennemi, point de retraite ! » (tableau de Meissonnier, musée des Beaux-Arts, Moulins).

Page de gauche : Le général Bonaparte à la bataille de Castiglione, 5 août 1796 (tableau de Boguet, musée de Versailles).

À peine l'armée d'Italie a-t-elle passé l'Adda, lors de la bataille de Lodi, que les Autrichiens se replient dans la région de Mantoue, à l'abri d'un autre cours d'eau, le Mincio.

Beaulieu ayant mis la main sur Peschiera, qui appartient à la république de Venise, Bonaparte entre à Brescia et fait mine de marcher sur le gros des forces autrichiennes. Mais ce n'est qu'une feinte. Au lieu d'attaquer Peschiera, où l'ennemi semble l'attendre, il entreprend une manœuvre hardie, descend le cours du Mincio et débouche à Borghetto, le 30 mai. L'armée autrichienne, désormais scindée en deux tronçons, est contrainte de s'enfermer en partie dans Mantoue, le reste battant en retraite vers le nord, c'est-à-dire le Tyrol, où des renforts ont été dépêchés.

En quelques jours, le futur Empereur s'est emparé de la Lombardie et d'une partie des possessions de Venise. Mais il sait que tout va se jouer autour de Mantoue, où sont assiégés 13 000 Autrichiens avec 180 pièces d'artillerie et 76 mortiers ou obusiers. Fermement décidée à délivrer la forteresse investie et à bouter les Français hors de Lombardie, l'Autriche expédie en Italie une armée de 70 000 hommes, sous les ordres du maréchal Wurmser. L'affrontement décisif se déroulera à Castiglione, le 5 août 1796.

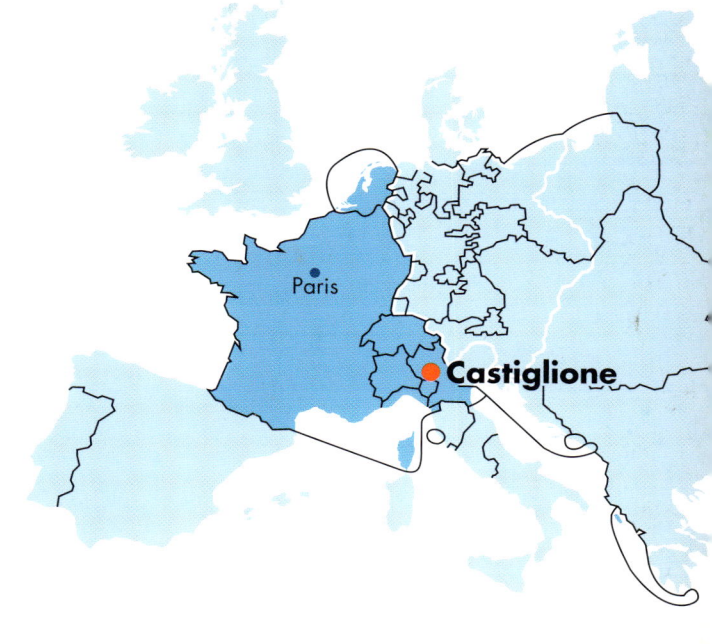

Au lac de Garde, Bonaparte sur les arrières autrichiens

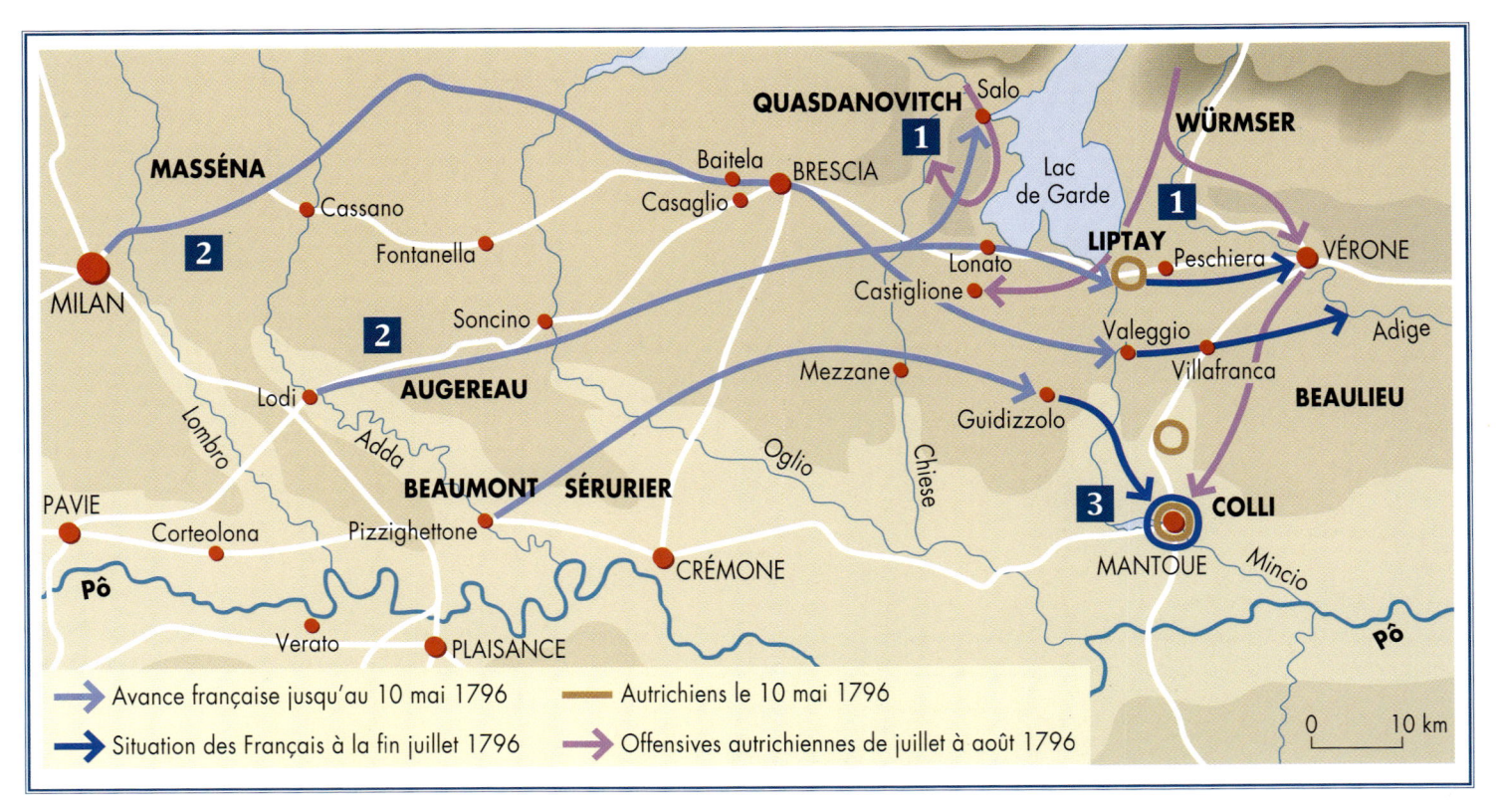

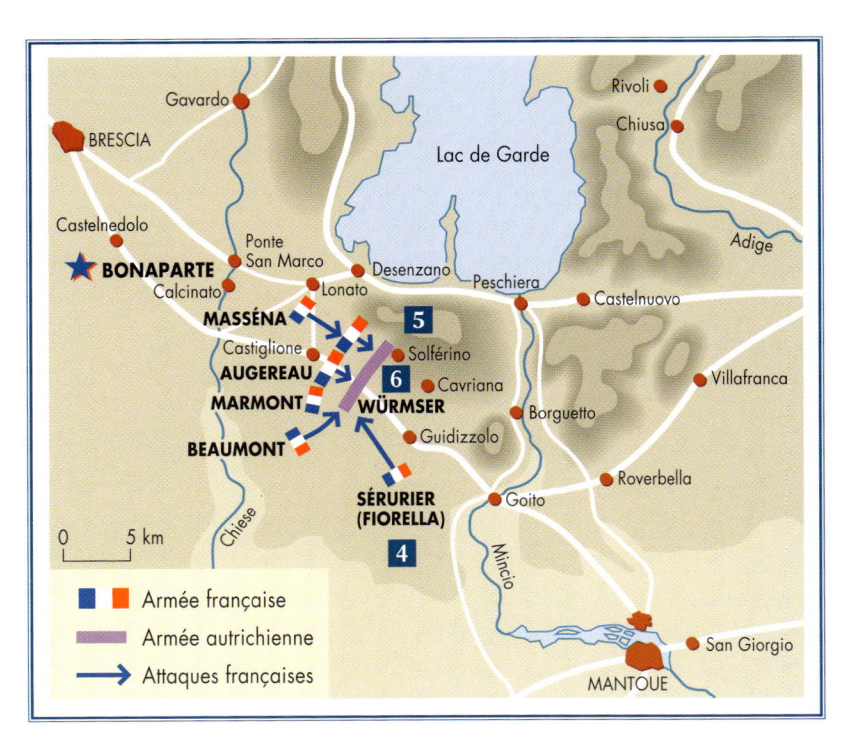

Légende carte 1 :
- Avance française jusqu'au 10 mai 1796
- Situation des Français à la fin juillet 1796
- Autrichiens le 10 mai 1796
- Offensives autrichiennes de juillet à août 1796

Légende carte 2 :
- Armée française
- Armée autrichienne
- Attaques françaises

1 Wurmser se présente à l'est du lac de Garde, sur un axe nord-est/sud-ouest, ignorant que Quasdanovitch, battu quelque temps auparavant, ne pourra se joindre à lui pour attaquer Bonaparte. Car le général autrichien, en bien mauvaise posture, est en fuite, au nord de Lonato.

2 Bonaparte, avec, de droite à gauche, les divisions Beaumont, Augereau et Masséna – Despinoy en réserve –, attire son adversaire vers le nord-ouest, feignant de battre en retraite.

3 Dans le même temps, le commandant de l'armée française d'Italie prépare un piège mortel pour son ennemi. Il donne l'ordre en effet à la division du général Sérurier, qui a levé quelques jours plus tôt le siège de Mantoue, de contourner l'armée de Wurmser par la droite et de fondre sur ses arrières.

4 Le subterfuge conçu par Bonaparte fonctionne. Dès qu'il entend gronder le canon de Sérurier – en réalité, celui-ci, malade, a été remplacé par l'un de ses adjoints, Fiorella –, il cesse de reculer devant l'adversaire et lance l'ensemble de ses forces en avant.

Première campagne d'Italie

5 Cette manœuvre décide brutalement de l'issue de la bataille. La gauche autrichienne, bousculée par l'attaque frontale de Bonaparte et prise de flanc par Fiorella, se désagrège et prend la fuite. La droite ennemie, quant à elle, est rejetée vers le lac de Garde et le Mincio, qu'elle est contrainte de repasser dans le plus grand désordre.

6 La panique gagne le camp autrichien dont les hommes s'égaillent dans toutes les directions, laissant des milliers de prisonniers et des dizaines de pièces d'artillerie sur le terrain. La victoire de Bonaparte, dans une suite d'engagements que ses soldats ont appelé la « campagne des cinq jours », est complète.

Les conséquences

L'armée de Wurmser, vaincue à trois reprises en moins d'une semaine, se retire en direction du Tyrol, où elle va tenter de se reconstituer. Bonaparte, vainqueur, peut reprendre son avance en direction de Mantoue. Augereau prend Borghetto, Masséna délivre Peschiera, où est assiégé le général français Guillaume. Napoléon, ayant repris Vérone, établit ensuite un siège autour de Mantoue. Par ailleurs, l'armée française retrouve la ligne de l'Adige sur laquelle elle peut désormais s'appuyer. ∎

Avant la bataille

	Forces françaises	Forces ennemies
	40 000 hommes	54 000 hommes

Après la bataille

	Forces françaises	Forces ennemies
	2 000 tués ou blessés	6 000 tués ou blessés
	1 300 prisonniers	1 500 prisonniers
	—	70 canons

Détail tactique du jour

L'arrivée inopinée de la division Sérurier sur le flanc gauche de l'armée de Wurmser décide de l'issue de la bataille. Les tirs de l'artillerie française sur leurs arrières déroutent les soldats autrichiens qui pensaient n'avoir affaire à personne de ce côté-là. Surprise par cette attaque inattendue, l'aile gauche ennemie s'en trouvera alors moralement affectée et perdra pied.

Bonaparte saluant des blessés après la bataille de Castiglione, le 5 août 1796 (BNF, Paris).

Augereau (1757-1816)
Commandant l'aile droite de l'armée d'Italie à Castiglione, le général Augereau s'y distingue plus particulièrement, comportement qui lui vaudra plus tard d'être fait duc de Castiglione.

Wurmser (1724-1797)
Le maréchal Wurmser, successeur de Beaulieu à la tête de l'armée autrichienne d'Italie, ne réussira pas mieux que ce dernier. À Castiglione, il sera même bien près de tomber aux mains des Français.

15 - 17 novembre 1796

LA BATAILLE D'ARCOLE

« *On nous compte. Des renforts, ou l'Italie est perdue* », écrit Bonaparte au Directoire lorsqu'il apprend qu'une nouvelle armée autrichienne est lancée contre lui au mois de novembre 1796, sous le commandement de l'entreprenant général Alvinczy.

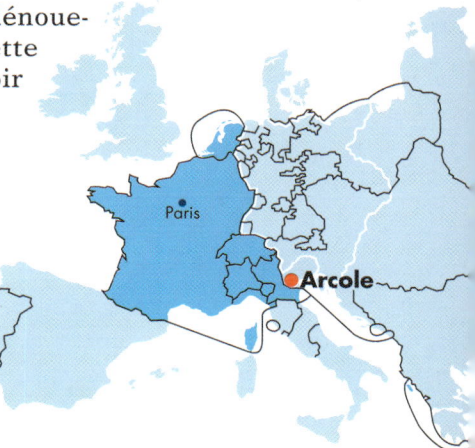

En débouchant du pont d'Arcole, le 17 novembre 1796, l'armée de Bonaparte remporte une bataille restée longtemps indécise *(tableau de Bacler d'Albe, musée de Versailles)*.

Battu à Castiglione en août 1796, Wurmser ne renonce pas pour autant à Mantoue. Dès le début de septembre, il manœuvre de si piètre manière qu'il n'a d'autre solution que de se réfugier dans la forteresse assiégée pour ne pas être anéanti. Défait à Saint-George, devant Mantoue, le 15 du même mois, le général autrichien, à l'abri des murailles de la ville, commence à soutenir un nouveau siège, ayant perdu 27 000 hommes depuis le début du mois. Mais l'Autriche ne veut pas abandonner à leur sort les 30 000 soldats pris au piège dans Mantoue. Une nouvelle armée, quelque peu disparate, est constituée sous les ordres d'Alvinczy.

Un seul but : libérer Mantoue

Le général autrichien bâtit un plan audacieux consistant à lancer une double attaque vers Mantoue au moyen de deux armées qui se réuniraient à Vérone et prendraient l'offensive de concert vers la ville assiégée. Le dénouement de cette affaire va avoir lieu à Arcole.

Première campagne d'Italie

Sur l'Alpone, les Français enlèvent le pont

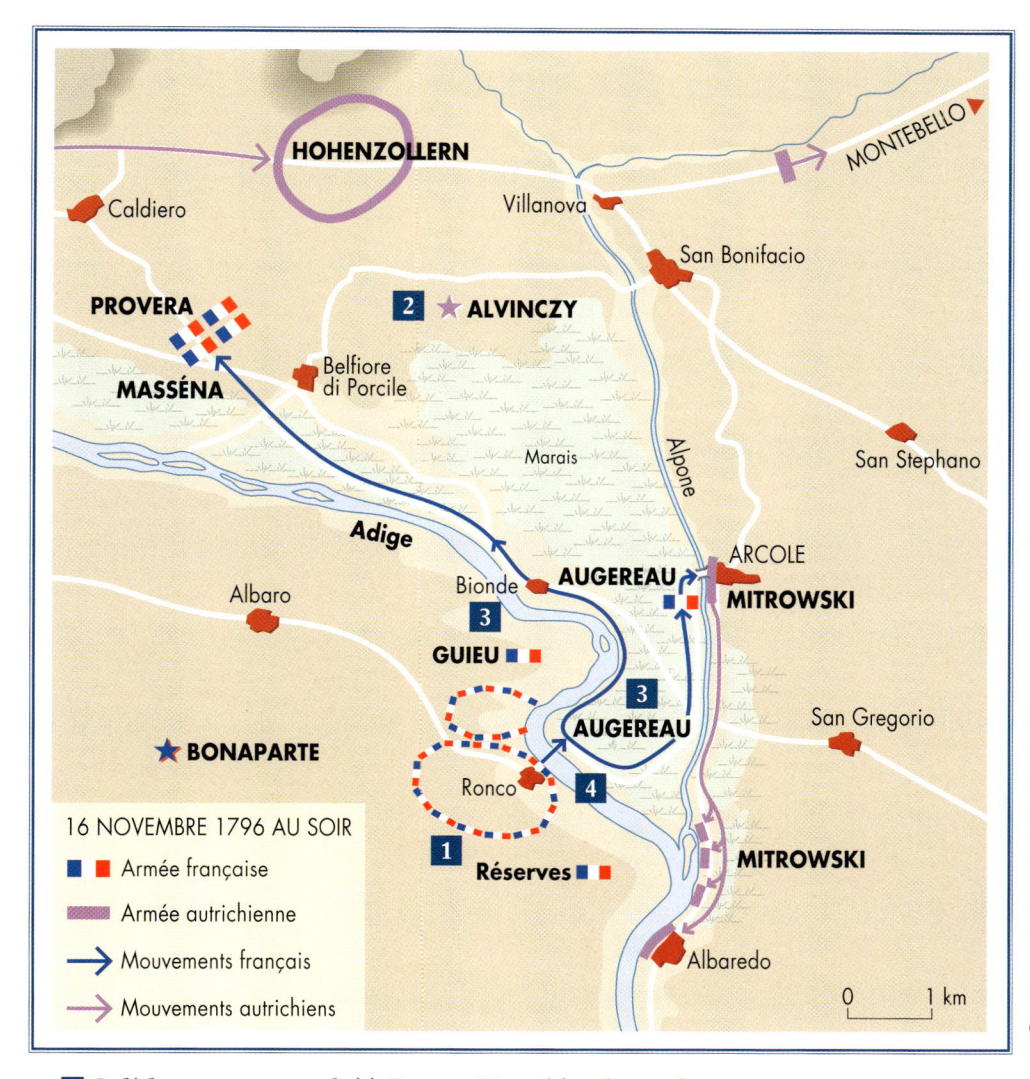

3 Le parti de Bonaparte est pris. Le sort de l'armée d'Italie dépend de la prise du pont d'Arcole. De Ronco, le 15 novembre, il gagne Arcole et la division Augereau et s'emploie, en vain, à franchir l'Alpone. Guieu, sous Vaubois, franchit l'Adige à Albaredo et remonte vers Arcole. Les Français sont repoussés avec de lourdes pertes et les Autrichiens conservent leurs positions.

4 L'intervention française à Arcole a au moins obtenu le résultat d'éloigner Alvinczy de Vérone. Dans la nuit du 15 au 16 novembre, Bonaparte donne l'ordre à Augereau de repasser l'Adige à Ronco. Les Autrichiens, n'ayant plus personne devant eux, vont de l'avant, mais tombent dans un piège tendu par Augereau et Masséna qui leur infligent des pertes très importantes dans le cadre de la deuxième journée de bataille livrée à Arcole.

Gourde du général Bonaparte à Arcole.

1 Solidement retranché à Ronco, Napoléon lance la division Masséna à gauche par Porcile et Gambione et la division Augereau, à droite, vers Arcole, de manière à prendre les Autrichiens en tenaille. Augereau, sa manœuvre à peine entamée, est arrêté sur la rivière Alpone, à l'endroit où passe le pont d'Arcole. Par trois fois, malgré leur courage et un coup sévère porté à la division autrichienne de Mitrowski, les Français sont contraints de battre en retraite. L'ouvrage d'Arcole paraît infranchissable.

2 L'affaire est grave. Bonaparte ne peut, faute d'avoir traversé le pont, tomber sur les arrières d'Alvinczy, comme il l'a prévu, dans la région de Villanova. Pis encore : alerté, le maréchal autrichien, parti de Caldiero, progressant dans les marais, approche d'Arcole.

Avant la bataille

Forces françaises	Forces ennemies
19 000 hommes	24 000 hommes

Après la bataille

Forces françaises	Forces ennemies
4 600 tués, blessés ou disparus	6 000 tués, blessés ou disparus

5 Bonaparte renouvelle sa manœuvre pendant la nuit suivante, décidé à écraser Alvinczy. Pour tromper l'ennemi, il envoie sur ses arrières des trompettes auxquels il demande de sonner la charge et ordonne à la garnison de Legnano d'effectuer une sortie. L'affaire marche bien. Les Autrichiens, entendant les trompettes, pensent être tournés par la cavalerie ennemie et s'inquiètent de la sortie effectuée depuis Legnano. Le 17 au soir, après des combats acharnés, ils s'enfuient en désordre, abandonnant un terrain qu'ils ont disputé avec courage pendant trois journées complètes.

Les conséquences

La victoire d'Arcole aura des conséquences importantes, en montrant aux princes italiens que les Français restent solidement installés dans le nord de la péninsule. Jouant de la menace et de la magnanimité, Bonaparte propose une alliance au roi du Piémont, promet des gains territoriaux au duc de Toscane et au roi de Naples, transforme le duché de Modène en une république Cispadane, et menace le pape d'envahir ses États. Le Directoire, en France, accueille le succès avec soulagement, décrétant que les drapeaux ennemis pris à Arcole seraient attribués aux familles de Bonaparte et d'Augereau. ■

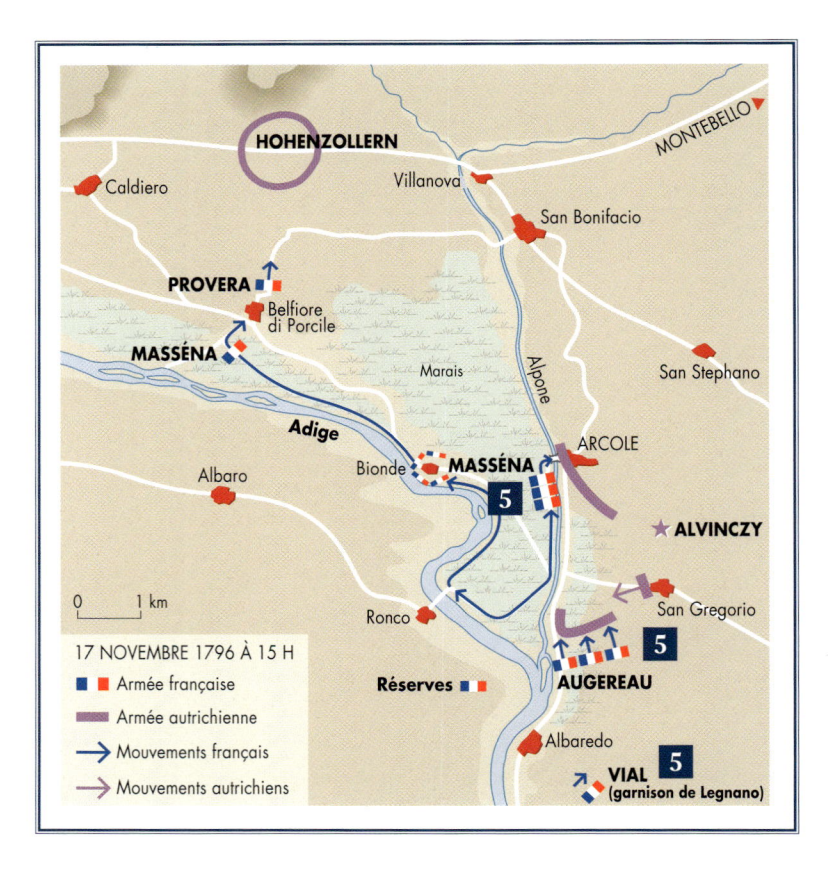

Détail tactique du jour

Le 15 novembre, comme Bonaparte ne parvient pas à rallier toutes les troupes d'Augereau pour passer le pont d'Arcole, le commandant de l'armée d'Italie, au péril de sa vie, se lance lui-même à l'attaque sur le pont et perd son cheval sous lui. Contre-attaqués, le général Lannes blessé, le général Muiron tué, les Français sont rejetés dans les marais d'où Bonaparte, enlisé, est dégagé par ses hommes.

Alvinczy (1726-1810)

Ce général autrichien, commandant de l'armée d'Italie de septembre 1796 à janvier 1797, est le malheureux vaincu d'Arcole.

Le général Augereau au pont d'Arcole, 15 novembre 1796. Il est suivi du tambour d'Estienne *(tableau de Thévenin, musée de Versailles).*

14 janvier 1797

Première campagne d'Italie

LA VICTOIRE DE RIVOLI

Bonaparte à la bataille de Rivoli, 14 janvier 1797. Remportée dans des circonstances difficiles, cette bataille marque une étape capitale dans la carrière de Bonaparte (tableau de Philippoteaux, musée de Versailles).

« Après tant de siècles, César et Alexandre avaient un successeur », écrit Stendhal en faisant référence à la première campagne d'Italie conduite par Napoléon.

En 1795, la coalition qu'avaient formée la Prusse, la Hollande, l'Espagne, l'Autriche et l'Angleterre contre la France commença à se dissocier. Après avoir contraint les trois premiers de ces pays à signer la paix, le Directoire décida de frapper les Autrichiens au cœur, en marchant sur Vienne. Jourdan et Moreau devaient converger sur l'Empire d'Autriche en empruntant les vallées du Danube et du Main. De son côté, le général Bonaparte avancerait dans la plaine du Pô. Après quelques succès initiaux, Moreau et Jourdan, battus, durent retraiter. Seul Bonaparte, le protégé de Barras, un des directeurs, parvint à se jouer de l'ennemi. L'Italie s'affirma dès lors comme le principal théâtre d'opérations. Affrontant les armées autrichienne et sarde dès avril 1796, le jeune général de vingt-sept ans, malgré l'état de dénuement dans lequel se trouvaient ses troupes, manœuvra avec une rare maestria. Entré à Milan en mai 1796, il mit le siège devant Mantoue, ville qui commandait les Alpes et la Vénétie. Repoussant toutes les tentatives autrichiennes de dégagement, il battit Wurmser à Lonato et à Castiglione. Ce dernier, ne s'avouant pas battu, revint à la charge, mais fut vaincu encore une fois à Bassano et contraint de se réfugier dans Mantoue. Entra alors en scène l'armée d'Alvinczy que Bonaparte, étrillé à Caldiero, repoussa à Arcole, en novembre 1796, avec seulement 15 000 hommes contre 40 000. Mais si Alvinczy avait une qualité, c'était bien la pugnacité. Aussi décida-t-il de marcher une nouvelle fois sur Mantoue.

Le choc décisif aurait lieu sur le plateau de Rivoli, le 14 janvier 1797.

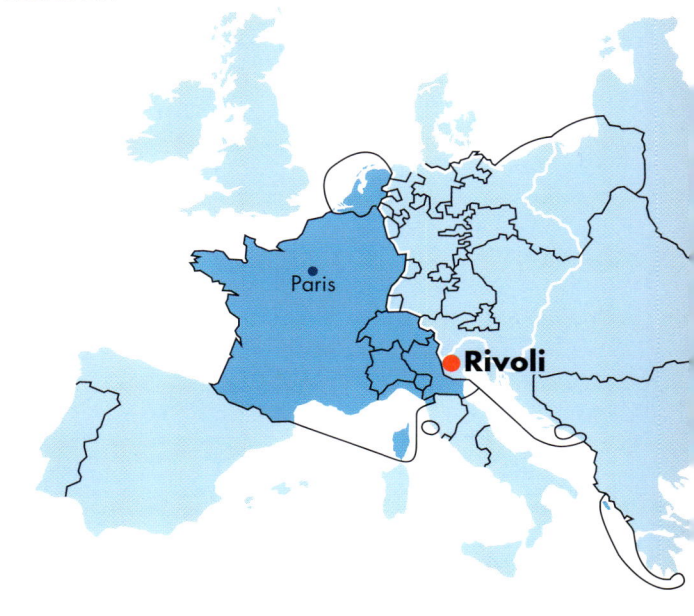

Masséna, « l'enfant chéri

La méthode Bonaparte en Italie

Pendant la plus grande partie de la campagne d'Italie, le général Napoléon Bonaparte se retrouva le plus souvent en état d'infériorité face aux armées lancées contre lui. Aussi appliqua-t-il une vieille règle de l'art de la guerre, consistant à battre les unes après les autres les forces de l'ennemi avant qu'elles ne se regroupent et soient numériquement supérieures à ses propres moyens. La plus éclatante illustration de cette tactique réside sans conteste dans la bataille de Rivoli, au cours de laquelle furent défaites de manière successive les colonnes d'Alvinczy, de Quasdanovitch, de Lusignan et de Wükassovitch.

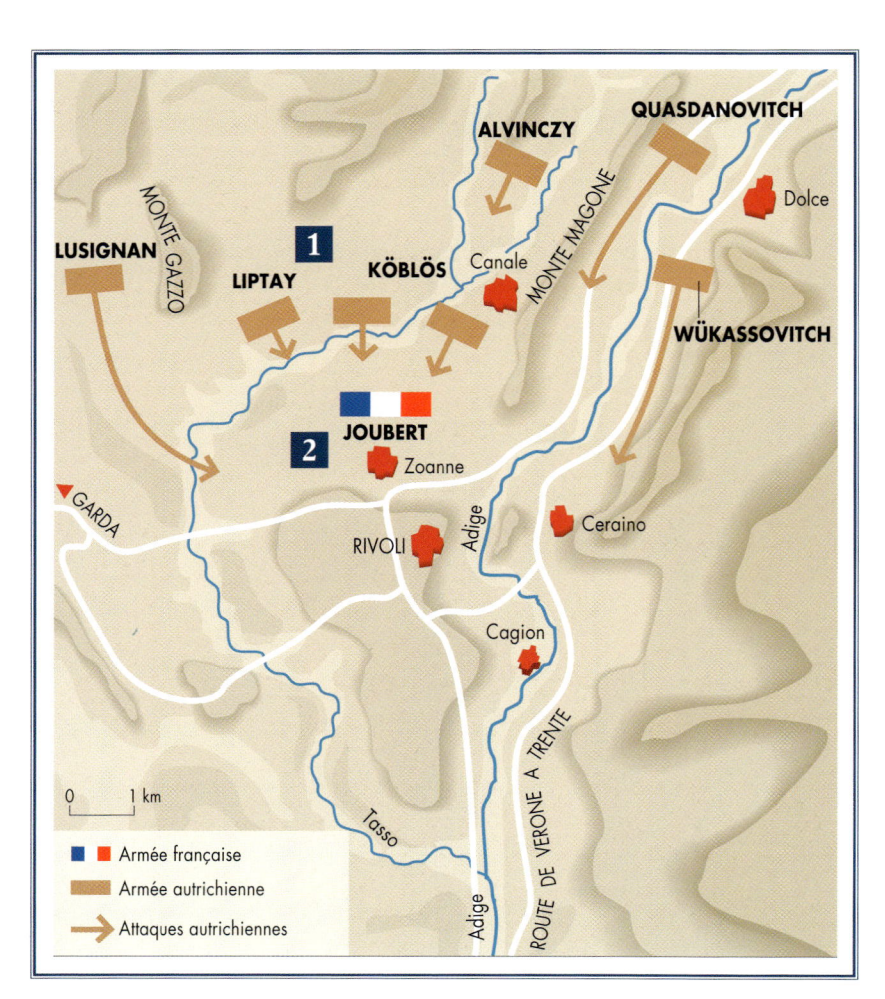

Détail tactique du jour

Dans la nuit du 13 au 14 janvier, le général Bonaparte, profitant d'un beau clair de lune et se fondant sur les feux de bivouac de l'armée d'Alvinczy, est en mesure de déterminer avec l'exactitude suffisante pour monter sa manœuvre le nombre de soldats ennemis – environ 40 000 hommes – auxquels il va avoir affaire. Il sait qu'il va se battre à deux contre un.

Joubert (1769-1799)
Le général Joubert, donnant l'assaut en pleine nuit, se distingua à la bataille de Rivoli.

1 Le 13 janvier 1797, l'armée d'Alvinczy, animée par un excès de confiance qui va lui être fatal, avance en direction du sud, scindée en quatre colonnes. Lusignan est chargé de contourner le plateau de Rivoli par l'ouest. Alvinczy lui-même forme le centre du dispositif autrichien, avec notamment les forces de Köblos et de Liptay. Plus à l'est, se trouvent les éléments de cavalerie et d'artillerie de Quasdanovitch. Enfin, une dernière colonne, commandée par Wükassovitch, suit la rive gauche de l'Adige.

2 Redoutant une jonction d'Alvinczy et de Quasdanovitch, qui entraînerait à coup sûr sa défaite, Bonaparte, ne disposant que de 20 000 hommes, choisit de se battre sur le plateau de Rivoli, où il dépêche la division Joubert. Celle-ci, ayant reçu l'ordre de tenir à tout prix cette position, monte à l'assaut, en pleine nuit, bousculant le centre ennemi.

Mais, Joubert, assailli par 12 000 Autrichiens, commence à céder du terrain, offrant à Quasdanovitch la possibilité de déboucher vers le sud. Conscient du

Première campagne d'Italie

de la victoire »

Les conséquences

La victoire de Rivoli stupéfia l'Europe, entraînant des conséquences considérables. Elle amena, le 2 février 1797, la capitulation de Wurmser, à Mantoue, investie par le général Serrurier. Bonaparte, agissant en politique beaucoup plus qu'en militaire, contraignit le pape à signer un traité à Tolentino et à céder à la France les Légations, Avignon et le comtat Venaissin. Il profita des circonstances pour pousser vers l'Autriche et s'emparer de Vienne. Il défit l'archiduc Charles dépêché contre lui, mais dut s'arrêter, celui-ci ayant entamé des pourparlers de paix à Leoben. Le 18 avril 1797, Vienne abandonna la Belgique et le Milanais, mais reçut en retour les Légations papales et Venise. Le seul ennemi encore debout était l'Angleterre. ■

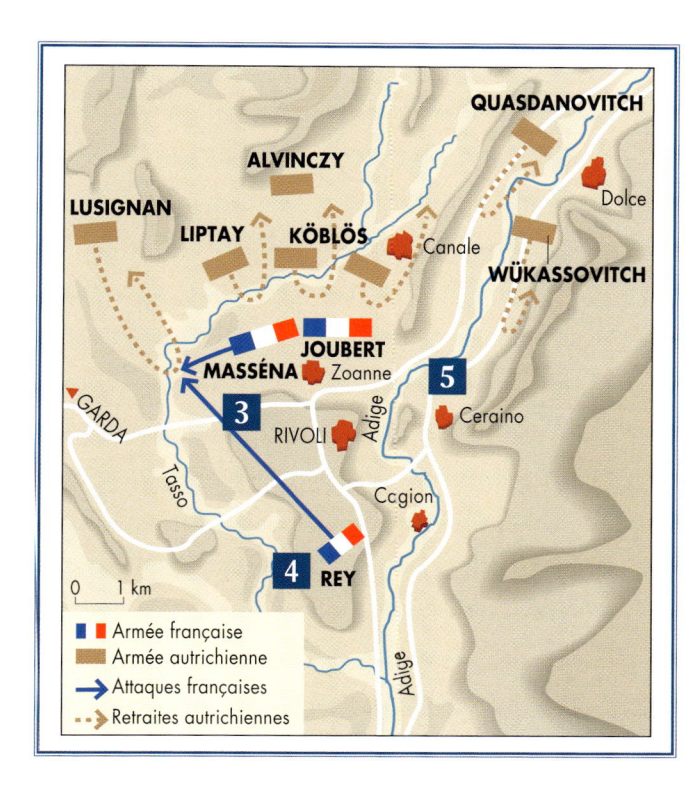

péril, le commandant en chef de l'armée d'Italie, après minuit, rameute la division Masséna, arrivée entre-temps à Rivoli.

3 L'intervention de « l'enfant chéri de la Victoire » se révèle décisive, en permettant d'écraser le centre autrichien. En fin de matinée, le 14 janvier, une dernière tentative de la part de Quasdanovitch en direction du plateau est repoussée avec de lourdes pertes par les troupes de Joubert. L'affaire tourne ensuite au désastre pour l'armée autrichienne qui, selon les propres mots de Joubert, est « massacrée », notamment par les cavaliers de Lasalle.

4 Reste à régler le sort de la colonne de Lusignan, que Masséna s'applique à tailler en pièces, tandis que Rey n'intervient contre elle que fort tard dans la journée, s'attirant de vives critiques de Bonaparte.

5 Wükassovitch, ayant suivi d'assez loin le déroulement de la bataille et devinant le sort funeste subi par le gros de l'armée autrichienne, décide de rebrousser chemin. La bataille a duré douze heures. Bonaparte saura récompenser Masséna, acteur décisif de la victoire, en lui décernant plus tard le titre de duc de Rivoli.

Avant la bataille

	Forces françaises	Forces ennemies
🚶	21 500 hommes	46 200 hommes
🔫	35 canons	80 canons
🐎	1 500 cavaliers	2 800 cavaliers

Après la bataille

	Pertes françaises	Pertes ennemies
🚶	2 000 tués ou blessés	15 000 tués ou blessés en 3 jours
🔫		30 canons
⛓		22 000 prisonniers
🚩		24 drapeaux

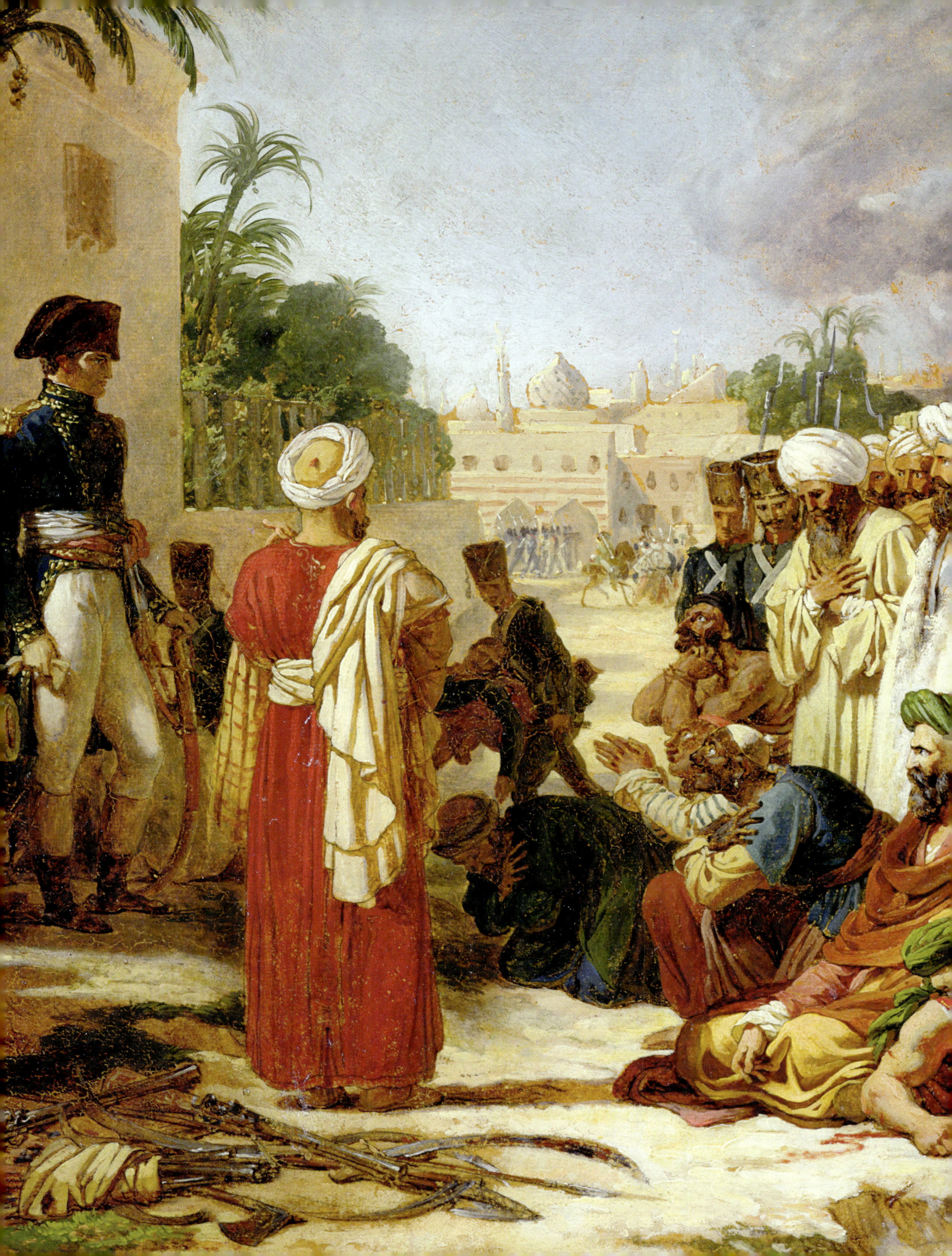

1798-1801

LA CAMPAGNE D'ÉGYPTE ET DE SYRIE

Bonaparte haranguant l'armée avant la bataille des Pyramides, le 21 juillet 1798. Murat, fringant cavalier, se tient toujours à ses côtés. Obtenue au prix de très faibles pertes, la victoire des Pyramides lui ouvre les portes du Caire, capitale des mamelouks (tableau de Gros, musée de Versailles).

Page de gauche : *Bonaparte au Caire.* La ville a été abandonnée par les mamelouks et la population rend les armes sans combattre (tableau de Guérin, musée des Beaux-Arts, Caen)

« Le sabre est parti. » C'est par ces mots que Barras salue le départ de Bonaparte pour l'Égypte – l'une des campagnes les plus difficiles et les plus contestées menées par le jeune général.

Le 19 mai 1798, Bonaparte prend la mer, à bord de *L'Orient*, depuis Toulon, avec une escadre qui rassemble plusieurs centaines de bâtiments de toutes tailles, dont 15 vaisseaux de ligne et 15 frégates. Le corps expéditionnaire français compte 36 000 hommes, sous les ordres de Berthier, de Lannes, de Murat, de Marmont et de Vaubois, et 10 000 marins. Pour le Directoire, il s'agit à la fois de couper la route des Indes, essentielle pour le commerce de l'Angleterre, et d'éloigner de Paris un général fasciné par l'Orient et par trop remuant et gênant à son goût. « Il faudrait nous emparer de l'Égypte. Ce pays n'a jamais appartenu à une nation européenne », ne cesse d'affirmer le futur Empereur des Français.

De Malte à Alexandrie

Moins d'un mois plus tard, le 10 juin, Bonaparte s'empare de l'île de Malte sans coup férir. Poursuivant sa route, la flotte française, échappant à la surveillance des escadres anglaises, effectue un débarquement à Alexandrie le 1ᵉʳ juillet. La campagne d'Égypte et de Syrie, qui s'étendra sur trois années, a bel et bien commencé.

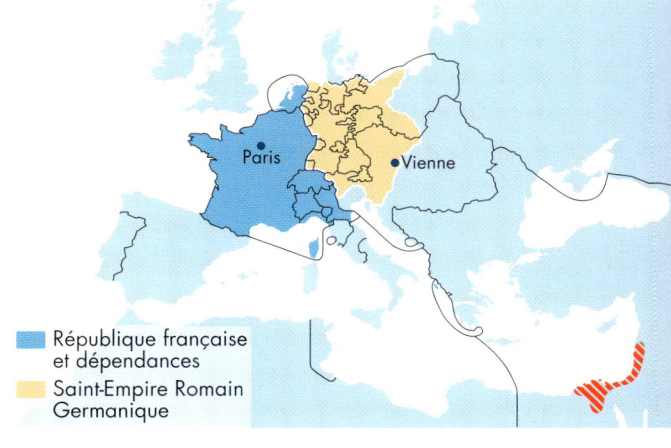

- République française et dépendances
- Saint-Empire Romain Germanique

Campagne d'Égypte et de Syrie

- Napoléon prend le commandement de l'armée d'Orient : 12 avril 1798
- Prise de Malte 9-12 juin 1798
- Prise d'Alexandrie 2 juillet 1798
- Bataille des Pyramides 21 juillet 1798
- Entrée de Bonaparte au Caire : 25 juillet 1798
- Flotte française détruite par Nelson dans la rade d'Aboukir : 1ᵉʳ août 1798
- Conquête de la Haute-Égypte par le général Desaix octobre 1798-janvier 1799
- Révolte du Caire 21 octobre 1798
- Défaite de Saint-Jean d'Acre : mars-mai 1799
- Bataille du mont Thabor 16 avril 1799
- Napoléon rentre en France 22 août 1799
- Coup d'État du 18 Brumaire 9, 10 et 11 novembre 1799
- Napoléon Bonaparte, Premier consul 13 décembre 1799

29

Des victoires chèrement acqui

LA CAMPAGNE D'ÉGYPTE ET DE SYRIE
(juillet 1798 - juin 1799)

→ Mouvements français
→ Mamelouks et Turcs

1 Le 1er juillet 1798, l'armée française débarque en terre égyptienne et s'empare de la ville d'Alexandrie dès le lendemain, après de brefs combats au cours desquels Kléber est blessé.

2 Alexandrie tombée, Bonaparte avance en direction du Caire, à travers le désert de Damanhour, tandis qu'une flottille improvisée progresse par le Nil. L'armée française se heurte aux mamelouks à Chebreiss, le 13 juillet, où se déroule un combat.

3 Avant d'atteindre la capitale de l'Égypte, le jeune général doit livrer une bataille difficile sur le site des Pyramides. Il défait pour de bon les mamelouks de Mourad Bey entre Embabeh et Gizeh le 21 juillet, puis entre dans Le Caire deux jours plus tard, tandis qu'Ibrahim Bey s'enfuit vers la Syrie.

4 Le 1er août, la flotte française de l'amiral Brueys, surprise au mouillage dans la rade d'Aboukir par les bâtiments de Nelson, est anéantie. Bonaparte est désormais prisonnier de sa propre conquête.

5 D'Alexandrie, Kléber soumet le delta du Nil, tandis que Desaix, remontant le fleuve, défait Mourad Bey à Sediman, le 10 octobre 1798.

6 La Turquie, ayant déclaré la guerre à la France, envoie des armées reconquérir l'Égypte : l'une s'embarque à Rhodes pour rejoindre Aboukir, grâce à la flotte anglaise ; l'autre se dirige vers la Syrie par la voie terrestre.

7 Bonaparte, parti à la rencontre de cette dernière avec 12 000 hommes, non sans avoir laissé quelques forces d'occupation en Égypte, s'empare d'El Arich, de Gaza et de Jaffa, du 17 février au 3 mars 1799, mais est arrêté devant Saint-Jean-d'Acre, du 20 mars au 10 mai.

8 Pendant ce temps, Junot, avec 500 hommes, ne peut empêcher l'armée turque, forte de 25 000 hommes, de franchir le Jourdain à Nazareth, le 8 avril.

9 Huit jours plus tard, se déroule la bataille du mont Thabor, près de Fouli, où, malgré l'infériorité numérique de leurs forces, Kléber et Bonaparte parviennent à vaincre 15 000 fantassins et 10 000 cavaliers turcs.

10 Bonaparte regagne alors Saint-Jean-d'Acre, dont il n'a pu s'emparer ; mais son armée étant en proie à une terrible épidémie de peste et ayant été réduite à 9 000 hommes, il doit en lever le siège en juin 1799.

11 De retour en Égypte, le futur Empereur des Français venge l'affront d'Aboukir en écrasant, au même endroit, une armée turque forte de 18 000 hommes mise à terre par les flottes anglaise et ottomane.

Campagne d'Égypte et de Syrie

ses et sans lendemain

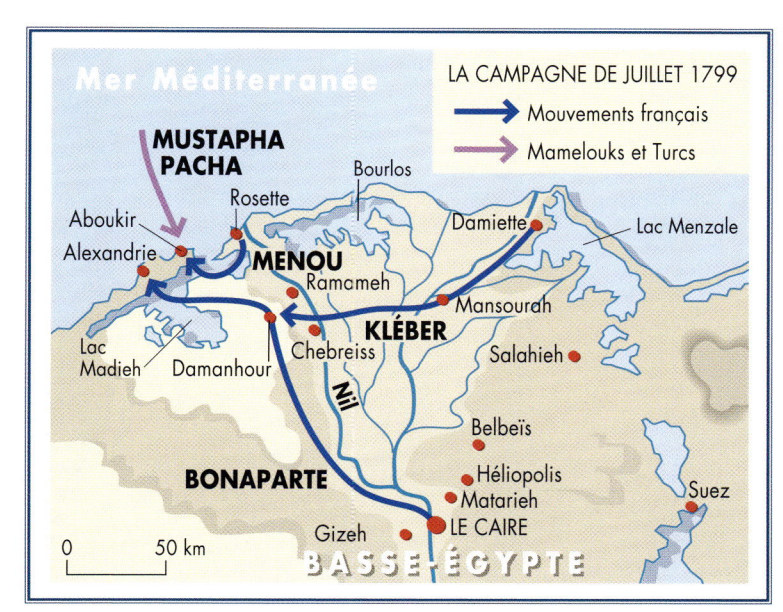

Les conséquences

Le 22 août 1799, informé de ce qui se passe en France, notamment de la faiblesse insigne du Directoire, Bonaparte quitte l'Égypte au nez et à la barbe des Anglais, laissant sur place Kléber, qui lui reprochera amèrement d'être parti. D'aucuns qualifieront ce départ de désertion, voire de trahison, puisque le futur Empereur abandonne l'ensemble de son armée, pour ne partir qu'avec quelques proches. Kléber, qui parvient à vaincre l'armée du Grand vizir, à Héliopolis (20 mars 1800), est assassiné le 14 juin de la même année. Menou, qui lui succède, sera défait à Canope le 21 mars 1801, avant de capituler à Alexandrie le 31 août suivant, deux mois après l'écrasement de son lieutenant Belliard au Caire (25 juin). Il obtient cependant la promesse que ses troupes seront rapatriées. C'en est bien fini de la présence française en Égypte et de cette longue et sanglante campagne qui s'achève sur un échec flagrant. ∎

En haut : l'écharpe portée par le jeune général Bonaparte lors de la campagne d'Égypte. La Turquie ayant déclaré la guerre à la France, à la suite du désastre subi par la flotte de Brueys à Aboukir, le futur Empereur des Français décide de lancer ses troupes à la conquête de la Syrie.

Ci-contre : le général Bonaparte, après avoir traversé l'isthme de Suez, visite les fontaines de Moïse, près du Sinaï, le 28 décembre 1798 (tableau de Jean Simon Berthélemy, musée de Versailles).

9 - 12 juin 1798

LA PRISE DE MALTE

Le 19 mai 1798, le général Bonaparte et ses officiers les plus proches embarquent sur L'Orient, mouillé dans la rade de Toulon. La flotte française, commandée par l'amiral Brueys, lève l'ancre et prend le large vers l'Égypte. Premier objectif : l'île stratégique de la Méditerranée.

Le *9 juin 1798, la flotte française arrive devant Malte.* L'armée française débarque, investit La Valette et canonne les forts *(gravure de Monchy, musée Carnavalet).*

L'armada navale française est forte de treize vaisseaux de ligne, de dizaines de frégates et de corvettes, et de centaines de navires de transport et de commerce. Parmi les chefs qui assurent le commandement des divisions de l'armée d'Orient, figurent Lannes, Murat, Marmont, Berthier, Junot, Masséna, Kléber, Desaix, Reynier, Bon et Vaubois – promis, pour la plupart d'entre eux, à des destinées exceptionnelles. La flotte, quant à elle, compte environ 9 000 marins sous les ordres de Brueys, Villeneuve, Perrée et Duchayla. Brueys n'a qu'un seul souci : échapper à la menace que fait peser sur lui la flotte anglaise de Méditerranée. Que celle-ci découvre ses vaisseaux, et c'en est fini de l'expédition d'Égypte.

Les anglais feintés

En réalité, craignant que les préparatifs effectués par Bonaparte à Toulon, Marseille, Gênes et Civitavecchia ne soient qu'une feinte destinée à cacher une invasion de l'Angleterre, les Anglais ont concentré leurs moyens navals à Gibraltar, débouché de la Méditerranée, et dans la Manche. Les vaisseaux français peuvent donc tout à loisir mettre le cap sur Malte, qui représente une position stratégique de premier ordre en Méditerranée et offre à Bonaparte une possibilité d'escale entre la France et l'Égypte.

Campagne d'Égypte et de Syrie

Une affaire de quatre jours

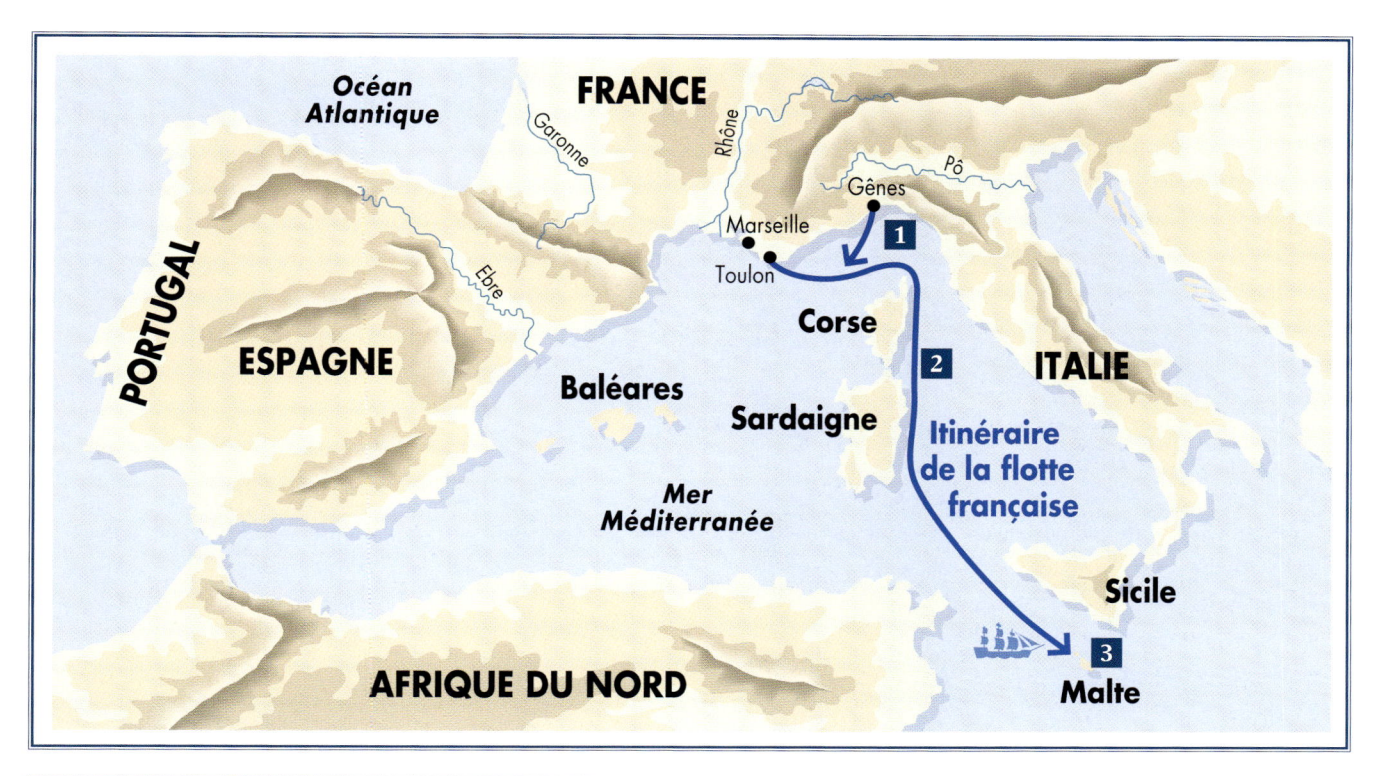

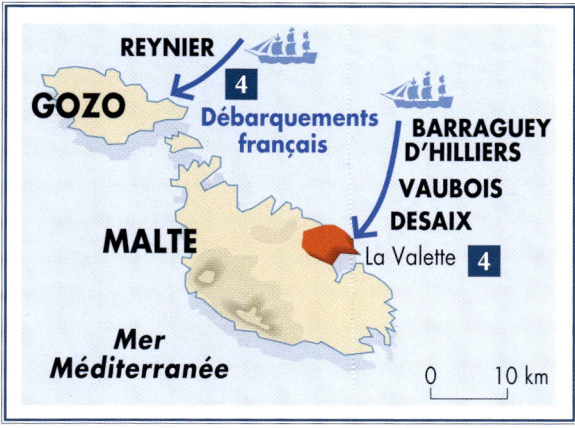

1 Le 19 mai 1798, la flotte française quitte les ports du sud de la France et d'Italie, s'attendant à tomber à tout moment sur les bâtiments de guerre anglais.
2 Les navires français mettent le cap vers le sud-est, sans faire de mauvaise rencontre comme le redoutent tant Bonaparte et ses amiraux.
3 Le 9 juin, après un peu plus d'une vingtaine de jours, l'armada de Brueys se présente devant le port de La Valette, capitale de l'île de Malte. Bonaparte envoie Desaix auprès du Grand Maître de l'ordre, Ferdinand de Hompesch, afin de lui demander l'autorisation de se ravitailler en eau. Celui-ci ayant refusé, au nom d'un principe selon lequel aucune puissance en état de guerre ne peut faire entrer plus de deux vaisseaux dans le port de La Valette, les hostilités sont inévitables.
4 Tandis que les hommes de Reynier s'emparent du fort édifié sur l'île de Gozo, les divisions commandées par Vaubois, Desaix et Barraguey d'Hilliers prennent pied à La Valette, que les vaisseaux français sont en train de canonner. Au terme de brefs combats, Malte capitule le 12 juin.

Détail tactique du jour

Les opérations menées à Malte sont des plus brèves, malgré la puissance des fortifications derrière lesquelles s'abritent les chevaliers du Grand Maître de l'ordre de Malte, Ferdinand de Hompesch. Le 10 juin, la garnison de La Valette tente courageusement une sortie, sous les ordres du bailli de Bellemont. Mais elle se heurte aux troupes de Marmont qui la repoussent à l'intérieur des murs de la ville.

Les chevaliers de l'ordre de Malte rendent la ville de La Valette aux Français après de brefs combats, le 12 juin 1798.

Avant la bataille

	Forces françaises	Forces ennemies
🪖	Environ 30 000 hommes	Environ 7 000 hommes
⚓	9 000 marins	—

Brueys d'Aigailliers
(1753-1798)
Commandant de la flotte qui transporte l'armée d'Orient, ce vice-amiral mena l'opération pour la prise de Malte.

Hompesch
(1744-1805)
Manquant de caractère, l'homme qui est le Grand Maître de l'ordre souverain de Malte depuis 1787 ne résista pas longtemps à Bonaparte.

Les conséquences

Malte est tombée aux mains des Français avec une facilité qui étonne Bonaparte lui-même. Ferdinand de Hompesch, confronté à la passivité de la population de La Valette et aux assauts français, signe sa capitulation le 12 juin, acceptant toutes les conditions que lui soumet l'assiégeant. En s'emparant de cette terre, le commandant en chef de l'armée d'Orient met fin à la présence d'un ordre qui l'occupe depuis le XVIe siècle et y lutte contre les Turcs et les Barbaresques. Le futur Empereur des Français dispose désormais d'une position stratégique en Méditerranée, d'où il peut contrarier les entreprises anglaises. Y laissant une garnison de 3 000 soldats commandés par Vaubois, sachant la flotte anglaise toute proche, il reprend la mer le 17 juin, en direction de l'Égypte. ■

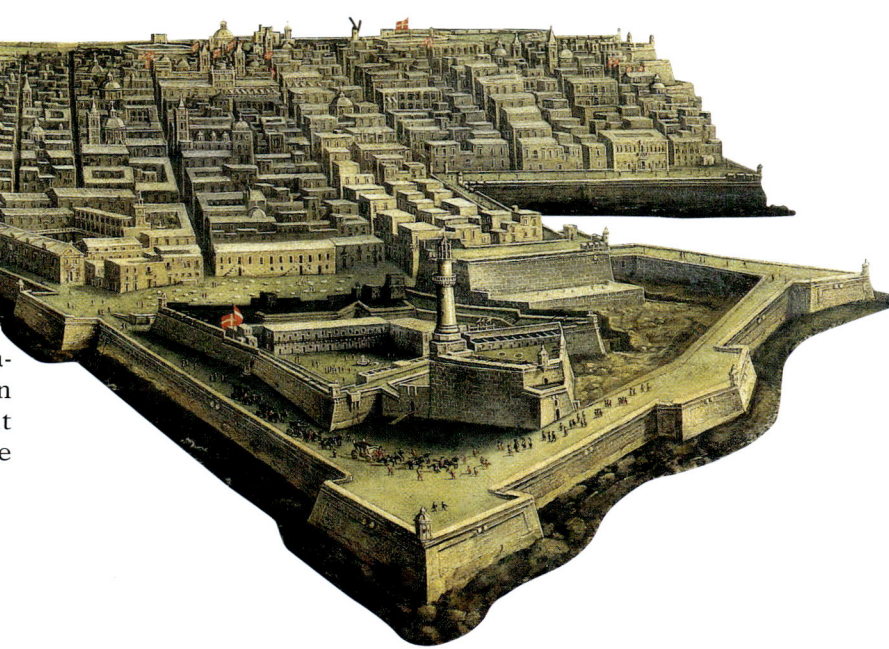

Ci-dessus : vue du port et de la ville de La Valette à Malte
(Wallace Collection, Londres).

2 juillet 1798

Campagne d'Égypte et de Syrie

La chute d'Alexandrie

Le général Bonaparte donne un sabre au chef militaire de l'armée d'Alexandrie, en juillet 1798. À gauche de Bonaparte, figure Vivant Denon, le futur directeur du Muséum (le Louvre), qui fait partie de l'expédition d'Égypte (tableau de Mulard, musée de Versailles).

La conquête de Malte assurée, Bonaparte reprend la mer, talonné par la flotte anglaise, et vogue vers l'Égypte. L'armada française en atteint la côte dans la journée du 1er juillet 1798.

Craignant une attaque navale anglaise, préoccupé par la mer très agitée, Bonaparte jette ses forces à terre. À la tombée de la nuit du 1er juillet, il organise trois colonnes d'infanterie fortes de 4 500 hommes au total : Kléber, avec 1 000 soldats ; Menou, avec 2 000 soldats ; Bon, avec 1 000 soldats ; plus 500 hommes provenant d'une autre division, qui n'ont ni canons ni cavaliers.

Un assaut immédiat

Il choisit de faire marcher les troupes toute la nuit à travers le désert, entre la Méditerranée au nord et le lac Maréotis au sud. Celles-ci se présentent devant les murs d'Alexandrie – qui compte 10 000 habitants et dispose d'imposantes fortifications – au matin du 2. Bonaparte, profitant de l'effet de surprise qu'il a provoqué chez l'ennemi, décide de donner l'assaut.

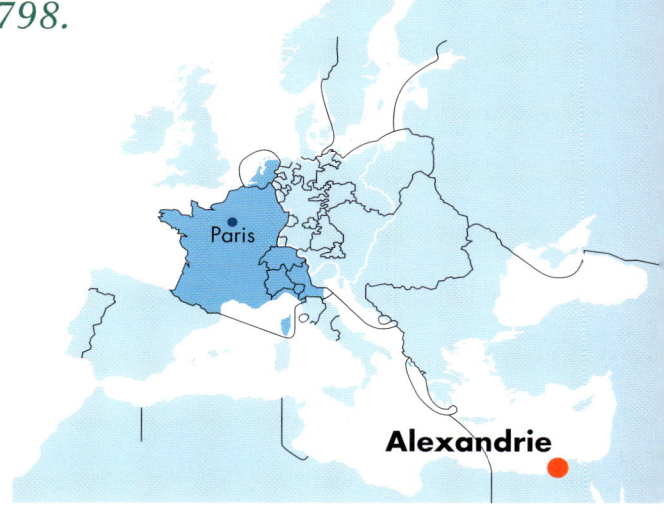

La bravoure de Kléber forc

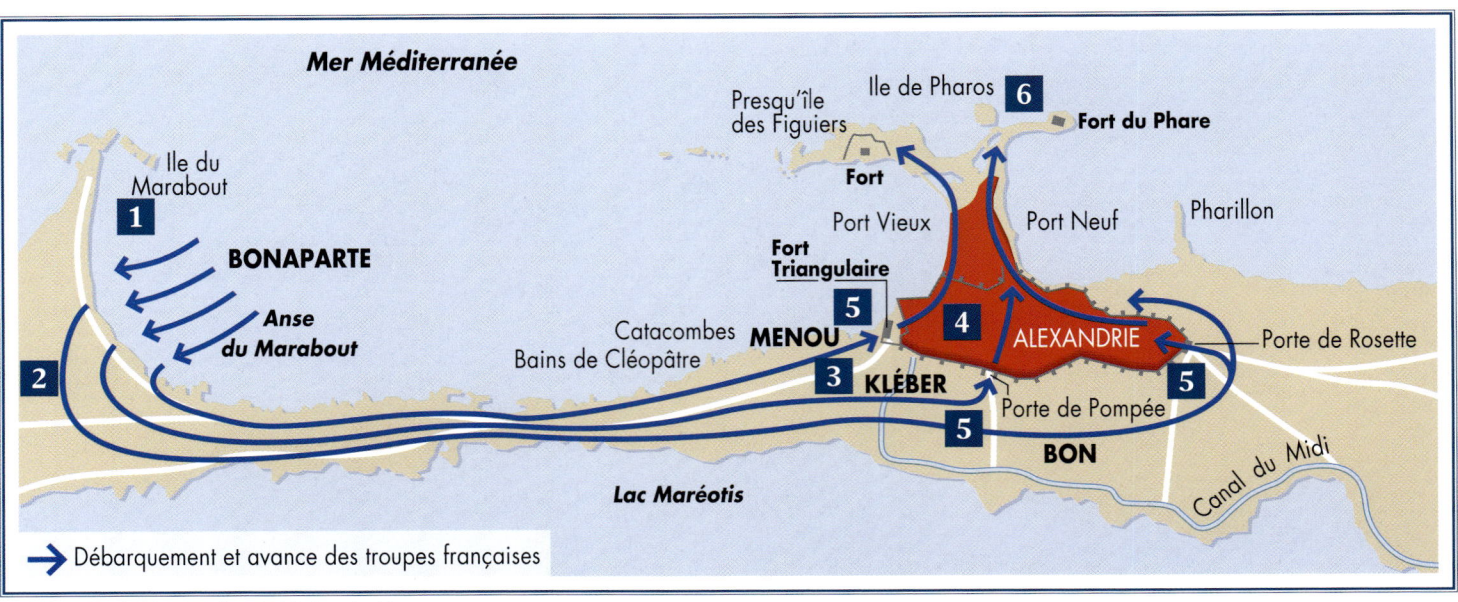

Ci-dessous : guides du général en chef de l'armée d'Égypte. De gauche à droite : guide à pied (1798-1801), tenue de campagne (1800-1801), guide à cheval (1798-1799), artilleur des guides en tenue de campagne (aquarelle de Rousselot, musée de l'Armée).

1 À peine la flotte a-t-elle mouillé devant les côtes égyptiennes que Bonaparte ordonne un débarquement immédiat. Il craint en effet l'arrivée de la flotte anglaise ou une attaque inopinée des mamelouks. Les premiers soldats français foulent le sol d'Afrique vers 21 heures, le 1er juillet. Mais l'opération se déroule de façon si désordonnée que s'il était intervenu à ce moment, l'ennemi aurait pu rejeter l'armée française à la mer.

2 Dès que ses forces ont pris pied dans l'anse du Marabout, au sud du phare du même nom, Bonaparte, sans s'attarder, les lance en trois colonnes à travers le désert, en direction d'Alexandrie.

3 Les 4 500 hommes engagés dans l'opération effectuent une marche de nuit de 13 km qui les amène, à l'aube du 2 juillet, devant les fortifications de la ville. Bon est chargé de prendre la porte de Rosette, Menou, la porte des Catacombes et Kléber, la porte de la Colonne.

4 La ville est défendue par une garnison assez importante d'Arabes et de Turcs, armée de canons, qui est placée sous les ordres de Mohammed el-Koraïm. Passant à travers des éboulements ou grimpant sur des échelles, les soldats français, emmenés par leurs chefs, prennent pied sur les murailles de la ville, sous le feu très dense des défenseurs.

5 Menou s'empare du fort triangulaire, tandis que Kléber et Bon parviennent à forcer deux des portes de la grande cité. Le combat se déplace alors dans les rues de la ville. Après quelques heures d'affron-

Campagne d'Égypte et de Syrie

e les portes

Ci-contre : sabre de Bonaparte pendant la campagne d'Égypte *(musée de Malmaison).*

tements intenses, vers 11 h, Mohammed el-Koraïm réclame un cessez-le-feu. Alexandrie est désormais aux mains des Français.

6 La bataille se termine par la chute du fort de Keit Bey, édifié sur l'emplacement même du phare des Ptolémées, dans la nuit du 2 au 3 juillet.

Les conséquences

La chute d'Alexandrie permet de mettre hors de portée de la flotte anglaise le corps expéditionnaire français, qui aurait fort bien pu être massacré en mer. Dès que la ville est prise, Bonaparte ordonne à deux de ses divisionnaires – Menou et Desaix – de conquérir le delta du Nil. Le premier occupe Rosette sans coup férir, tandis que le second s'empare de Damanhour. Disposant d'une base logistique sûre, Bonaparte peut entreprendre sa marche à travers le désert. Désormais, la route du Caire est ouverte à l'armée d'Orient. ∎

Bonaparte reçoit la reddition d'Alexandrie, tombée après quelques heures de combat *(gravure, Museo centrale del Risorgimento, Rome).*

Avant la bataille

Forces françaises	Forces ennemies
4 500 hommes	Plusieurs milliers d'hommes
—	Quelques canons

Après la bataille

Forces françaises	Forces ennemies
40 tués 100 blessés	Plusieurs centaines d'hommes

Kléber (1753-1800)
S'étant distingué lors de la prise d'Alexandrie, Kléber commande l'armée d'Égypte après le départ de Bonaparte. Il sera assassiné en 1800.

el-Koraïm
À Mohammed el-Koraïm, gouverneur d'Alexandrie, Bonaparte confie le soin de diriger la ville au lendemain de sa chute.

Détail tactique du jour

L'assaut d'Alexandrie, s'il met en valeur le courage de plusieurs chefs français, permet à un général de talent de se distinguer. Kléber montre en effet en cette occasion un sens tactique aigu et une bravoure hors du commun. Dirigeant l'attaque de ses hommes, leur désignant les endroits par où ils doivent passer, il joue un rôle important dans la première phase de la bataille, jusqu'au moment où une balle l'atteint au front. Grièvement blessé, Kléber y survivra pourtant.

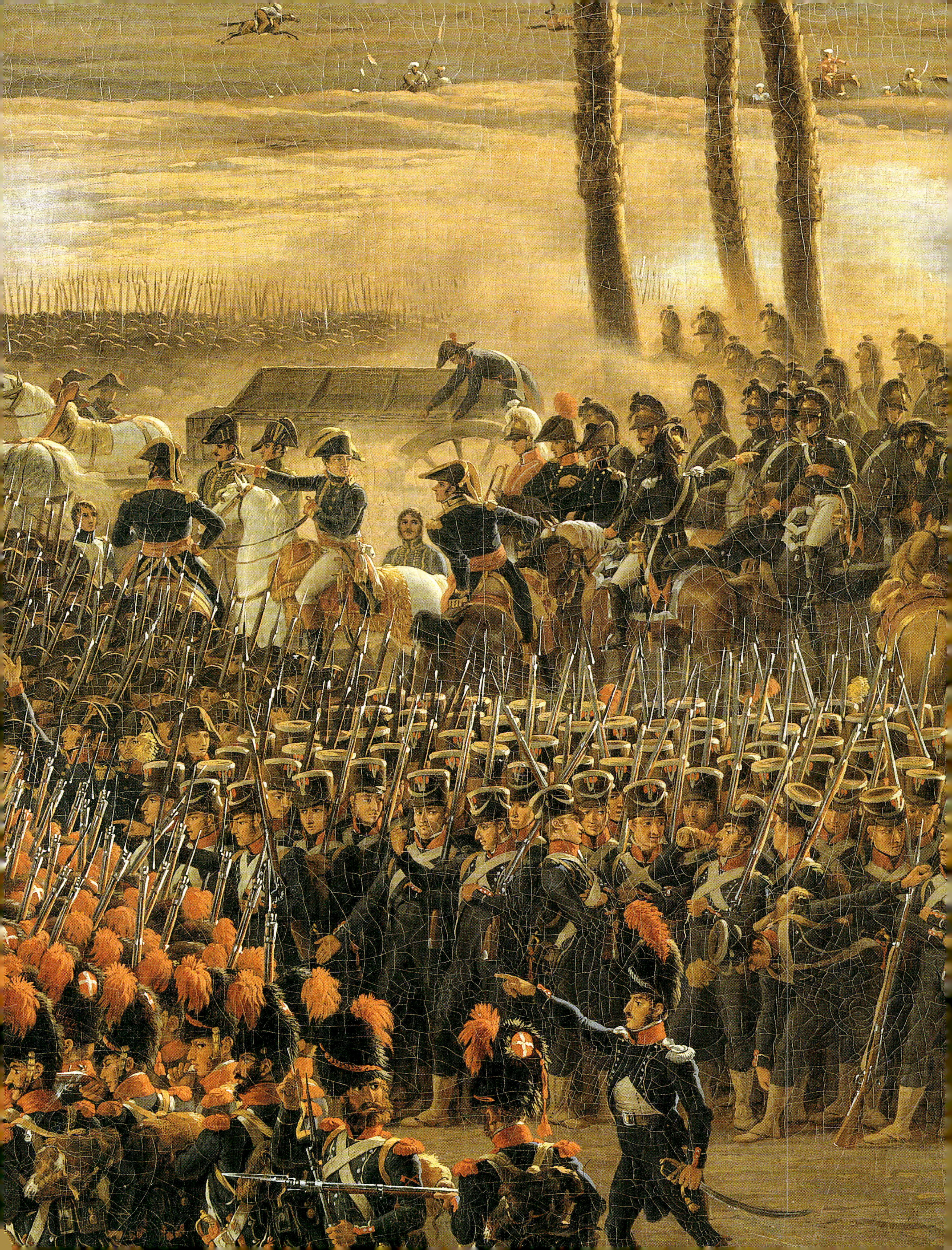

21 juillet 1798

Campagne d'Égypte et de Syrie

LA BATAILLE DES PYRAMIDES

Bataille des Pyramides, 21 juillet 1798, qui scelle la victoire de Bonaparte sur Mourad Bey, dont les troupes se jettent dans le Nil (gravure de Jacques François Joseph Swebach, châteaux de Versailles et de Trianon). Page de gauche : *Bataille des Pyramides (21 juillet 1798).* Une des cinq divisions de l'armée française, formée en carré, repousse les charges des mamelouks. Au premier plan, des carabiniers d'une demi-brigade d'infanterie légère. Au centre du carré, le général Bonaparte, des officiers d'état-major, une escorte de dragons et les équipages. (tableau de Lejeune, détail, musée de Versailles).

« Soldats, songez que du haut de ces pyramides, quarante siècles vous contemplent. » Telle fut la proclamation, passée à la postérité, que le jeune général Napoléon Bonaparte adressa aux hommes qui s'apprêtaient à livrer bataille aux mamelouks près des pyramides de Gizeh.

Au lendemain de la brillante campagne d'Italie, Napoléon Bonaparte connut une gloire sans précédent – une gloire qui le confirma dans son intention de prendre un jour le pouvoir, mais qui faisait aussi de l'ombre au Directoire qui craignait que le brillant général ne lui dispute un jour ce pouvoir.

Aussi celui-ci ne s'opposa-t-il pas au projet d'expédition en Égypte imaginé par le vainqueur d'Arcole et de Rivoli. Pour Bonaparte – fasciné par l'Orient et conseillé en ce sens par Talleyrand –, il s'agissait de frapper l'Angleterre dans ses intérêts vitaux, en coupant ses lignes de communication avec son empire des Indes.

Pour les membres du Directoire, cette entreprise constituait le moyen idéal d'éloigner du territoire français un général beaucoup trop remuant et ambitieux à leur goût.

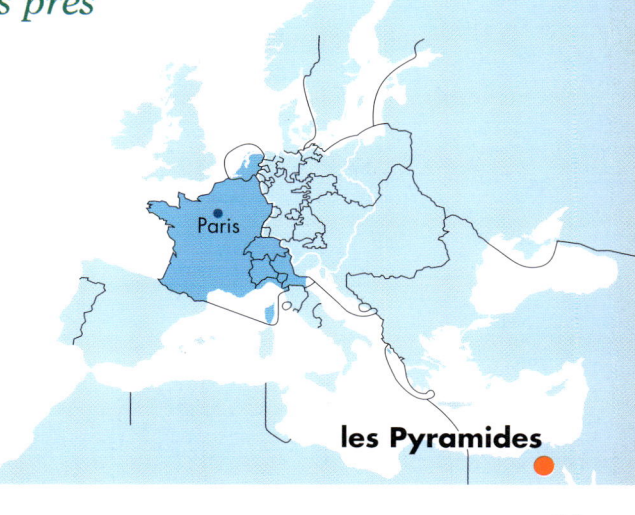

les Pyramides

Au bord du Nil, les mam

Embarquant à Toulon le 19 mai 1798 avec des effectifs estimés à 35 000 hommes, Bonaparte, échappant aux puissantes escadres anglaises lancées contre lui, débarqua au début de juin à Malte et s'empara du port de La Valette presque sans combat. Puis, ayant pris pied devant Alexandrie le 1er juillet, il fit tomber l'antique cité en moins d'une journée le lendemain. Les troupes françaises marchèrent alors vers Le Caire, capitale de l'Égypte – une province de l'Empire ottoman dominée par une caste de guerriers, les mamelouks. Elles durent marcher à travers le désert, manquant d'eau et de nourriture, et parvinrent sur les bords du Nil, à l'est des Pyramides de Gizeh, le 20 du même mois. Face à elles avait pris position l'armée de Mourad Bey, le chef des mamelouks, prête à livrer bataille.

Desaix (1768-1800)
Le général Desaix supporta l'essentiel de la charge ennemie aux Pyramides.

Mourad Bey (1750-1801)
Blessé au visage au cours de la bataille des Pyramides, il mourut de la peste trois ans plus tard.

1 L'armée française comprend cinq divisions : à droite, celle du général Desaix, au centre, celles des généraux Reynier et Dugua – Bonaparte se tient en personne au milieu du carré formé par les troupes de ce dernier –, à gauche, celles de Menou et de Bon.

2 L'aile gauche de l'armée ennemie est constituée de 10 000 mamelouks, qui sont d'extraordinaires cavaliers. Par ailleurs, Murad Bey a fait édifier un camp retranché à Embabeh, dans lequel il a concentré plus de 20 000 fantassins et une cinquantaine de pièces d'artillerie.

3 Sur ces entrefaites, Bonaparte apprend, par des reconnaissances, que les canons de Murad Bey sont montés sur affût et qu'ils demeureront de ce fait immobiles. Aussitôt, il fait déplacer l'ensemble de ses forces sur la droite, de manière à les préserver des tirs de l'artillerie ennemie. Il sait que, en procédant de la sorte, il n'aura affaire qu'aux seuls cavaliers mamelouks.

4 Murad Bey, pressentant la manœuvre française, décide d'agir sans tarder et lance contre la division Desaix, formée en carré, près de 8 000 de ses mamelouks – 2 000 autres étant chargés d'appuyer la résistance du camp d'Embabeh.

5 Les soldats de Desaix parviennent à contenir l'attaque des cavaliers de Murad Bey, qui se ruent également sur le carré constitué par la division Reynier. Laissant ses deux subordonnés en découdre avec les mamelouks, Bonaparte, placé au milieu du carré de Dugua, s'immisce entre Reynier et le Nil, prenant à revers la cavalerie de l'adversaire.

6 Coupé du gros de ses forces, dont une partie tente de rallier le camp d'Embabeh, Murad Bey perd le contrôle de la bataille et fuit en direction de Gizeh. Les mamelouks, pris en tenaille par les carrés de Desaix, Reynier et Dugua, d'une part, et les divisions françaises arrivant sur leur droite, d'autre part, subissent un véritable massacre. Seuls 2 500 de ces derniers parviennent à échapper à l'ennemi en cette journée du 21 juillet 1798.

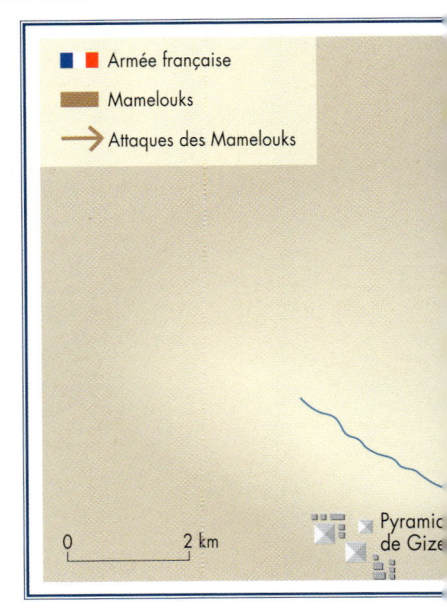

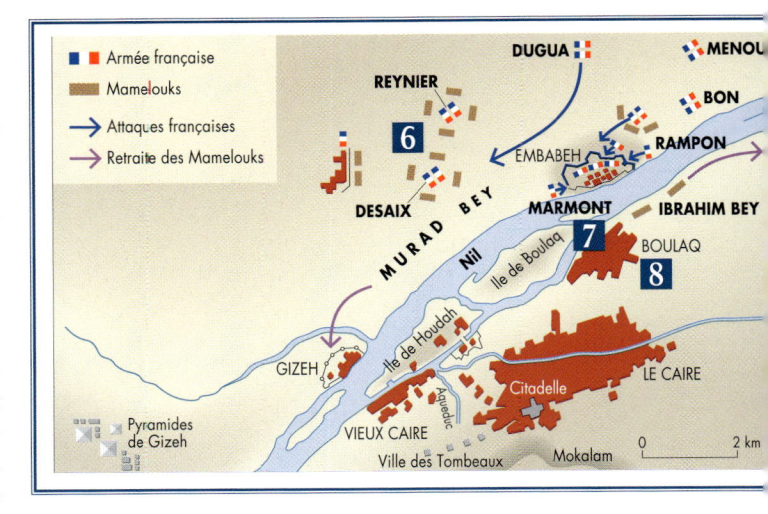

Campagne d'Égypte et de Syrie

elouks sont pris en tenaille

Reste à régler le sort d'Embabeh, contre lequel se rue toute la partie gauche française formée des troupes de Bon et de Menou.

7 À la fin de l'assaut mené par les colonnes de Rampon et de Marmont, le camp livre aux vainqueurs un immense butin constitué de 50 pièces d'artillerie, de 400 chameaux, de montagnes de vivres et de toutes les richesses qui suivent habituellement les mamelouks.

8 Pendant ce temps, Ibrahim Bey, établi sur l'autre rive du Nil, fait retraite vers la Syrie. Le général vainqueur, estimant que la postérité ne retiendra pas le nom de victoire d'Embabeh, décide d'attribuer à cette journée celui de bataille des Pyramides.

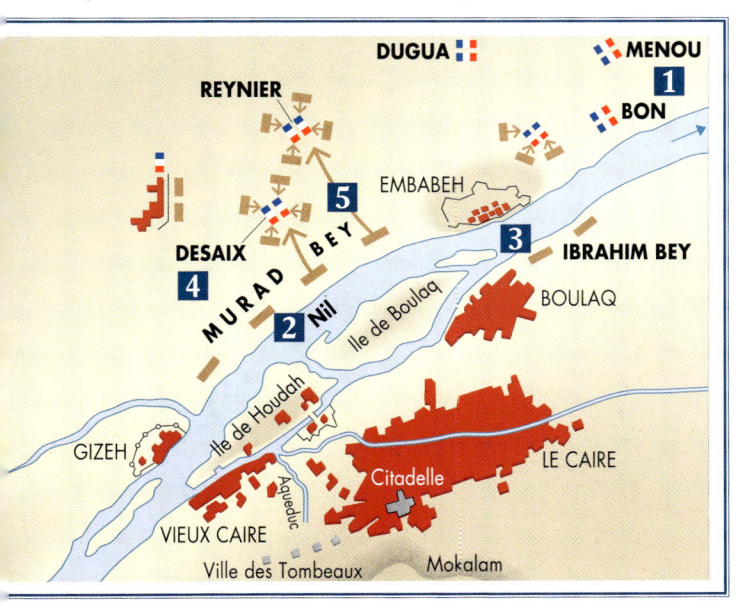

Avant la bataille

	Forces françaises	Forces ennemies
	18 000 hommes	25 000 hommes
	72 pièces de campagne débarquées à Alexandrie	40 canons
		10 000 cavaliers

Après la bataille

	Pertes françaises	Pertes ennemies
	40 tués 120 blessés	4 800 tués et blessés
		40 canons

Détail tactique du jour

Une des clefs de la victoire remportée par le général Bonaparte aux Pyramides résida dans les carrés que formèrent les divisions françaises afin de résister aux assauts furieux des cavaliers mamelouks. Ceux-ci étaient constitués de six rangs en profondeur, avec, à chacun de leur angle, des canons qui appuyaient les fantassins. Toute la bataille durant, les mamelouks tournoyèrent autour des carrés sans parvenir à en rompre la cohésion, même en renversant leurs chevaux sur les soldats français.

Les conséquences

La victoire remportée aux Pyramides ouvrit à l'armée française la route du Caire. Bonaparte y entra dès le 24 juillet 1798, s'emparant des richesses que les mamelouks n'avaient pas eu le temps d'emporter dans leur fuite. Il lança des travaux destinés à améliorer la vie des Égyptiens, créa l'Institut français du Caire et favorisa les recherches archéologiques. Mais il ne savoura pas très longtemps son triomphe. Le 1er août 1798, la flotte française fut anéantie dans la rade d'Aboukir par les Anglais, l'armée d'Égypte perdant alors toute possibilité de retraite. Les Turcs ayant déclaré la guerre à la France, le jeune général entreprit une sanglante campagne en Palestine pendant le premier semestre de 1799. Après avoir remporté une bataille contre les Janissaires à Aboukir, le 25 juillet de la même année, le futur empereur des Français rembarqua pour l'Europe en août. ∎

16 avril 1799

LA BATAILLE DU MONT THABOR

La bataille du mont Thabor, livrée dans le cadre du siège de Saint-Jean-d'Acre, constitue une brillante victoire, pour Bonaparte et lui ouvre la route de la Galilée *(tableau de Lejeune, musée de Versailles).*

Bonaparte assiège Saint-Jean-d'Acre depuis le milieu du mois de mars 1799 lorsqu'il apprend l'irruption, au nord du lac de Tibériade, d'une armée turque estimée entre 20 000 et 25 000 soldats et commandée par Abdallah Pacha.

Assiégé dans Saint-Jean-d'Acre, Djezzar Pacha appelle au soulèvement contre les Français, en envoyant notamment des émissaires à Damas. D'importantes forces sont rassemblées sous les ordres d'Abdallah Pacha, qui entreprend de dégager la place investie. Le 4 avril, ce dernier, ayant passé le Jourdain, menace les arrières de l'armée d'Orient. Bonaparte, conscient qu'une absence de réaction constituerait un immense danger pour son armée, commande à la division du général Kléber, forte de 3 000 hommes, de se porter au-devant de l'ennemi.

Le détachement du général Junot, avec 500 hommes à peine, dépassant Nazareth, parvient à Loubya, le 8 avril. Là, il tombe face à face avec 4 000 cavaliers mamelouks et turcomans. Les Français les repoussent par des feux d'infanterie.

Le repli sur Fouli

Au lendemain de la bataille de Nazareth, Junot se replie vers le village de Fouli, situé au pied du mont Thabor, où campent les 3 000 hommes de Kléber. Le 15 avril, l'homme qui a joué un rôle si important dans la prise d'Alexandrie quelques mois plus tôt décide d'attaquer Abdallah Pacha.

Campagne d'Égypte et de Syrie

Abdallah Pacha est mis en déroute

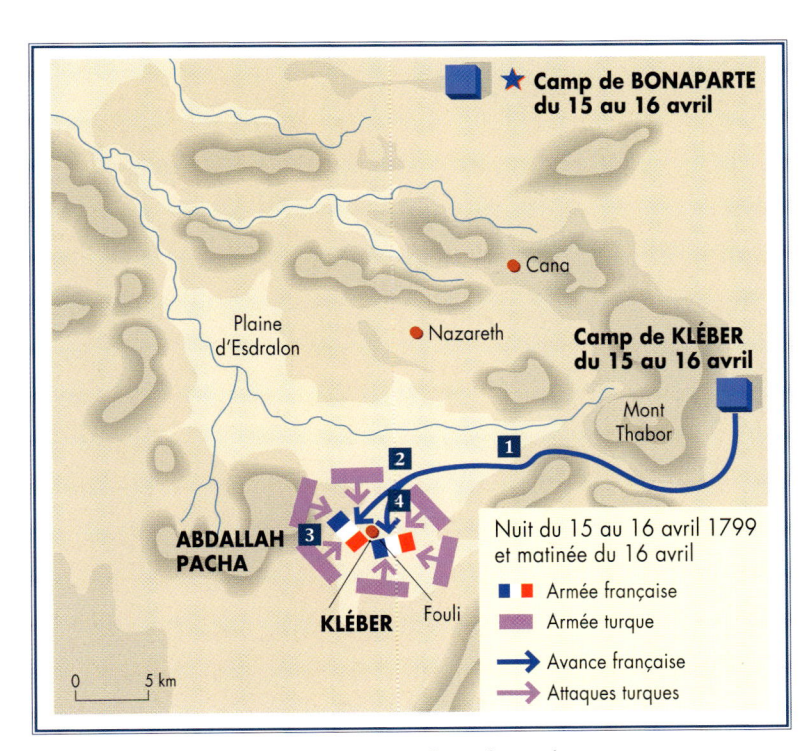

escadrons de cavalerie et une batterie d'artillerie. À marches forcées, pendant la nuit du 15 avril et une partie de la matinée du 16, il franchit la distance de 150 km qui le sépare du lieu où Kléber tient tête à l'armée ennemie.

6 Alors même que Kléber est sur le point de battre en retraite au son du canon, les troupes de Bonaparte débouchent du mont Thabor formées en 4 carrés – 3 d'infanterie et 1 de cavalerie –, prenant à revers l'armée d'Abdallah Pacha, qui se trouve ainsi prise entre deux feux.

7 Dans le camp du pacha de Damas, ce qui s'annonçait comme une victoire tourne au désastre. La cavalerie turque, soumise à des feux roulants d'infanterie venus de tous côtés, tournoie. L'infanterie ennemie elle-même est sabrée par les cavaliers français. L'armée d'Abdallah Pacha, lâchant pied, s'enfuit en désordre, laissant des milliers d'hommes sur le terrain. Nombre d'entre eux se noient dans le Jourdain en crue à cause d'un orage.

1 Kléber part à l'attaque pendant la nuit du 15 au 16 avril, pensant déboucher dans le camp adverse aux alentours de 2 heures du matin. Mais ses troupes se perdent dans l'obscurité et ne parviennent à leur objectif que lorsque le jour se lève.

2 L'effet de surprise ayant échoué, Kléber se retrouve à présent face à l'imposante armée du pacha de Damas. Aussitôt, celui-ci lance sa cavalerie contre les troupes françaises, contraintes de se former en deux carrés afin de n'être pas écrasées sous le nombre.

3 Le combat dure une grande partie de la journée du 16 avril. Assoiffés, presque à court de munitions, les soldats de Kléber ne résistent pas moins avec une extraordinaire constance aux assauts répétés de la cavalerie turque. Tirant à bout portant, ils lui infligent des pertes importantes. Morts et blessés s'entassent devant les rangs français, au point d'y former une sorte de rempart.

4 Aux alentours de 16 heures, Kléber s'aperçoit qu'il est pratiquement parvenu au bout de ses capacités de résistance. Sentant poindre la défaite, il décide de préparer l'abandon de ses positions, en clouant sur place les quelques pièces d'artillerie qu'il possède et en abandonnant ses blessés.

5 Pendant ce temps, Bonaparte, qui n'entend pas laisser anéantir l'une de ses divisions sans réagir, a rassemblé sous ses ordres les 3 000 soldats du général Bon, quelques

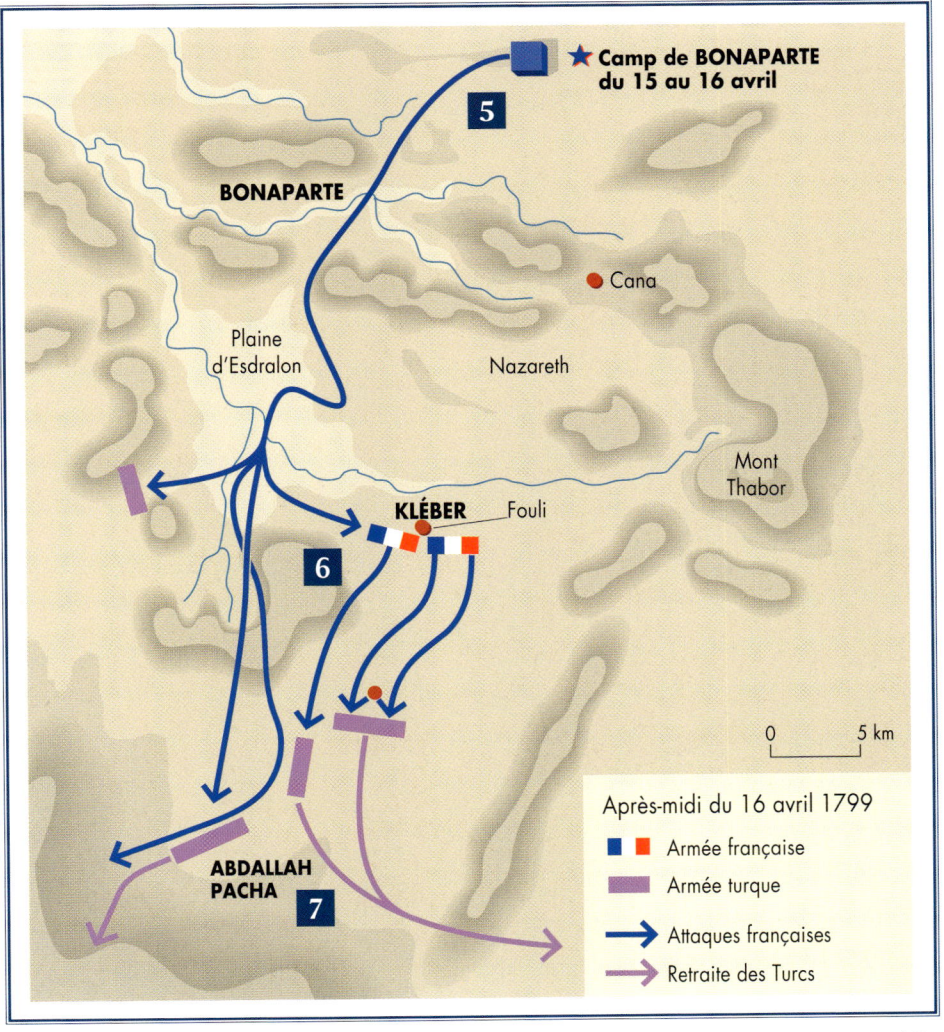

Bonaparte et Kléber se congratulent. Leurs troupes, réunies et formées en carrés, ont massacré la cavalerie turque et mis en déroute l'infanterie d'Abdallah Pacha.

Avant la bataille

	Forces françaises	Forces ennemies
🪖	Moins de 6 000 hommes	15 000 fantassins
🐎	—	10 000 cavaliers
🔫	8 canons sous Bonaparte	—

Après la bataille

	Forces françaises	Forces ennemies
🪖	—	6 000 hommes
🔫	—	Tous les canons
🚩	—	Tous les drapeaux

Détail tactique du jour

Lorsqu'il débouche du mont Thabor sur les arrières ennemis, Bonaparte forme la division Bon en carrés, de manière à constituer avec les carrés de Kléber une sorte de triangle. Prise sous les feux convergents qui proviennent de ces trois angles, la cavalerie turque est littéralement massacrée, entraînant dans sa fuite éperdue l'infanterie d'Abdallah Pacha.

Bon (1758-1799)

Le général Bon qui s'est fait remarquer en Italie, prend une part active à la bataille des Pyramides et à la bataille du mont Thabor, sous Bonaparte.

Les conséquences

La défaite subie par le pacha de Damas en ce 16 avril 1799 marque un tournant important dans la campagne de Syrie. Désormais, la ville de Saint-Jean-d'Acre ne peut plus espérer le secours d'une quelconque armée de dégagement. Mais le mont Thabor est pour Bonaparte une victoire à la Pyrrhus, qui ne suffira pas à assurer la réussite de l'expédition de Syrie. Malgré plusieurs autres assauts, le commandant de l'armée d'Orient ne parviendra pas à s'emparer de Saint-Jean-d'Acre, où la défaite du mont Thabor a été pourtant cruellement ressentie. En mai 1799, Bonaparte reprendra le chemin de l'Égypte à la tête d'une armée décimée par la maladie. ∎

Combat de Nazareth, où s'illustre le général Junot, dit « la Tempête », qui réussit, en cinq heures et à la tête de seulement 500 hommes, à mettre en déroute 2 000 à 3 000 cavaliers (tableau de Gros, musée des Beaux-Arts, Nantes).

avril 1800 - février 1801

LA DEUXIÈME CAMPAGNE D'ITALIE

Passage de l'artillerie française, de nuit, sous les tirs du fort de Bard, occupé par les Autrichiens, le 21 mai 1800 *(dessin de Bagetti, musée de Versailles).*

« *La Révolution est finie* », proclame Bonaparte à la fin de 1799. Arrivé au pouvoir au lendemain du coup d'État du 18 Brumaire an VIII, le futur Empereur des Français, tout en recherchant la paix intérieure, tente à l'extérieur de s'entendre avec les ennemis de la France.

Depuis les premiers mois de l'année 1799, alors que Bonaparte guerroie en Égypte, une deuxième coalition, réunissant l'Angleterre, l'Autriche, le royaume de Naples, la Russie et la Turquie, lutte contre la France. Pliant sous le nombre, de la Hollande à l'Italie, les armées du Directoire subissent de graves revers, poussant Bonaparte à rentrer d'Orient. En octobre 1799, la situation est rétablie par les victoires remportées en Hollande et en Helvétie.

Obtenir la paix par la guerre

Bonaparte, devenu Premier consul, adresse des offres de paix à l'Autriche, à l'Angleterre et à la Russie. Si l'empereur François II, imitant le Premier ministre anglais Pitt, rejette les propositions françaises, le tsar Paul Ier décide de se tenir à l'écart d'un conflit. La France ayant un urgent besoin de stabilité tant intérieure qu'extérieure, Bonaparte se résout à reprendre les armes. Déterminé à abattre l'Autriche, il prépare contre elle des offensives convergentes à travers l'Allemagne et l'Italie. Le 21 avril 1800, il prévient qu'il emportera par la force une paix qui « *finirait la guerre de la Révolution en assurant l'indépendance et la liberté de la grande nation* ».

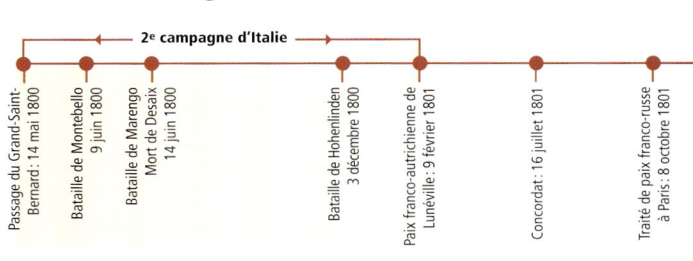

■ République française et dépendances
■ Saint-Empire Romain Germanique

2e campagne d'Italie

- Passage du Grand-Saint-Bernard : 14 mai 1800
- Bataille de Montebello : 9 juin 1800
- Bataille de Marengo, Mort de Desaix : 14 juin 1800
- Bataille de Hohenlinden : 3 décembre 1800
- Paix franco-autrichienne de Lunéville : 9 février 1801
- Concordat : 16 juillet 1801
- Traité de paix franco-russe à Paris : 8 octobre 1801

45

Bonaparte franchit les A

1 Bonaparte reprend le schéma classique d'une avance convergente sur Vienne par la plaine du Pô et le Danube. Confiant au général Moreau le commandement des troupes chargées d'envahir la Bavière, il prend lui-même la tête de l'armée d'Italie.

2 En avril 1800, Moreau, avec 130 000 hommes, marche en direction de Bâle et de Schaffhouse en vue d'atteindre le haut Danube, alors que son adversaire, le général autrichien Kray, l'attend au débouché de la Forêt-Noire avec 150 000 soldats. L'armée française, ayant forcé le passage du grand fleuve à Hochstedt, le 19 juin, bat l'ennemi à Neuburg et à Oberhausen, et entre à Munich le 3 juillet. Kray se trouvant désormais isolé et toute la Bavière ayant été occupée, un armistice est signé à Parsdorf, le 15 du même mois.

3 Pendant ce temps, Bonaparte a disposé son armée en arc de cercle autour des Alpes. Son objectif consiste à prendre à revers les troupes autrichiennes de Melas, qui assiègent Masséna dans Gênes – les

Deuxième campagne d'Italie

lpes et écrase les Autrichiens

Passage du Grand Saint-Bernard le 20 mai 1800. C'est à dos de mulet et non de cheval, comme il apparaît sur les toiles de l'époque, que Bonaparte franchira le col avec ses troupes. Ni la neige, ni le froid, ni la glace ne les arrêteront *(tableau de Thévenin, musée de Versailles).*

Autrichiens occupent toute l'Italie du Nord – et celles du général Ott, lancées à la poursuite de Suchet dans le haut Var. Les troupes françaises, dans des conditions difficiles, passent les Alpes au col du Grand-Saint-Bernard, le 20 mai, créant une immense surprise dans le camp autrichien.

4 Les généraux Thureau et Moncey franchissent à leur tour le mont Cenis et le col du Saint-Gothard. L'armée française livre bataille à l'ennemi au fort de Bard et à la Chuisella, où Lannes se distingue en battant l'avant-garde autrichienne.

5 Les troupes françaises effectuent alors une marche convergente sur la plaine du Pô, entrant d'abord à Milan et avançant ensuite entre Plaisance et la Stradella. À Montebello, le 11 juin, Lannes, avec 8 000 hommes, affronte les forces du général Ott, fortes de 20 000 hommes, et parvient à les repousser à l'issue d'un très dur combat.

6 La bataille qui décide de l'issue de la campagne est livrée à Marengo, le 14 juin 1800. Ayant passé le Scrivio, Bonaparte, qui a affaibli ses forces en envoyant Moncey sur la ligne du Tessin et Desaix sur la route de Novi, affronte Melas, ayant lancé un puissant coup de boutoir depuis Alexandrie. Mais, grâce à l'arrivée opportune de Desaix, le Premier consul remporte la victoire.

7 Le 15 juin, la ville d'Alexandrie se rend aux Français, et Melas conclut une convention qui fait de Bonaparte le maître de toute l'Italie septentrionale jusqu'au Mincio. Les Autrichiens sont contraints d'abandonner la Lombardie, le Piémont et la Ligurie, où ils se sont emparés de Gênes dix jours auparavant.

8 Des négociations s'ouvrent entre Joseph Bonaparte et le chancelier autrichien Cobenzl, à Lunéville. Comme elles traînent en longueur, la guerre, suspendue par l'armistice de Parsdorf, reprend à la fin du mois de novembre en Allemagne. La victoire de Moreau, à Hohenlinden, le 3 décembre 1800, sur l'armée de l'archiduc Jean, met fin aux hostilités. L'armistice de Steyer laisse libre la route de Vienne.

Les conséquences

Les victoires de Marengo dans un premier temps et de Hohenlinden dans un second temps, en mettant l'Autriche hors jeu, sonnent le glas de la deuxième coalition. En vertu du traité de Lunéville, conclu le 9 février 1801, le gouvernement de Vienne doit admettre non seulement les pertes territoriales sanctionnées par le traité de Campoformio – en Hollande, sur le Rhin et en Italie – mais se voit aussi contraint de reconnaître les Républiques sœurs d'Italie, où il ne conserve plus que la Vénétie. Paul Ier, ayant tenté un rapprochement avec la France, est assassiné. Le roi de Naples ayant signé avec les consuls la paix de Florence, en mai 1801, l'Angleterre est désormais isolée. Les succès à l'extérieur rétablissent aussi la paix civile en France, où l'opposition, notamment les royalistes, se retrouve désarmée, avec l'attentat raté de Cadoudal, en décembre 1800. ■

La paix entre l'Autriche et la France conclue à Lunéville le 9 février 1801 met quasiment fin à la deuxième coalition.

9 juin 1800

LA BATAILLE DE MONTEBELLO

« Le 8, le 9 au plus tard, vous aurez sur les bras 15 000 ou 18 000 Autrichiens venant de Gênes. Portez-vous à leur rencontre, écrasez-les. »
Cet ordre comminatoire est adressé par Bonaparte au général Lannes la veille même de Montebello.

À la fin du mois de mai 1800, le général Melas, commandant des troupes autrichiennes en Italie du Nord, ne s'est pas encore aperçu du danger que représente pour ses arrières l'armée de réserve, commandée par Bonaparte. Avec 40 000 hommes et une centaine de canons, le Premier consul a pourtant réussi à franchir les Alpes, par le col du Grand-Saint-Bernard, et à déboucher dans la plaine du Pô.

Le 16 mai, il s'empare d'Aoste, puis entre dans Milan le 2 juin. Décidé à livrer une bataille décisive contre l'ennemi, Bonaparte passe sur la rive sud du Pô et conquiert la passe stratégique de la Stradella. Puis il dépêche l'avant-garde de Lannes vers Voghera, dans le dessein d'atteindre Alexandrie et de devancer la concentration des Autrichiens.

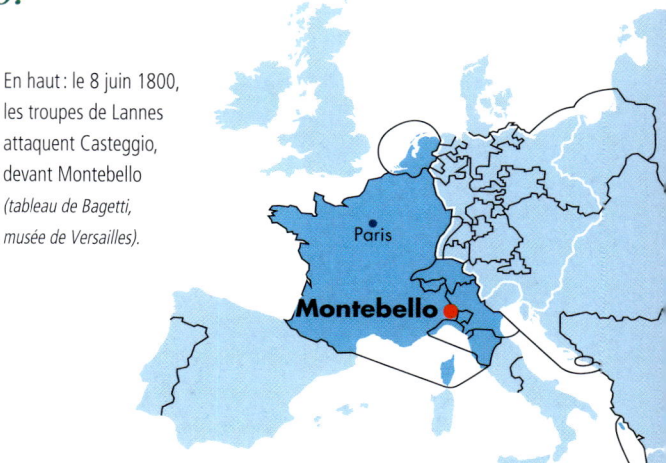

En haut : le 8 juin 1800, les troupes de Lannes attaquent Casteggio, devant Montebello *(tableau de Bagetti, musée de Versailles).*

Deuxième campagne d'Italie

Une victoire à l'arraché

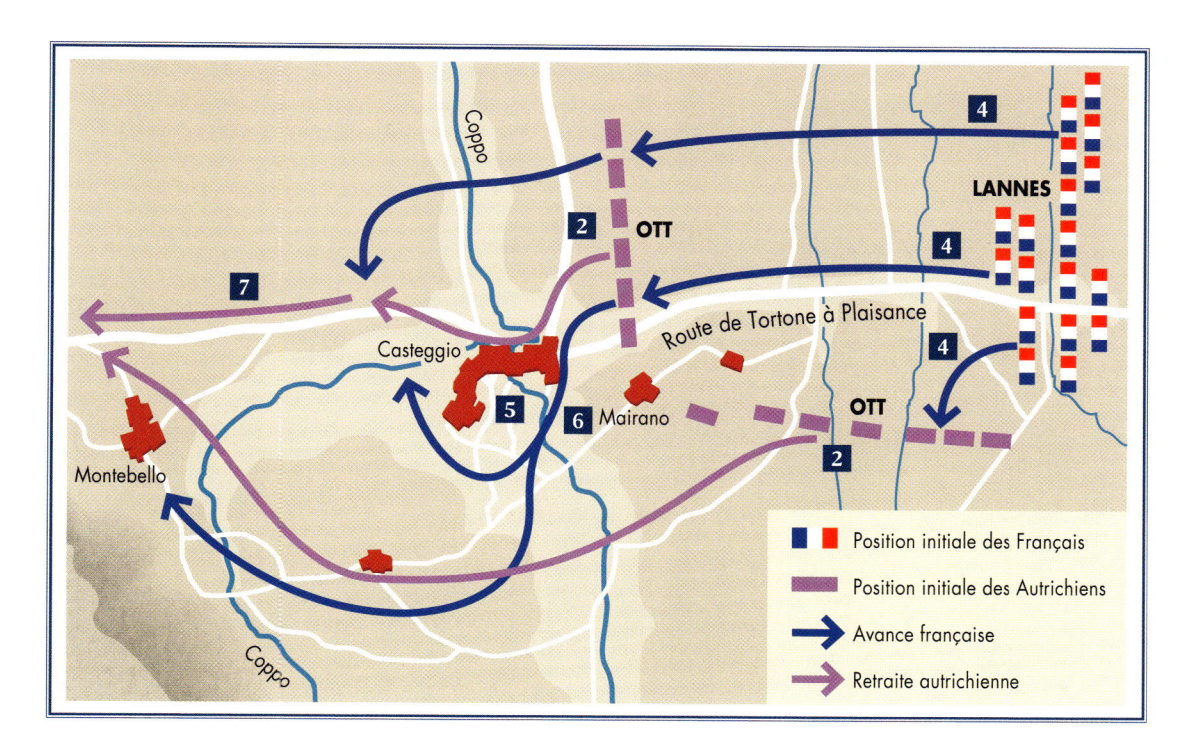

1 En progressant sur Voghera, Lannes ignore qu'il va tout droit sur l'ennemi. Le général autrichien Ott, appuyé par les troupes de O'Reilly, marche en effet sur Plaisance, avec l'intention bien arrêtée de dégager la route de Vienne.

2 L'avant-garde autrichienne se heurte aux Français en avant de Montebello. Le général autrichien déploie une division sur les hauteurs sises au sud de Casteggio, dans laquelle il dispose plusieurs bataillons. Un peu plus au nord sont rassemblés les dragons de Lobkowitz et, en arrière, à Montebello, attendent plusieurs bataillons ennemis. L'adversaire, décidé à arrêter la marche de Lannes, domine bien la vallée et dispose d'une puissante artillerie.

3 À 5 km en avant de Casteggio, l'avant-garde française, commandée par le général Gensy, se heurte aux premières lignes autrichiennes. Le combat s'engage, sous le feu très dense des canons ennemis, mais les Français parviennent à repousser les Autrichiens jusqu'à Rivetta, à 3 km de là.

4 Dépassant la route de Tortone à Plaisance, les troupes de Lannes s'appliquent à tourner les positions des batteries autrichiennes, mais, contre-attaquées par les réserves du général Ott, elles doivent lutter à 1 contre 3.

5 Le combat durant à présent depuis près de cinq heures, le corps de Lannes se trouve en grande difficulté. Les combats pour la possession de Casteggio, qui change de main plusieurs fois, sont acharnés.

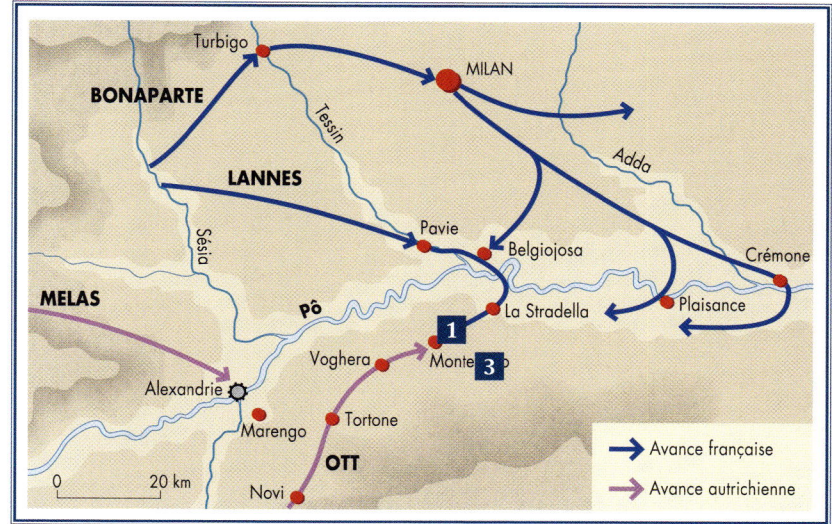

6 Partie de La Stradella et progressant à marches forcées, la division Chambarlhac débouche, à 14 heures, sur le champ de bataille. Cette intervention marque un tournant et décide de l'issue de l'engagement.

7 Soumis à une violente poussée, le centre autrichien vole en éclats, permettant aux Français de s'emparer des hauteurs au sud de Montebello. Les soldats du général Ott finissent par battre précipitamment en retraite, jusqu'à la ville de Castelnuova, à 10 km à l'ouest de Voghera.

Lannes (1769-1809)

Sa brillante conduite et l'audace qu'il montre le 2 juin 1800 valent à Lannes le titre de duc de Montebello.

Melas (1729-1806)

Ce général autrichien, vainqueur de Masséna à Gênes, sera battu à Marengo le 14 juin 1800.

Avant la bataille

	Forces françaises	Forces ennemies
🪖	9 000 hommes	18 000 hommes
🔫	5 canons	32 canons

Après la bataille

	Forces françaises	Forces ennemies
🪖	500 hommes, mais sans doute plus	6 000 tués, blessés ou disparus

Les conséquences

« C'était chaud, très chaud », s'écrie Lannes à la fin de la bataille, en mettant l'accent sur la dureté du combat de près de onze heures livré à Montebello. Lors de cet engagement, les troupes du général Ott ont montré une pugnacité digne d'éloges. Fortes de leur supériorité numérique, elles ont failli avoir raison des Français. Passant par Voghera et Tortone, Bonaparte, non sans avoir dispersé ses moyens, débouche, le 13 juin, dans la plaine de Marengo, en avant d'Alexandrie, où Melas se prépare à frapper. ■

Détail tactique du jour

La bataille de Montebello est marquée par la très nette domination de l'artillerie autrichienne, forte d'une trentaine de pièces, contre quatre françaises. Pendant tout le combat, les troupes de Lannes ont été soumises à un feu intense qui a occasionné de nombreuses pertes. Par ailleurs, avec 4 escadrons contre 13 à l'ennemi, le même Lannes a manqué de moyens en cavalerie, ne pouvant de ce fait poursuivre l'ennemi en fuite. Cependant, la victoire française de Montebello est surtout la conséquence d'une erreur du général autrichien Ott. Celui-ci n'a en effet pas pris exactement la mesure du théâtre d'opérations et n'a pas compris qu'il se trouvait en fait opposé au corps de troupes principal de l'armée de Bonaparte — en l'occurrence le corps de Lannes. Ott est un bon général et il est certain que s'il s'était aperçu de sa méprise, il n'aurait jamais livré combat dans une situation militaire aussi défavorable pour lui.

L'ARMÉE FRANÇAISE ET L'ARMÉE AUTRICHIENNE

Si le détail et la composition précise du corps de Lannes ne sont pas exactement connus, l'avant-garde de l'armée française est appuyée au cours de la bataille de Montebello par le corps du général de division Monnier, comprenant la 19e demi-brigade d'infanterie légère et les 70e et 72e demi-brigades d'infanterie de ligne, ainsi que par le corps du général de division Chambarlhac composé de la 24e demi-brigade d'infanterie légère et des 43e et 96e demi-brigades d'infanterie de ligne. Les troupes autrichiennes regroupent les régiments d'infanterie Reisky (n° 13), Stuart (n° 18), Splényi (n° 51), Jellacic (n° 53), Colloredo (n° 57), les régiments d'infanterie de frontière Ottocaner (n° 2) et Oguliner (n° 3) ainsi que le 2e Hussards de l'archiduc Joseph, le 8e Hussards de Nauendorf et le 10e Dragons de Lobkowitz.

Le fort de Bard, pris aux Autrichiens le 1er juin 1800
(tableau de Gautier, musée de Versailles).

14 juin 1800

Deuxième campagne d'Italie

LA BATAILLE DE MARENGO

Bataille de Marengo, 14 juin 1800. La charge de cavalerie, menée par Kellermann fils, entraîne une panique considérable de l'armée autrichienne *(tableau de Lejeune, musée de Versailles).*

« Je croyais attaquer l'ennemi, c'est lui qui me prévient, revenez au nom de Dieu si vous le pouvez encore », écrivit Bonaparte au général Desaix alors que la bataille de Marengo, mal engagée, tournait à son désavantage. Quelques heures plus tard, le Premier consul n'en triomphait pas moins.

De retour d'Égypte en août 1799, Bonaparte participa avec éclat au coup d'État du 18 brumaire (9-10 novembre). Devenu plus tard Premier consul, le vainqueur des Pyramides s'appliqua à rétablir la paix civile en France, tout en négociant avec les ennemis extérieurs de la République. Depuis la fin de 1798, en effet, une nouvelle coalition, dont les Russes étaient sortis après leur défaite de Zurich (septembre 1799), s'était levée contre la France. Le jeune général ayant fait des avances à l'Autriche et à l'Angleterre et s'étant heurté à une fin de non-recevoir conçut une offensive foudroyante contre la première.

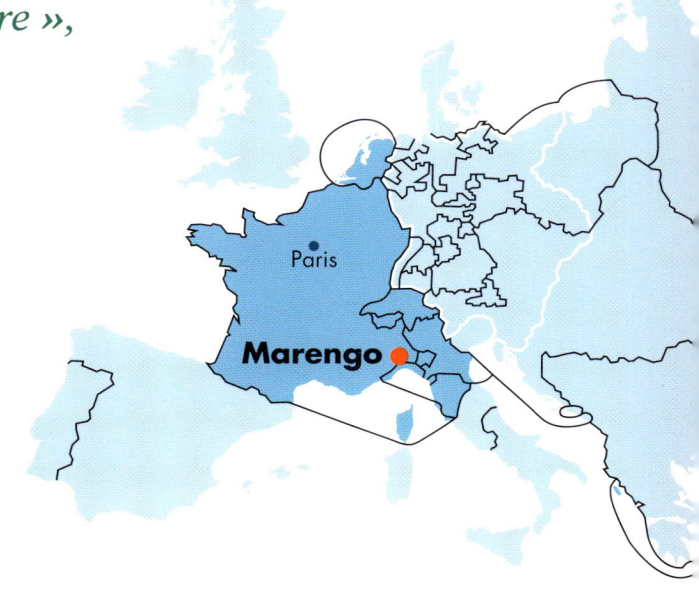

51

Desaix et les canons frança

Engageant une armée commandée par le général Moreau en Bavière, Bonaparte imagina une nouvelle campagne d'Italie, beaucoup plus téméraire que la précédente. Pendant que Masséna, assiégé dans Gênes, s'appliquait à attirer sur lui l'ensemble du corps de bataille autrichien, commandé par le maréchal Melas, le Premier consul franchit le col du Grand-Saint-Bernard, avec 60 000 hommes et 100 canons, afin de prendre l'ennemi à revers, renouvelant par là même l'antique exploit d'Hannibal. Puis, surgissant dans la vallée du Pô, il contraignit les Autrichiens à battre en retraite vers le nord. Déjà mis à mal par Masséna à Montebello, Melas se heurta au Premier consul en avant d'Alexandrie, à Marengo.

O'Reilly
À la tête d'une colonne de 3 000 hommes, l'Autrichien O'Reilly repoussa les attaques françaises.

Desaix
L'arrivée opportune du général Desaix à Marengo fit basculer le cours de la bataille. Mais il y perdit la vie.

1 En ce matin du 14 juin 1800 (25 prairial), le Premier consul ne dispose que des corps de Victor et de Lannes, de la Garde consulaire et de la division Monnier. Il a en effet dispersé son armée, estimant que les Autrichiens étaient en train de se dérober, en envoyant vers le sud le corps de Desaix.

2 L'armée autrichienne, quant à elle, est formée en trois colonnes, rassemblées devant Alexandrie (Alessandria) : à droite celle d'O'Reilly (3 000 hommes), au centre celle de Melas (20 000 hommes) et à gauche celle d'Ott (7 600 hommes).

3 Soudain, à 8 heures, les massives colonnes autrichiennes se mettent en mouvement, bousculant l'avant-garde française et contraignant les troupes du Premier consul à battre en retraite jusqu'au village de Marengo, où les combats font rage des heures durant.

4 Tandis que Ott, à gauche, s'emploie à envelopper la droite française, Victor, dont les hommes sont épuisés, cède du terrain peu après midi, imité par Lannes, qui craint d'être tourné par sa gauche s'il ne suit pas le mouvement. La situation de l'armée française est délicate et les soldats commencent à lâcher pied. Bonaparte lui-même doit intervenir au milieu des troupes qui refluent pour leur redonner du courage.

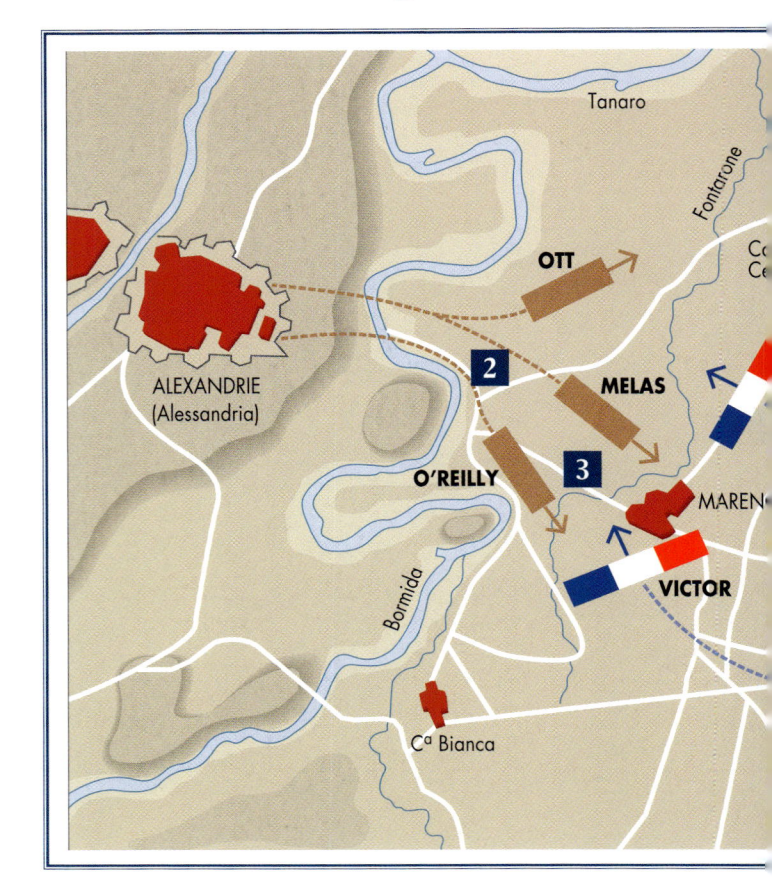

5 Vers 15 heures, le front français s'échelonne de Villanova, où la Garde consulaire fait des prodiges, formant un véritable mur de granit, jusqu'au village de San Giuliano Vecchio. Mais, pour l'armée française, l'affaire n'est pas loin de tourner à la défaite, et les Autrichiens pensent déjà la victoire acquise. À tel point que leur chef, le maréchal Melas, légèrement blessé, quitte le champ de bataille et laisse à son adjoint, le maréchal Kaïm, la tâche d'en finir avec l'ennemi.

6 Kaïm pousse en avant le général Zach lorsque, peu après 16 h 30, Bonaparte voit enfin arriver le général Desaix, qu'il a envoyé quérir, à la tête d'une division de 5 500 hommes. L'entrée en ligne de Desaix, qui tombe très rapidement frappé d'une balle au cœur, les feux de la « grande batterie » et une charge fort opportune du général Kellermann, à la tête de 700 cavaliers, sur le flanc gauche de Zach – capturé avec 2 000 de ses hommes – sèment le désordre dans les rangs de l'ennemi qui reflue.

7 À la nuit, O'Reilly bat à son tour en retraite, imité par Ott, qui assiste, impuissant, à la déroute du centre autrichien.

Deuxième campagne d'Italie

is arrivent à point nommé

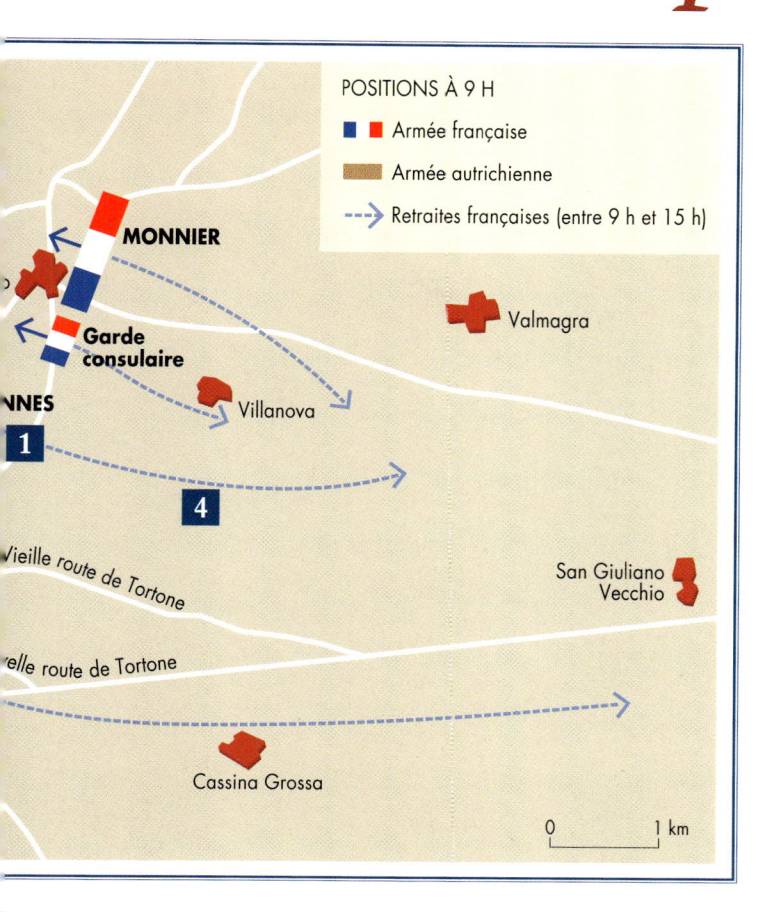

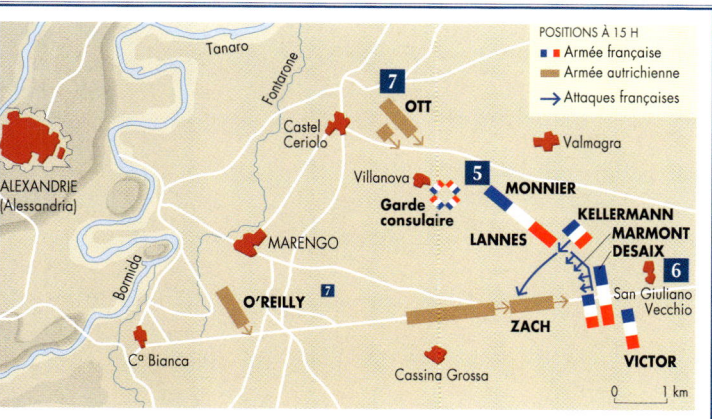

Avant la bataille

	Forces françaises	Forces ennemies
	24 500 hommes	23 500 hommes
	15 canons	180 canons (60 en réserve)
	3 700 cavaliers	7 500 cavaliers

Après la bataille

	Pertes françaises	Pertes ennemies
	6 000 tués et blessés	8 000 tués et blessés
		28 canons
	1 200 prisonniers	7 000 prisonniers
		28 drapeaux

phalement à Paris, gagnant un peu plus de popularité sur les deux autres membres du triumvirat. À plus long terme, défaits à Hohenlinden par Moreau, en décembre 1800, pressés par Bonaparte d'en finir, les Autrichiens signèrent un armistice puis la paix de Lunéville, en février 1801. ■

Les conséquences

En battant les Autrichiens à Marengo, Bonaparte les amena, par une convention signée à Alexandrie, à procéder à l'évacuation de la Ligurie, du Piémont et de la Lombardie. À ce propos, le futur Empereur parla d'une "merveilleuse capitulation". Ayant rétabli la République cisalpine, le Premier consul tira de grands avantages politiques d'une victoire dont il sut endosser toute la gloire – les exploits du général Desaix étant pratiquement passés sous silence. Il fut accueilli triom-

Détail tactique du jour

L'un des faits marquants de la bataille de Marengo résida dans l'emploi par Marmont des quelques pièces d'artillerie (dix-huit) qu'il parvint à mettre en œuvre, sous le nom de « grande batterie ». Tirant à mitraille, les canons français, dont certains avaient été pris à l'ennemi, hachèrent littéralement les premiers rangs des colonnes autrichiennes de Zach qui avançaient sur la route de Tortonne, en y semant la panique.

3 décembre 1800

LA BATAILLE DE HOHENLINDEN

Tandis que Bonaparte écrase les troupes de Melas à Marengo, Moreau, après s'être emparé du camp retranché d'Ulm, arrache aux Autrichiens la signature d'un armistice, à Parsdorf, le 15 juillet 1800. Pas pour longtemps…

Bataille de Hohenlinden. C'est sur un sol gelé que s'affrontent les troupes françaises et autrichiennes (gravure sur cuivre, Berlin.)

A l'automne 1800, les opérations s'interrompent provisoirement sur le théâtre d'Allemagne, et les négociations débutent entre Français et Autrichiens. Mais, très vite, les désaccords entre les deux adversaires se confirment, rendant inéluctable la reprise des hostilités.

La marche de l'archiduc Jean

La guerre recommence dès la fin du mois de novembre 1800. Ayant repris sa marche sur Vienne, la capitale de l'Empire d'Autriche, Moreau établit ses forces dans la clairière de Hohenlinden, sur un plateau boisé situé entre l'Isar et l'Inn. Là, il décide de stopper la marche en avant des troupes de l'archiduc Jean, son adversaire. Ayant battu les Français à Ampfing, le 1er décembre, ce dernier, lancé à leur poursuite, approche, deux jours plus tard, des positions de Moreau.

Deuxième campagne d'Italie

Moreau prête main forte à Bonaparte

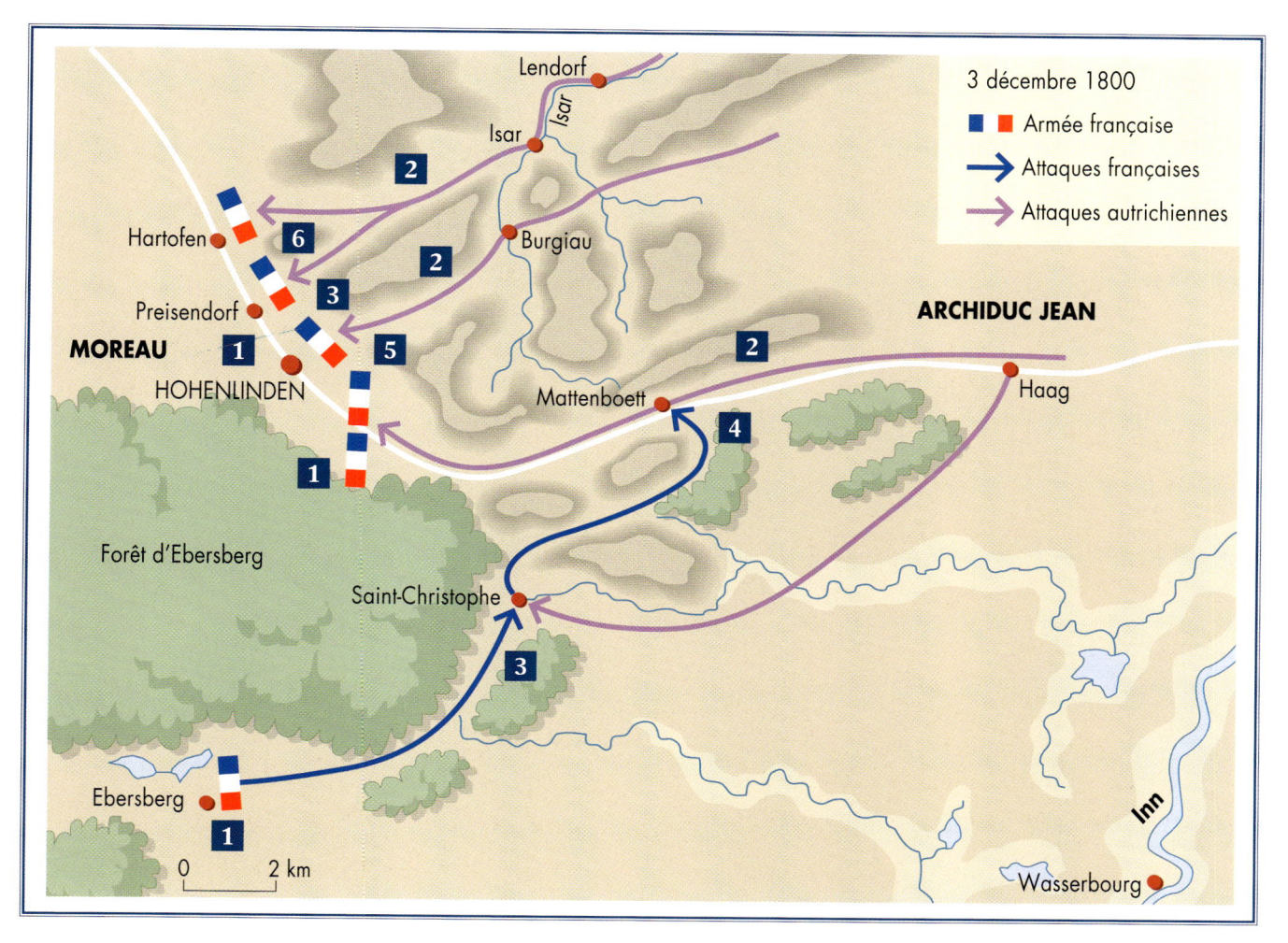

1 L'armée française s'appuie, à gauche, sur Hartofen et Hohenlinden, de manière à assurer la garde des défilés de l'Isar, avec des éléments commandés par Grenier, Bastoul et Legrand. Au centre, un peu à l'est et au sud de Hohenlinden, les unités de Grouchy et de Ney défendent l'étroit défilé qui s'ouvre sur Mattenboet. À droite, entre Ebersberg et Saint-Christophe, le général Richepanse est chargé d'emprunter le sentier de Mattenboet afin de déboucher sur les arrières de l'ennemi progressant dans la forêt.

2 Le 3 décembre, l'armée de l'archiduc Jean avance dans les bois, scindée en 4 colonnes distinctes qui n'ont aucune liaison entre elles : à droite, Kienmayer, sur Isar et Bailloud-Latour sur Burgiau ; au centre, Kolowrath, accompagné par Jean, sur Hohenlinden, à travers le défilé de Mattenboet ; à gauche, Riesch, sur Saint-Christophe.

3 La bataille débute à 8 heures, lorsque Kolowrath se lance à l'attaque du centre français, où Ney et Grouchy résistent avec fermeté. Dans l'intervalle, Richepanse marche vers Saint-Christophe, où il surprend les troupes de Riesch. Engageant le combat, il lance l'une de ses brigades à travers bois afin de prendre l'ennemi à revers.

4 Parvenu à Mattenboet, soutenu par les troupes de Decaen, Richepanse laisse l'une de ses demi-brigades face à l'arrière-garde ennemie et engage le reste des moyens sur les arrières de l'adversaire dans le défilé de Mattenboet.

5 Pris à revers, les Autrichiens accusent un certain flottement. À ce moment, Moreau ordonne à Grouchy et à Ney d'aller de l'avant et d'aborder l'adversaire de front et de flanc. Débordées, les troupes de Kolowrath cèdent bientôt à la panique et se dispersent dans les bois.

6 Pendant ce temps, la gauche française est en difficulté. Attaquées par Kienmayer et Bailloud-Latour, les divisions Legrand, Grenier et Bastoul lâchent pied quelque temps. Puis la situation se rétablit, et les trois généraux français, bientôt appuyés par Ney, repartent à l'attaque et repoussent l'ennemi, qui s'enfuit vers l'Isen dans le plus grand désordre.

Bataille de Hohenlinden, remportée par le général Moreau, 3 décembre 1800 sur l'archiduc Jean d'Autriche (tableau de Schopin, musée de Versailles).

―Après la bataille―

	Forces françaises	Forces ennemies
🪖	—	20 000 tués, blessés et prisonniers
🔫	—	87 canons

Détail tactique du jour

« C'est le moment de charger, Richepanse et Decaen sont sur les derrières des Autrichiens », lance Moreau à ses troupes lorsqu'il se rend compte que sa manœuvre de débordement a réussi. La fermeté et le sens tactique de Richepanse permettent, en ce 3 décembre 1800, la victoire de Hohenlinden. Prenant à revers les troupes ennemies, sabrant au passage un régiment de cuirassiers ennemis qu'il a surpris pied à terre, le général français, bien qu'il doive affronter des forces quatre fois supérieures aux siennes, décide de l'issue de la bataille.

Richepanse
(1770-1802)
Devenu général en 1796, Antoine de Richepanse montre de beaux talents manœuvriers à Hohenlinden, emportant ainsi la décision.

Archiduc Jean
(1782-1849)
Très hostile à Bonaparte, l'archiduc Jean, en dépit d'une évidente supériorité numérique, est battu à Hohenlinden.

Les conséquences

En consacrant la défaite de l'Autriche, la bataille de Hohenlinden permet d'éliminer l'un des principaux adversaires de la France au sein de la deuxième coalition. Peu après, le 9 février 1801 intervient la paix de Lunéville, qui confirme, tout en les étendant, les conditions du traité de Campoformio. Désormais, seule l'Angleterre demeure en lutte contre une France victorieuse sur tous les fronts. ■

Passage de l'Inn par les troupes françaises commandées par le général Moreau près de Rosenheim en Bavière, après la bataille de Hohenlinden le 8 décembre 1800 (tableau de Fort, musée de Versailles).
Ci-contre : violent affrontement à Hohenlinden entre les Français et les Autrichiens, dont 20 000 seront tués, blessés ou faits prisonniers (gravure de Steinless, musée de l'Armée, Paris).

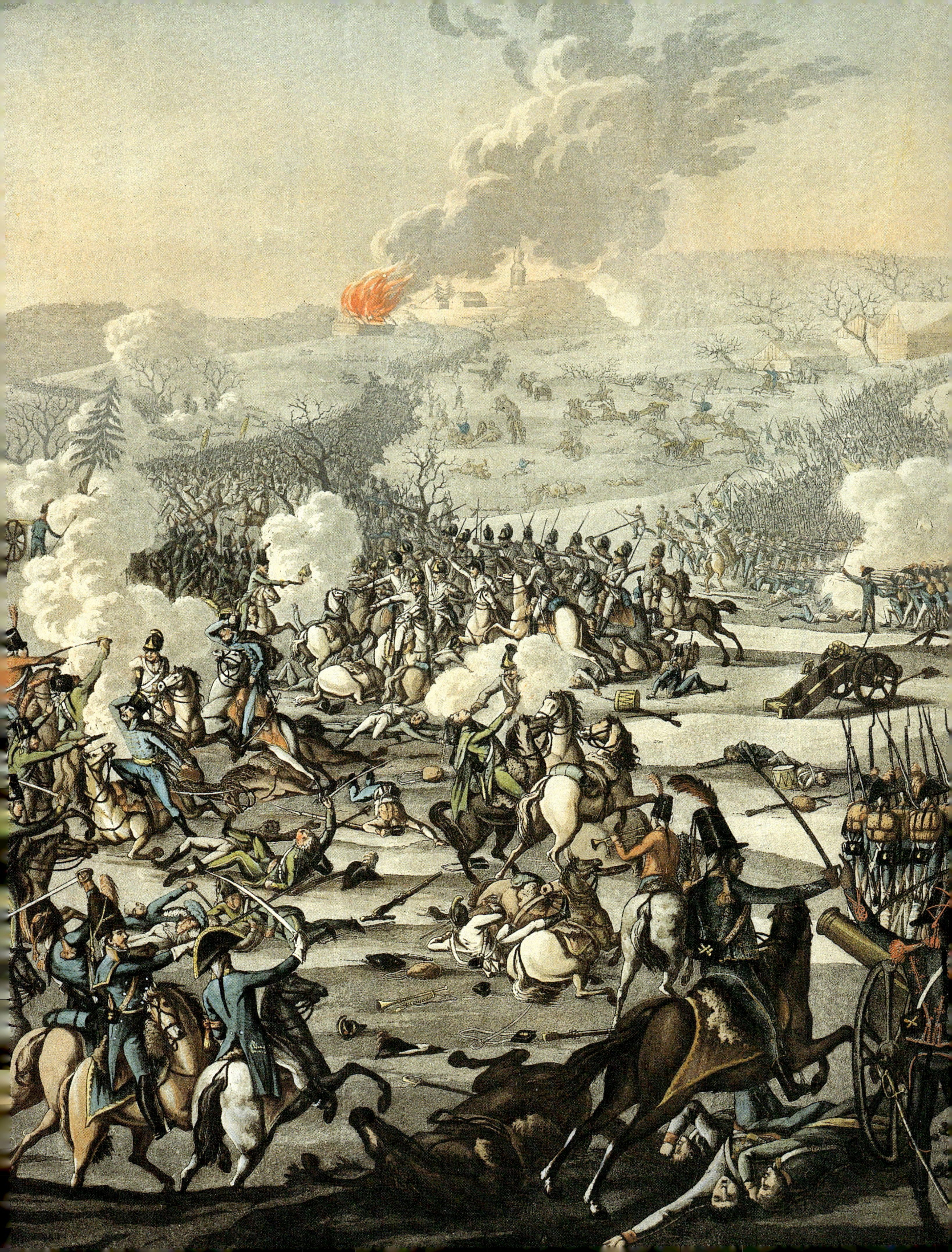

septembre-décembre 1805

LA CAMPAGNE D'ALLEMAGNE

Napoléon harangue le 2e corps de la Grande Armée avant l'attaque d'Augsbourg, le 12 octobre 1805. Derrière lui, le maréchal Soult *(tableau de Gautherot, musée de Versailles)*.

Signée à Amiens en 1802, la paix avec l'Angleterre ne dure guère. En 1803, les hostilités reprennent, persuadant Napoléon de la nécessité d'envahir un pays qui constitue le moteur de toutes les coalitions.

Tandis que le vainqueur des Pyramides, d'Arcole, de Rivoli et de Marengo s'applique à rassembler plus de 200 000 hommes et 1 700 chalands entre la Bretagne et l'Escaut en vue de débarquer sur les côtes anglaises, les événements se précipitent. À peine Napoléon a-t-il été proclamé Empereur des Français qu'une partie de l'Europe se ligue contre lui. En août 1804, Alexandre Ier, tsar de Russie, rompant les relations diplomatiques avec la France, négocie une alliance avec l'Angleterre. En avril 1805, les deux pays signent le traité de Saint-Pétersbourg, auquel l'Autriche adhère quatre mois plus tard, donnant naissance à la 3e coalition. Depuis quelque temps, Napoléon craint que les Russes et les Autrichiens, sachant l'armée française rassemblée à Boulogne-sur-Mer, envahissent la Bavière et les marches orientales de la France. Aussi décide-t-il de concentrer ses forces pour devancer ses adversaires et d'attaquer l'Autriche. Sans perdre de temps, la Grande Armée se dirige vers l'est.

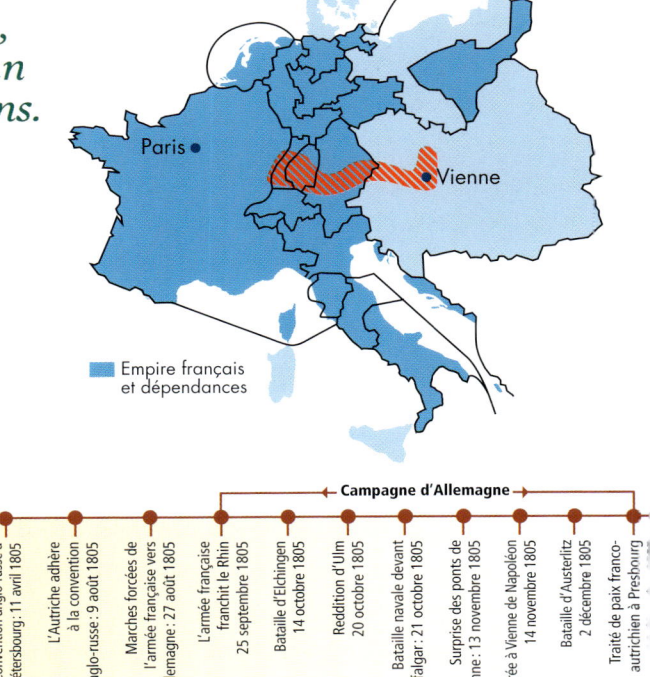

Empire français et dépendances

◄─── Campagne d'Allemagne ───►

- Convention anglo-russe à Saint-Pétersbourg : 11 avril 1805
- L'Autriche adhère à la convention anglo-russe : 9 août 1805
- Marches forcées de l'armée française vers l'Allemagne : 27 août 1805
- L'armée française franchit le Rhin : 25 septembre 1805
- Bataille d'Elchingen : 14 octobre 1805
- Reddition d'Ulm : 20 octobre 1805
- Bataille navale devant Trafalgar : 21 octobre 1805
- Surprise des ponts de Vienne : 13 novembre 1805
- Entrée à Vienne de Napoléon : 14 novembre 1805
- Bataille d'Austerlitz : 2 décembre 1805
- Traité de paix franco-autrichien à Presbourg

La ruée d'Ulm à Austerlitz

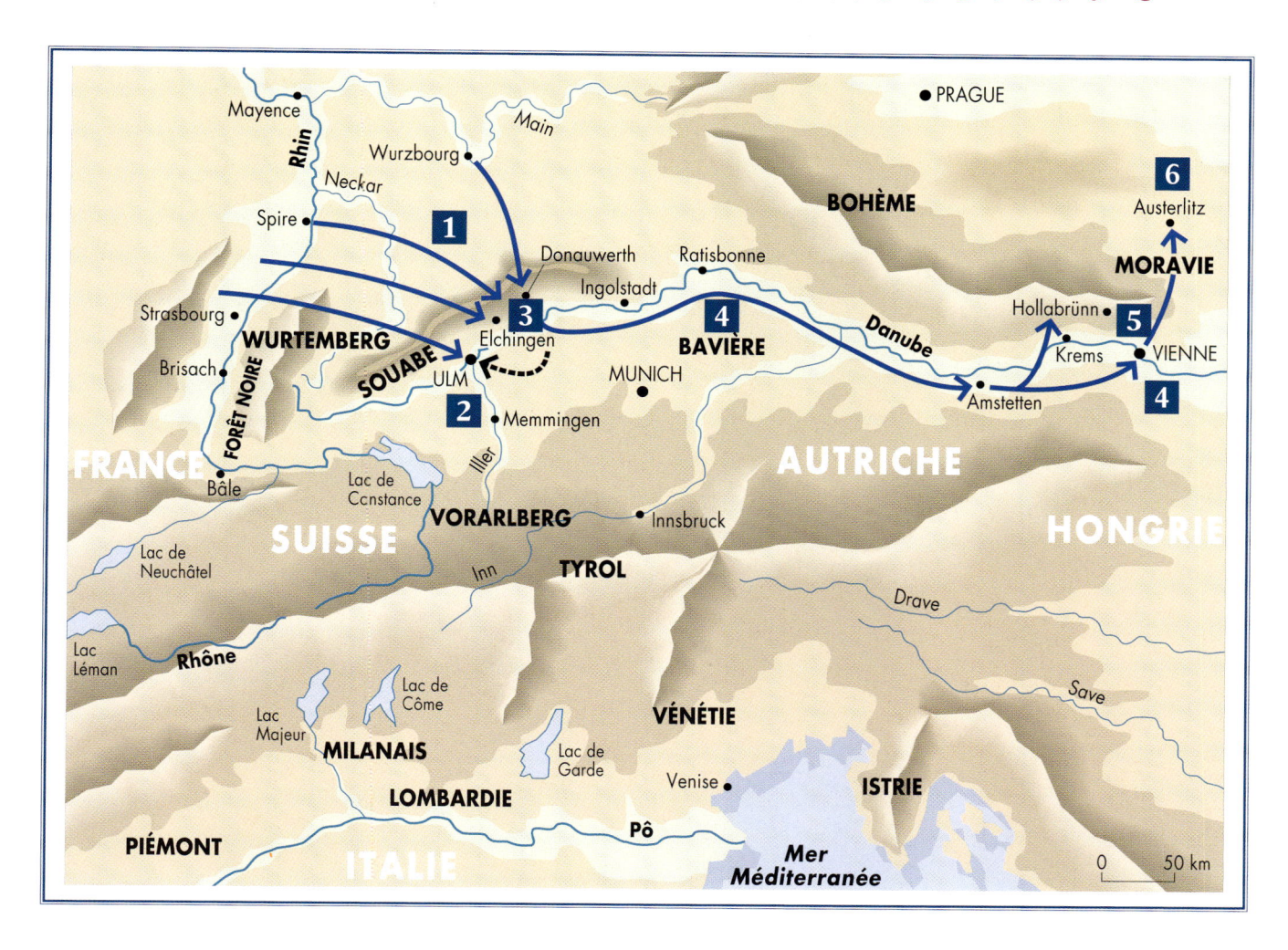

Le premier acte de cette campagne éclair, menée de main de maître par l'Empereur et ses maréchaux, se joue à Ulm.

1 Mack, qui occupe la ville, prévoit d'attaquer les colonnes françaises dès qu'elles déboucheront de la Forêt noire. Ce qu'il ignore, c'est que Napoléon, qui se donne toute latitude pour agir en fonction des circonstances, a décidé de procéder autrement, en enveloppant l'ennemi par le nord et en marchant sur Vienne. Les Français, laissant quelques éléments à leur droite pour tromper l'ennemi, avancent en effet au nord de la Forêt noire, suivent la vallée du Main et se dirigent vers Ingolstadt et Ratisbonne, bien à l'est d'Ulm.

2 Lorsque Mack se rend compte que la route de Vienne, le long du Danube – par laquelle il pourrait se retirer – lui est interdite, il est trop tard. Le général autrichien, décontenancé, tente plusieurs manœuvres qui échouent et se retrouve bientôt pris au piège dans Ulm.

3 Profitant du fait que les Russes sont encore fort loin de leurs alliés autrichiens, Napoléon envoie une bonne partie de son armée à l'aide de Murat, vers Ulm. Il assure aussi ses arrières en demandant, le 14 octobre, au maréchal Ney de prendre le pont d'Elchingen. C'en est désormais fini de Mack qui, perdant tout espoir d'être secouru par les Russes, livre aux Français la place d'Ulm, le 20 du même mois, l'Autriche ayant perdu 50 000 hommes depuis le début.

4 Sans perdre de temps, l'Empereur file sur Vienne, en suivant la rive sud du Danube. Il chasse devant lui les 40 000 Russes de Koutouzov qui, après avoir livré bataille à Amstetten, passe le Danube à Krems, à l'ouest de Vienne. Les Français y pénètrent le 14 novembre.

5 Napoléon continue de poursuivre Koutouzov, qui se replie en Moravie, et s'apprête à lui livrer bataille à Hollabrünn. Mais ce dernier parvient à se dérober et à opérer, le 19 novembre, la liaison avec le gros des armées alliées. L'Empereur des Français, craignant d'avoir à affronter des forces supérieures en nombre sur une position qu'il n'aura pas choisie, trompe l'ennemi par divers stratagèmes, de manière à l'amener à se battre à l'endroit qu'il juge le mieux adapté.

6 L'affrontement décisif se produit dans la journée du 2 décembre, autour du plateau de Pratzen, en avant d'Austerlitz. Les Austro-Russes, écrasés, battent en retraite.

Entrée à Munich de Napoléon à la tête de l'armée française, 24 octobre 1805. À Munich, mais aussi à Landshut et à Freising, l'Empereur des Français fait une entrée officielle *(tableau de Taunay, musée de Versailles)*.

Les conséquences

La campagne d'Allemagne, couronnée par l'écrasante victoire d'Austerlitz, marque la fin de la 3e coalition. Si Alexandre Ier se retire vers l'est avec ce qui subsiste de ses armées, l'Autriche n'a d'autre choix que de traiter avec le vainqueur. Ayant rencontré Napoléon à Urschitz, deux jours après le désastre subi par ses troupes, François II est contraint de signer avec lui, le 26 décembre, le traité de Presbourg, qui lui enlève la Vénétie, l'Istrie, la Dalmatie, le Tyrol, le Vorarlberg, le Trentin et une partie du Brisgau et de la Souabe. Le Saint Empire romain germanique ne résiste pas à cette défaite ; la Prusse, prête à entrer dans la coalition, renonce à ce projet et doit céder, par le traité de Schœnbrunn, quelques territoires à la France, en échange du Hanovre, qui appartient à l'Angleterre. ∎

Représentation populaire d'un élément de train d'artillerie de l'époque napoléonienne.

LA STRATÉGIE DE NAPOLÉON

Pour frapper le bras armé de la 3e coalition sur le continent – l'Autriche –, Napoléon décide de marcher sur Vienne avec 200 000 hommes, y compris les 25 000 hommes fournis par l'Électeur de Bavière contre le titre de roi et un agrandissement conséquent de son pays : l'Allemagne sera donc le théâtre d'opérations principal de la campagne, l'Italie n'étant cette fois qu'un théâtre secondaire sur lequel l'Empereur ne détachera que 50 000 hommes placés sous le commandement de Masséna.

Pour cette campagne d'Allemagne, le génie militaire de Napoléon est d'avoir donné une organisation nouvelle, d'une grande souplesse, à son armée : il réunit en effet les divisions en corps d'armée autonomes d'effectif égal (20 000 à 30 000 hommes), comprenant chacun une brigade de cavalerie légère.

Napoléon 1er reçu au château de Ludwigsburg par Frédéric II, duc de Wurtemberg, 2 octobre 1805 *(tableau de Watelet, musée de Versailles)*.

14 octobre 1805

Campagne d'Allemagne

LA BATAILLE D'ELCHINGEN

La bataille d'Elchingen, 15 octobre 1805. Le maréchal Ney et la division Loison s'emparent du pont sur le Danube (tableau de Roqueplan, musée de Versailles).

S'il a nourri des doutes sur la manœuvre d'ensemble de la Grande Armée, le général autrichien Mack n'en a plus aucun pendant la première semaine du mois d'octobre 1805. Les faits sont là : les corps de Marmont, Davout, Soult, Ney, Murat et Bernadotte bordent désormais le Danube, coupant son armée de Vienne.

Dans l'après-midi du 7 octobre, les Français atteignent le grand fleuve à Donauwœrth. Renonçant à une retraite qui pourrait se révéler désastreuse, Mack décide de se mettre en position défensive autour d'Ulm. Tandis que Soult, Davout, Lannes et Murat foncent sur Augsbourg, Napoléon se saisit de Günzburg dans la journée du 9 octobre, coupant la route Ulm-Augsbourg.

Mack, qui ne manque ni de ressources ni de courage, se prend alors à rêver à un nouveau coup de Marengo : sortir en force d'Ulm et marcher sur Günzburg afin de détruire les lignes de communication ennemies.

Refaire le coup de Marengo

Avançant sur Günzburg, il s'emploie à y reconstruire le pont. Mais la situation s'étant dégradée dans l'intervalle et ses troupes manquant d'allant, il décide de revenir dans Ulm et de s'y battre avec ses meilleurs éléments.

Dans la soirée du 9 octobre, le général français Loison s'empare du pont d'Elchingen, accentuant le désarroi autrichien.

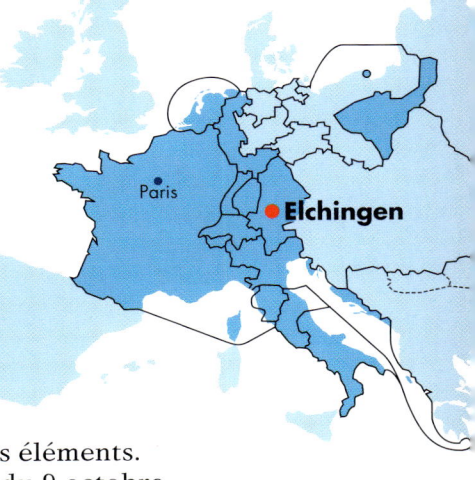

Sur le pont d'Elchingen, un prélude à la

Français et Autrichiens s'affrontant au pied du village d'Elchingen (gravure, BNF).

1 Sachant que les Autrichiens disposent de forces importantes autour d'Ulm, Napoléon, le 10 octobre, ordonne à Ney de s'emparer de la ville. Mais, comme il apprend que Mack et Ferdinand disposent d'au moins 40 000 hommes, dont beaucoup au nord du Danube, il s'inquiète et demande à Lannes de se tenir prêt à épauler le "Brave des braves".

2 Le 11, les Autrichiens bousculent la division Dupont entre Albeck et Haslach, s'emparent de ses convois et le contraignent à se retirer jusqu'à Brenz. Ferdinand, encouragé par ce succès, envisage de prêter main forte aux Russes à Ratisbonne et de couper les lignes de Napoléon, dont la plupart des forces se sont aventurées au sud du Danube.

3 Ayant saisi la situation, l'Empereur décide d'orienter ses forces vers l'ouest (IIe et IVe corps, plus la Garde) afin de livrer une bataille qu'il devine décisive. Le 12, Murat ordonne à Ney (VIe corps) de réoccuper le pont d'Elchingen que Loison, dans l'intervalle, a lâché pour se replier sur Langenau.

4 Le 13, Napoléon, ayant atteint Günzburg, craint que les Autrichiens ne lui échappent par le nord,

Archiduc Ferdinand (1769-1824)
Au côté de Mack, l'archiduc Ferdinand prêta main forte aux Russes pour enrayer l'avance de Napoléon au sud du Danube.

Ney (1769-1815)
Ney mena l'opération d'Elchingen avec une vigueur toute particulière, ce qui lui valut le titre de duc d'Elchingen.

en gagnant la Bohême. Se rendant compte qu'il a eu tort de faire passer le Danube à l'ensemble de ses troupes, il entreprend de renforcer ses positions au nord. Pour ce faire, il demande à Ney de repasser le fleuve à l'est d'Ulm et de prendre les hauteurs d'Elchingen avant la nuit.

5 Le « Brave des braves » fait traverser le pont d'Ober-Elchingen, en partie détruit, à un bataillon renforcé qui, s'étant heurté à de nombreux éléments autrichiens – une partie du corps du général Riesch, notamment les forces de Laudon – rassemblés sur le plateau d'Elchingen, se replie.

6 Le 14, Ney est sermonné par l'Empereur qui, lui reprochant son échec de la veille, le somme de s'emparer du plateau. Le maréchal engage sur la rive nord la division Loison, appuyée par de la cavalerie et couverte par de l'artillerie. Les positions autrichiennes étant redoutablement fortes, les combats sont acharnés ; mais les troupes françaises, bientôt renforcées par la division Mahler, couronnent Elchingen. Deux régiments autrichiens ont été presque anéantis et deux bataillons, enfoncés par le 3e hussards, ont donné leur reddition.

reddition d'Ulm

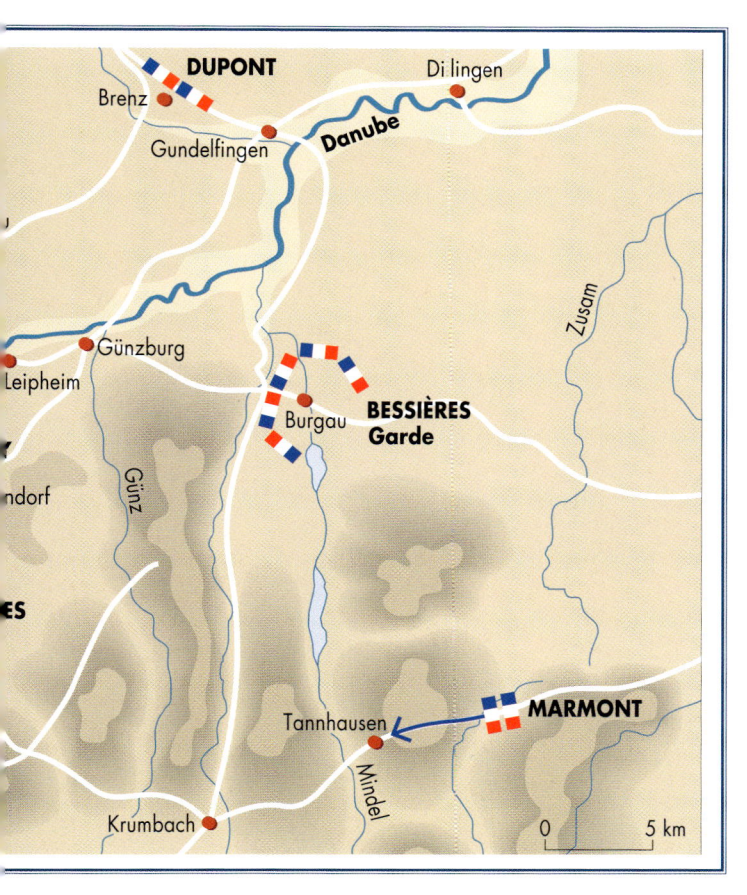

Campagne d'Allemagne

Avant la bataille

	Forces françaises	Forces ennemies
	Effectifs du corps de Ney 24 500 hommes	15 000 hommes
	—	40 canons

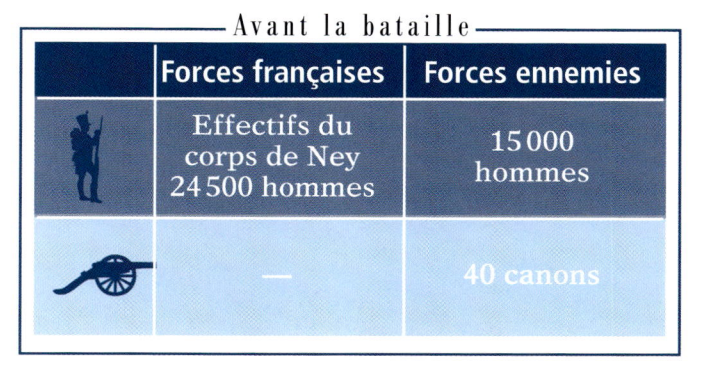

Après la bataille

	Forces françaises	Forces ennemies
	—	3 000 prisonniers
	—	Nombreux canons
	—	Nombreux drapeaux

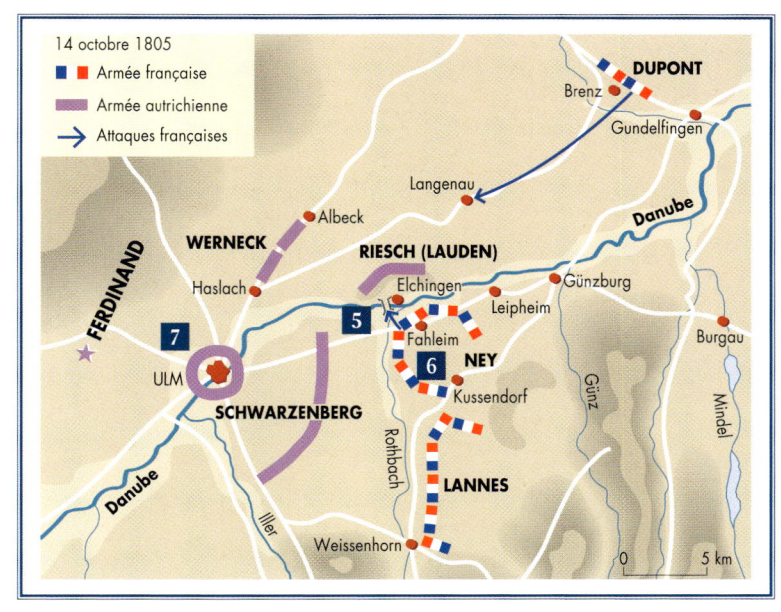

7 Riesch apprend alors l'arrivée d'une colonne française par Brenz – la division Dupont –, qui lui coupe toute possibilité de retraite vers le nord et l'oblige à gagner Ulm, où il sera enfermé avec le reste de l'armée de Mack. Ney, quant à lui, sera fait duc d'Elchingen.

Détail tactique du jour

Ayant appris la présence française au pont d'Elchingen, le général Riesch, dont le corps était en marche sur la route Gundelfingen-Elchingen, s'emploie à accélérer la marche de ses forces pour arrêter les Français. Mais, en raison du mauvais temps, la progression autrichienne, par des chemins devenus très boueux, est fort lente : elle ne dépasse pas 1,5 km par heure. Néanmoins, les soldats autrichiens sont prêts, le 14 octobre, à recevoir les troupes de Ney sur le plateau d'Elchingen.

Les conséquences

La prise du pont et des hauteurs d'Elchingen constitue un moment important dans la campagne de 1805. Elle permet à Napoléon de faire passer la majeure partie de ses forces au nord du Danube et de contraindre celles des divisions autrichiennes qui tentent de battre retraite vers la Bohême à revenir vers Ulm, où elles sont désormais prises au piège. En ce sens, cette bataille prépare la grande victoire d'Ulm. ∎

20 octobre 1805

LA REDDITION D'ULM

Reddition d'Ulm, 20 octobre 1805. Entouré de son état-major, Napoléon reçoit la capitulation du général Mack. « J'ai rempli mon dessein. J'ai détruit l'armée autrichienne par de simples marches », peut-il écrire à Joséphine (tableau de Thévenin, musée de Versailles).

« Vous avez été malheureux, monsieur de Mack. Que voulez-vous ? C'est le sort de la guerre. » C'est en ces termes que, le 20 octobre 1805, Napoléon s'adresse au général autrichien, dont les 27 000 hommes, défenseurs d'Ulm, déposent les armes devant l'Empereur des Français.

En s'emparant du pont et des hauteurs d'Elchingen, en coupant à l'armée autrichienne toute possibilité de retraite vers le nord et la Bohême, Ney ouvre à la Grande Armée la perspective d'une importante victoire stratégique, celle d'Ulm, où le malheureux général Mack, après avoir tant tergiversé, est désormais assiégé avec des forces importantes. Mais la campagne qui va suivre est loin d'être facile. Le temps est épouvantable, la pluie ne cesse de tomber, envahissant les cantonnements et les hôpitaux, grossissant aussi les flots du Danube qui sort de son lit. Du couvent d'Elchingen, où il a établi son quartier général, Napoléon bâtit le plan qui doit lui permettre d'en terminer enfin avec l'ennemi.

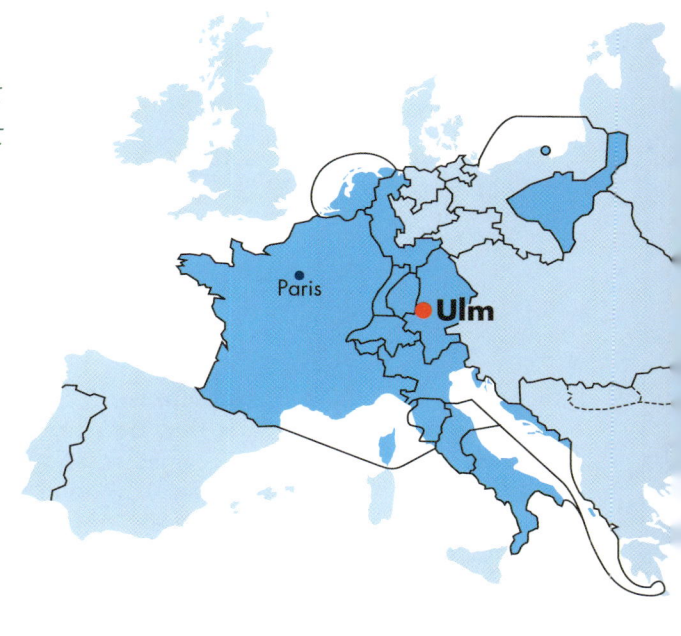

64

Campagne d'Allemagne

Napoléon écrase l'armée de Mack

1 Dès la victoire d'Elchingen, dans la nuit du 14 au 15 octobre, Napoléon fait passer le pont d'Ober Elchingen au corps de Lannes afin de le rattacher à celui de Ney, déjà engagé sur la rive nord du Danube, et d'investir Ulm. Mais comme ce pont est le seul endroit pour passer le Danube, l'opération va réclamer beaucoup de temps.

2 Tandis que l'archiduc Ferdinand, ayant perdu espoir, s'échappe vers le nord, le général Werneck, fort courageusement, tente un retour offensif, entre Langenau et Albeck, sur les arrières des Français. Mais l'archiduc lui interdit de reprendre l'attaque qu'il compte relancer au matin du 16 octobre. Trop tard. Le 18 octobre, les 8 000 hommes encore rassemblés autour du général autrichien se rendent. Poursuivi par la cavalerie de Murat, Ferdinand parviendra à s'échapper avec quelques milliers de cavaliers. Il ne reste rien de la magnifique armée avec laquelle il a quitté Ulm quelques jours plus tôt pour défendre le passage d'Elchingen.

3 Pendant ce temps, l'investissement d'Ulm s'organise. L'Empereur, ayant demandé à l'ennemi de se rendre dès le 15 octobre, a essuyé un refus. Mack, même s'il manque de nourriture, n'en possède pas moins d'importants stocks de munitions. Il sait que Werneck opère sur les arrières de Napoléon, semant la confusion dans ses lignes de communication. Il n'ignore pas non plus que le matériel de siège français est loin d'être parvenu sur place. Aussi entend-il obtenir des délais : « Huit jours ou la mort », dit-il à Ney qui négocie avec lui.

4 Pour Ney, la nécessité s'impose de s'emparer d'abord du Michelsberg, une hauteur qui domine la ville d'Ulm, à l'ouest. À cette fin, l'Empereur lance le général Bertrand à l'attaque, le 15 octobre. Mais les Autrichiens résistent avec vaillance. Tenant solidement la position, ils repoussent l'ennemi. Qu'importe. Ney revient à la charge, submerge le Michelsberg et parvient presque au pied des murs d'Ulm.

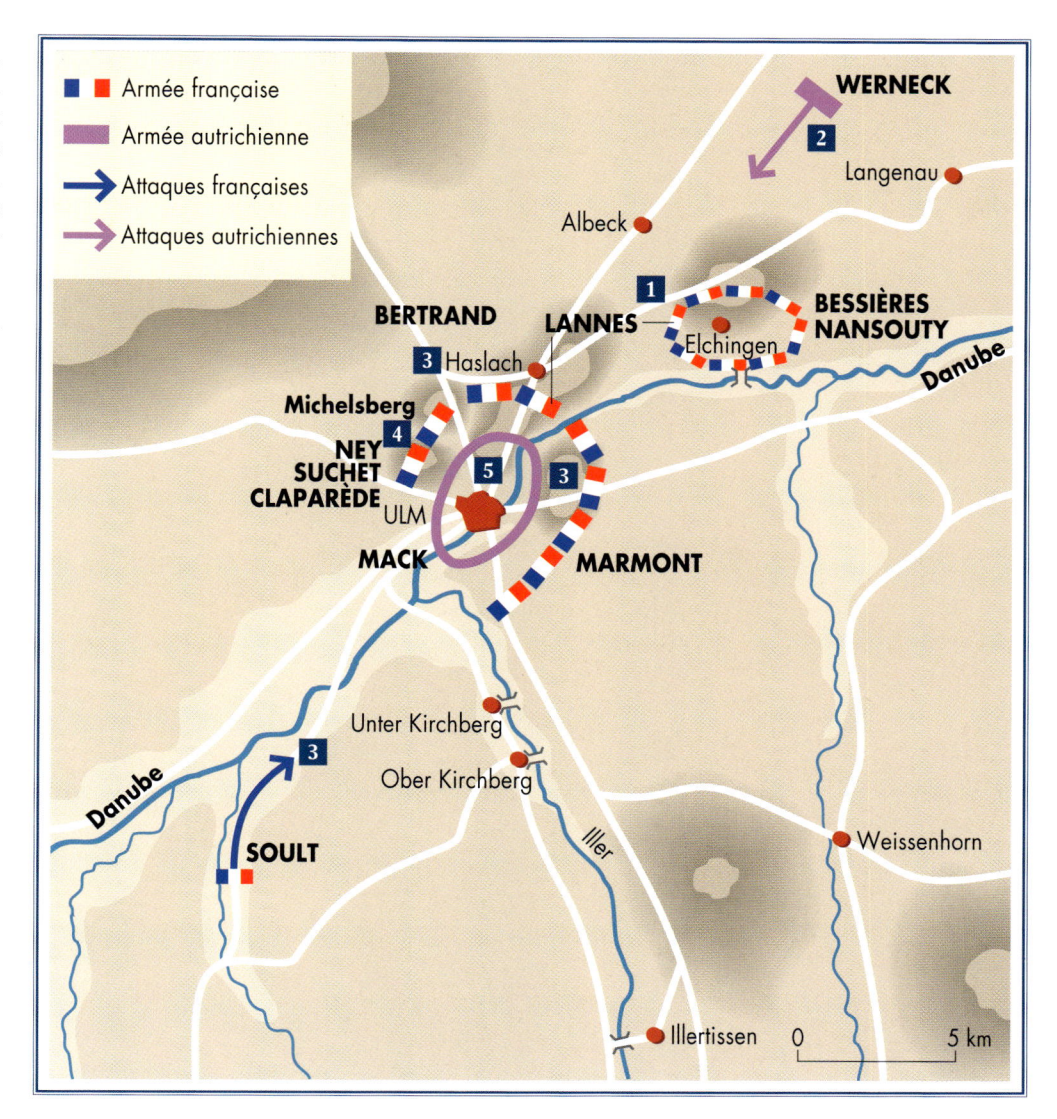

5 Désormais, la ville est investie. Malgré les souhaits de ses subordonnés qui en réclament la prise d'assaut, Napoléon ne cède pas. Il sait que la cité tombera sans qu'il soit nécessaire d'attaquer et d'y mener des combats qui se révéleront trop coûteux en hommes. Mack, aussi valeureux qu'il soit, s'oppose d'abord à ses généraux qui lui demandent de mettre bas les armes… puis il finit par céder et par négocier, le 17 octobre, les conditions d'une reddition plus ou moins honorable. Il ouvre grand les portes d'Ulm le 20 octobre. Ulm est une cuisante défaite pour l'Autriche : plus de 20 000 fantassins sont capturés, fantassins appartenant aux plus belles unités autrichiennes, à savoir les régiments d'infanterie de l'Empereur (n° 1), de l'Archiduc Charles (n° 3), de l'Archiduc Louis (n° 8), de l'Archiduc Rainer (n° 11), Manfredini (n° 12), Riese (n° 15), Auersperg (n° 24), Fröhlich (n° 28), Kollowrath (n° 36), Hildburghausen (n° 41), Froon (n° 54), Colloredo (n° 57) et Chasteler (n° 64).

Détail tactique du jour

Emporté par sa fougue, Ney, le 15 octobre, après avoir chassé les Autrichiens du Michelsberg, se trouve si près d'Ulm qu'il décide de tenter de prendre tout de suite la ville. Il y jette sans perdre une seule minute les troupes de Suchet et de Claparède. Mais elles sont arrêtées devant les murs de la ville et quelques-uns de leurs éléments qui se sont risqués à y pénétrer sont même faits prisonniers. Deux sorties des Autrichiens contraignent les Français à battre en retraite, non sans avoir subi de lourdes pertes en officiers et en hommes.

Après la bataille

	Forces françaises	Forces ennemies
💣	—	27 000 prisonniers
🔫	—	60 canons
🚩	—	40 drapeaux

Les conséquences

« Il y a encore quelque honneur à être vaincu par ces vieilles bandes », confie Napoléon au malheureux vaincu d'Ulm, le général Mack. En prenant la ville et en capturant les troupes qui s'y trouvent, Napoléon parachève l'une de ses plus belles manœuvres stratégiques et remporte une grande victoire militaire, malgré certains revers tactiques. Mais, s'il est parvenu à tailler en pièces une partie importante de l'armée autrichienne, il lui reste à présent à s'emparer de Vienne et à battre définitivement les coalisés austro-russes. ■

Mack (1752-1828)
Défenseur d'Ulm, l'infortuné général Mack, commandant de l'armée autrichienne de Bavière, fut condamné à mort (puis gracié) pour avoir mis bas les armes.

Suchet (1770-1826)
Commandant d'une division de la Grande Armée rassemblée à Boulogne, il participe avec brio à la campagne de 1805 et fait preuve de bravoure devant les murs d'Ulm.

Le 19 octobre 1805, le général Mack rencontre l'Empereur. À la suite de cette entrevue, il signe la reddition d'Ulm, le 20 octobre.

Sculpture équestre (détail d'une pendule en bronze doré) représentant Napoléon lors de la capitulation d'Ulm. La selle, luxueuse, est à son monogramme.

13 novembre 1805

Campagne d'Allemagne

La surprise des ponts de Vienne

L'armée française, marchant sur Vienne, traverse le défilé de Melk, le 10 novembre 1805. Elle entrera dans la capitale autrichienne, s'emparant de ses ponts, trois jours plus tard *(tableau de Fort, musée de Versailles).*

La reddition d'Ulm constitue, sans conteste, une grande victoire stratégique pour l'Empereur. Mais celui-ci n'en est pas moins préoccupé par la mobilisation de la Prusse et l'idée d'écraser Koutouzov avant sa jonction avec Büxhowden.

Sans prendre le temps de se reposer sur ses lauriers, la Grande Armée se tourne vers Koutouzov, dont Napoléon estime les effectifs à plus de 100 000 hommes et qu'il voit comme une menace non négligeable. En fait, le maréchal russe ne dispose que de 36 000 soldats passablement fatigués, pouvant être renforcés par 22 000 Autrichiens.

La marche sur Vienne

Ayant appris, le 23 octobre, la chute d'Ulm, Koutouzov décide de battre en retraite derrière l'Inn, dont il incendie les ponts. L'Empereur entre dans Munich le 24 et passe la rivière deux jours plus tard, bien résolu à marcher sur Vienne et à s'en emparer, concrétisant de cette manière le dessein qu'il avait nourri lors de la première campagne d'Italie. Pour couvrir sa retraite, Koutouzov laisse derrière lui la division Bagration, qui mène un dur combat contre Lannes et Murat, à Amstetten, le 5 novembre. Napoléon espère ensuite livrer une bataille décisive autour de Saint-Pölten, mais l'ennemi se dérobe toujours.

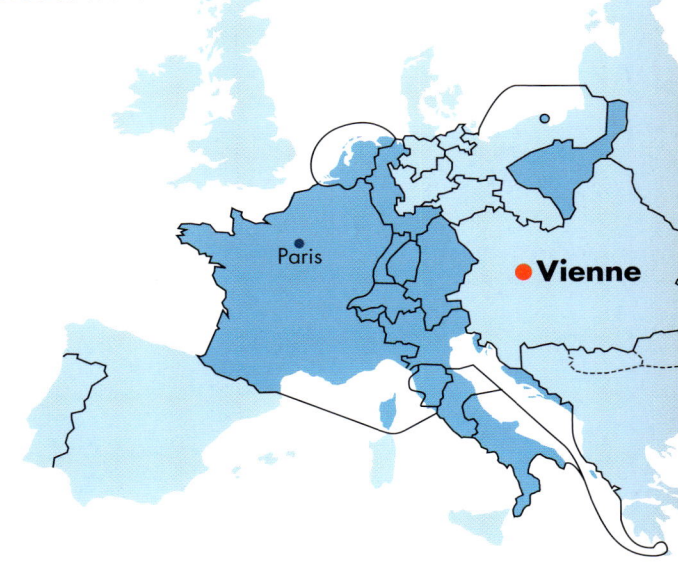

67

Murat et Lannes franchisse

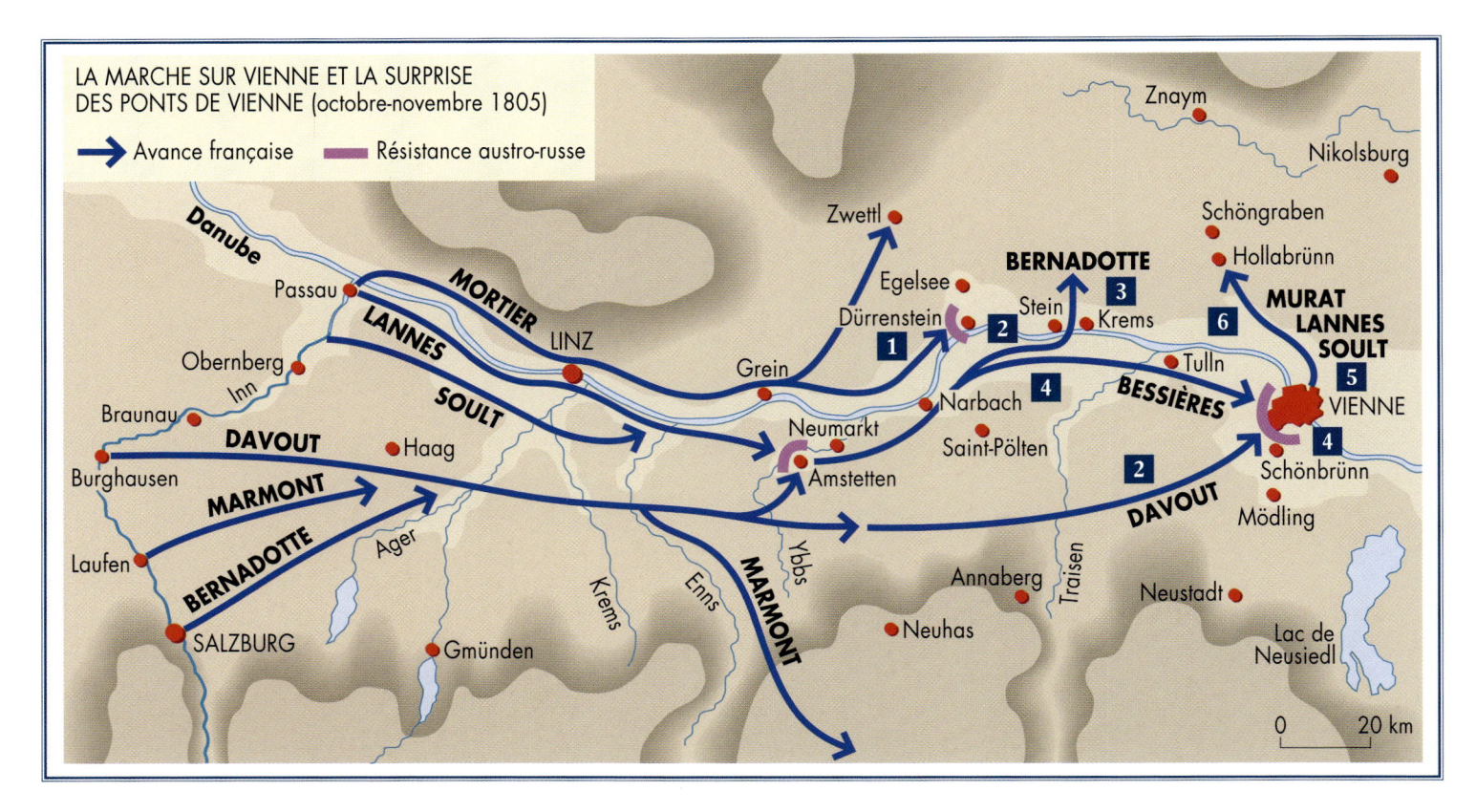

LA MARCHE SUR VIENNE ET LA SURPRISE DES PONTS DE VIENNE (octobre-novembre 1805)

1 Le 11 novembre, Koutouzov, renforcé par 10 000 hommes et ayant repris de l'assurance, fond, avec 15 000 de ses soldats, sur les 5 000 hommes de Mortier, dans le défilé de Dürrenstein, au nord du Danube, de front, de flanc et par l'arrière. Le terrible affrontement qui s'ensuit se termine à l'avantage des Français, qui subissent certes de lourdes pertes mais tuent, blessent ou font prisonniers 2 600 Russes et prennent 6 canons et 6 drapeaux.

2 Informé de cet engagement, Napoléon tance Murat, qu'il accuse d'avoir laissé Mortier seul afin de bénéficier de l'honneur d'entrer le premier à Vienne. Il lui donne l'ordre de marcher sur la capitale de l'Autriche, afin de s'emparer de ses ponts et de prendre Koutouzov à revers, par l'est. Dans le même temps, Davout et Bernadotte doivent franchir le fleuve à Melk.

3 Le 13 novembre 1805, la division Saint-Hilaire entre dans la ville de Krems que Koutouzov a abandonnée et dont il a incendié les ponts.

4 Pendant ce temps, Murat fonce en direction de Vienne, appuyé par Lannes. Il franchit les ponts en bois qui enjambent les nombreuses îles de ce secteur et parvient jusqu'à l'ouvrage principal de Spitz,

68

nt le Danube

Campagne d'Allemagne

qui débouche sur la rive gauche du fleuve. Les Autrichiens, qui ont disposé une pièce d'artillerie à l'entrée du pont, sont prêts à le faire sauter. Mais les Français parviennent à s'en emparer en leur faisant croire que Napoléon a signé un armistice avec l'empereur d'Autriche.

5 La garnison de Vienne, soucieuse de ne pas être prise au piège, reflue en désordre en direction de Brünn. À cause de cette retraite, son chef, le général Auersperg, sera plus tard condamné à mort puis gracié.

6 Dès que le pont principal est pris, Murat, Lannes et Soult poursuivent leur route en direction du nord, afin de couper à Koutouzov toute voie de retraite, non sans avoir laissé dans la capitale autrichienne les troupes de Davout.

Les conséquences

Si l'action conduite par Murat et Lannes à Vienne revêt une grande importance, en permettant aux Français de franchir le Danube derrière les positions de Koutouzov, elle ne leur donne pas pour autant la possibilité de prendre le maréchal russe au piège. Certes, le 14, la cavalerie de Milhaud s'empare de 180 canons ennemis en attaquant l'arrière-garde, mais les Russes parviendront tout de même à échapper à l'encerclement lors de l'affaire d'Hollabrünn. ■

Détail tactique du jour

La surprise des ponts de Vienne résulte du courage et de l'esprit d'initiative des maréchaux Murat et Lannes. Les deux lieutenants de Napoléon, parvenus à Spitz, s'engagent seuls sur le pont, affirmant aux soldats autrichiens qui le défendent qu'un armistice a été signé avec les Français. Tandis que l'ennemi hésite à tirer, des soldats français progressent sur l'ouvrage. Prévenu, le général Auersperg, commandant la garnison de Vienne, se laisse prendre au piège.

Lannes (1769-1809)

Faisant preuve d'un très grand courage individuel, le maréchal Lannes est, avec le bouillant maréchal Murat, l'un des principaux acteurs de l'affaire des ponts de Vienne.

Bagration (1765-1812)

Vétéran des campagnes de Pologne et d'Italie, le prince Bagration se dépense sans compter, en novembre 1805, pour couvrir la retraite de Koutouzov.

À gauche : *Napoléon assistant au passage du Danube par ses troupes, le 5 octobre 1805* (gravure, BNF Paris).

Occupation de l'abbaye de Melk par l'armée française, 10 novembre 1805 (tableau de Roehn, détail, musée de Versailles).

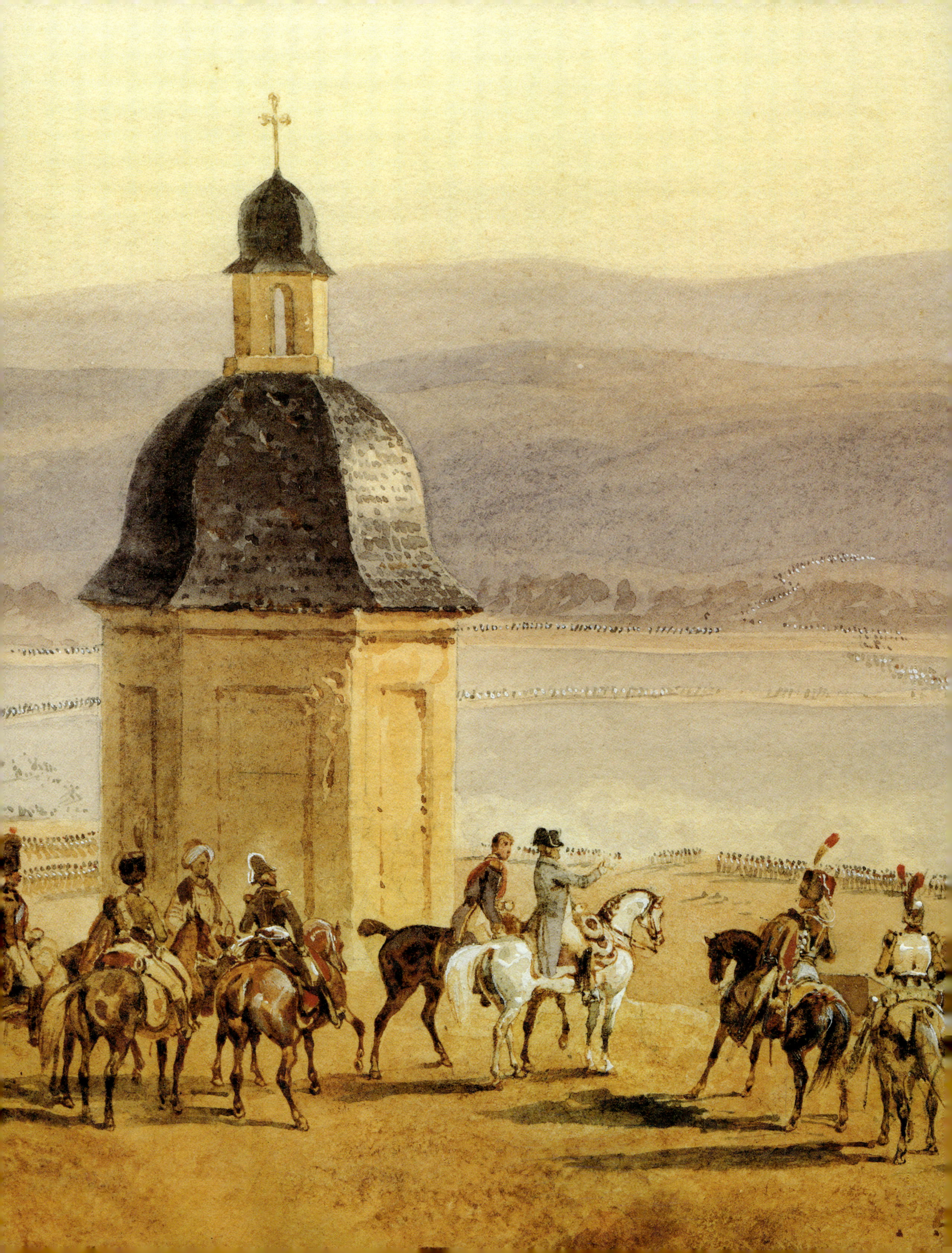

2 décembre 1805

Campagne d'Allemagne

LE SOLEIL D'AUSTERLITZ

« La bataille d'Austerlitz est la plus belle de toutes celles que j'ai données… Jamais champ de bataille ne fut plus horrible. Puisse tant de malheur retomber enfin sur les perfides insulaires qui en sont la cause ! »

En mai 1803, l'Angleterre, acharnée à la perte de la France, dénonça le traité d'Amiens, qu'elle avait signé l'année précédente. Aussi, Napoléon décida-t-il de monter contre elle des préparatifs d'invasion. Pour ce faire, il rassembla à Boulogne-sur-Mer les troupes nécessaires à son dessein. Mais la formation d'une nouvelle coalition, réunissant Russes, Autrichiens, Suédois et Anglais, contraignit l'Empereur à modifier ses projets.

À marche forcée, faisant preuve d'une extraordinaire endurance, la Grande Armée se dirigea vers le Rhin, qu'elle franchit en septembre 1805, et fondit sur les armées russe et autrichienne. Malgré un beau succès contre les Autrichiens à Ulm, Napoléon se trouvait en position difficile, loin de ses bases, ulcéré par la défaite de sa flotte à Trafalgar, redoutant une entrée en guerre de la Prusse.

Pour toutes ces raisons, il lui fallait affronter l'ennemi, même s'il se trouvait en état d'infériorité numérique. Le terrain où il comptait livrer bataille, il le choisit lui-même et manœuvra afin d'y provoquer l'attaque des Austro-Russes.

Bataille d'Austerlitz, 2 décembre 1805. Dans la soirée du même jour, le général Rapp présente à Napoléon les drapeaux pris à l'ennemi *(tableau de Gérard, Versailles).*

Page de gauche :
Vue panoramique de la bataille d'Austerlitz, 2 décembre 1805, 4 heures du soir. Napoléon entouré de son état-major, suit le déroulement de la bataille depuis les hauteurs de Pratzen *(aquarelle de Fort, détail, musée de Versailles).*

La bataille des Trois Emp

Le secret des succès remportés par Napoléon, convaincu que l'art de la guerre est fait de principes immuables, tient avant tout à la célérité avec laquelle il déplace ses propres forces, afin d'exercer une menace directe sur les communications de l'ennemi. L'Empereur montre un talent indéniable pour déterminer le moment et l'endroit où il a décidé d'en découdre. En définitive, la bataille ne représente que l'aboutissement d'une manœuvre prédéterminée.

Un cas d'école

Austerlitz répond de manière parfaite à ces principes stratégiques et tactiques. Dans ce cas précis, Napoléon, feignant d'être en position d'infériorité, amène ses adversaires à l'attaquer au lieu et au moment voulus sans attendre leurs renforts. Il affirme avec force, parlant du plateau de Pratzen : « Si je voulais empêcher l'ennemi de passer, c'est ici que je me placerais ; mais je n'aurais qu'une bataille ordinaire. Si, au contraire, je resserre ma droite en la retirant vers Brünn et que les Russes abandonnent ces hauteurs, ils sont perdus, sans ressource. »

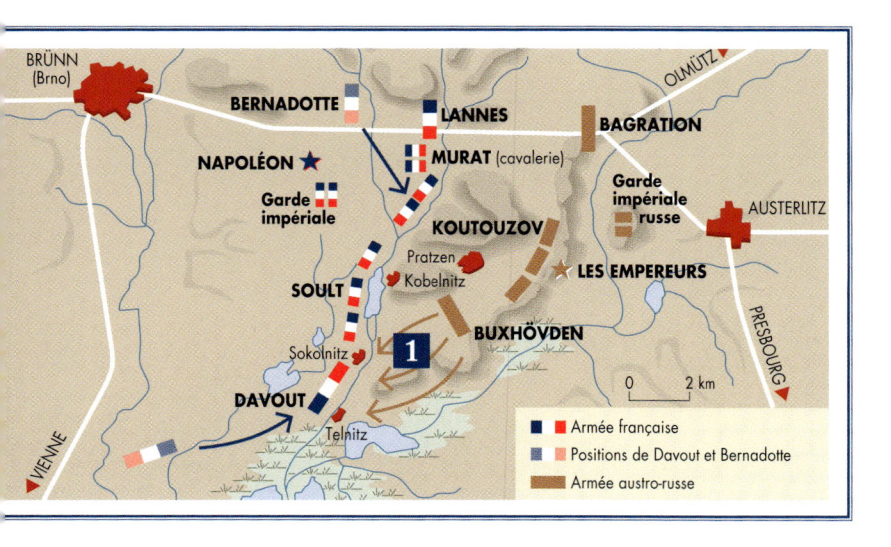

Détail tactique du jour

S'il est un détail tactique qui caractérise la bataille livrée à Austerlitz et décide, d'une certaine manière, de la victoire de l'Empereur, c'est bien l'utilisation intelligente d'une brume épaisse, au début des combats, dans les vallons situés à l'ouest de Pratzen. L'exploitation opportune de cette circonstance permet aux troupes de Soult de gravir les pentes du plateau sans être découvertes et d'attaquer les Austro-Russes par surprise.

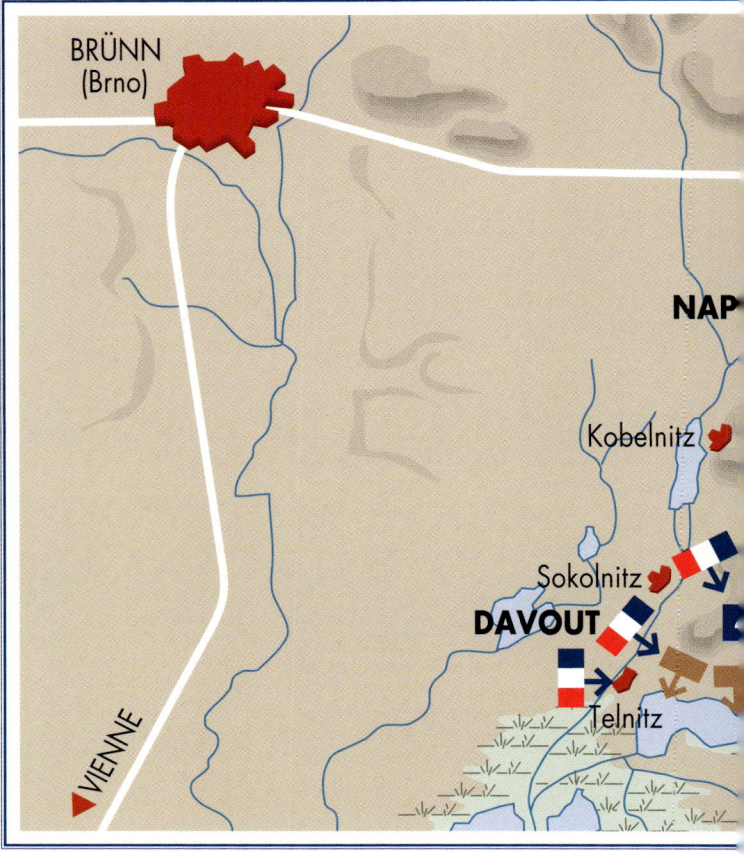

L'erreur des coalisés

Dans un premier temps, vers 7 heures, les troupes austro-russes de Buxhövden descendent les pentes du plateau de Pratzen (**1**), vers Telnitz, dans l'intention d'écraser l'aile droite française, très faible en nombre, commandée par Davout.

À 8 h 30, Napoléon, constatant la manœuvre ennemie, lance Soult (**2**) à l'assaut du plateau abandonné, alors conquis en une demi-heure.

La bataille bascule

Vers 9 heures, Koutouzov, constatant son erreur, tente en vain de reprendre Pratzen avec toutes les réserves dont il dispose, y compris les 10 000 hommes de la garde impériale russe.

Après une furieuse mêlée dans laquelle interviennent d'importantes forces de cavalerie, à 11 heures, Koutouzov ordonne la retraite sur Austerlitz. Ce repli se transforme en déroute dans l'après-midi.

Plus au nord, entre 9 et 12 heures, sous la poussée de Lannes et de Murat (**3**), la droite coalisée, commandée par le prince Bagration, se replie en bon ordre. À partir de 13 heures, s'engage la dernière phase de la bataille. Prise entre les forces de Davout,

ereurs

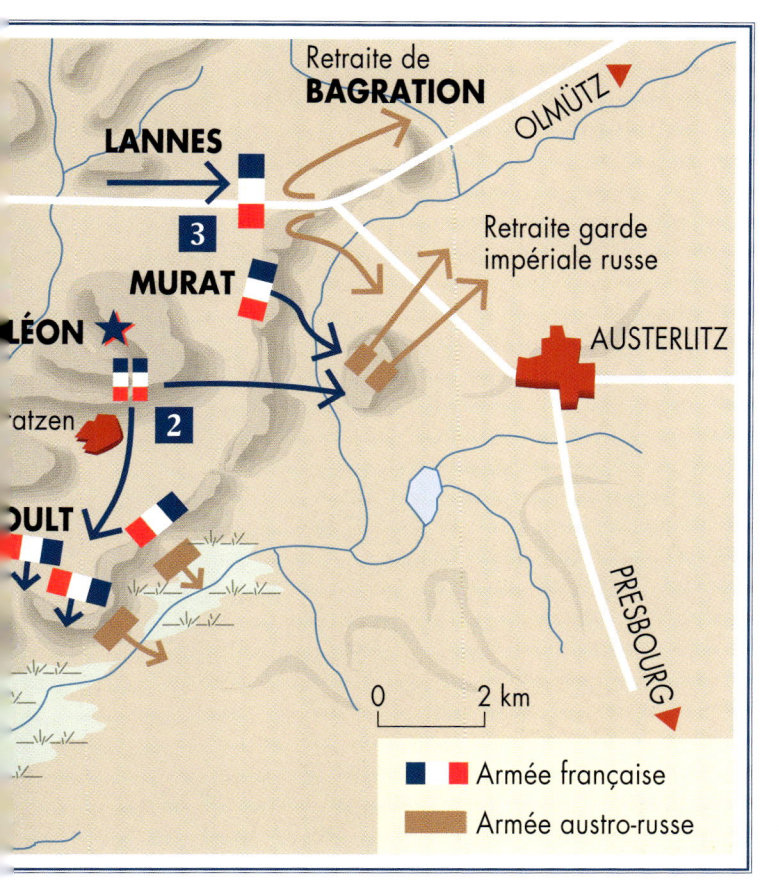

Campagne d'Allemagne

Alexandre Ier
Alexandre Ier, tsar de toutes les Russies, était très jaloux de Napoléon qu'il rêvait de vaincre sur le champ de bataille. La défaite d'Austerlitz, qu'il n'admit jamais, le poussa à entrer dans une nouvelle coalition – la quatrième – aux côtés de la Prusse et de l'Angleterre.

François II
Avant la bataille d'Austerlitz, François II était empereur d'Allemagne. La défaite cuisante qu'il subit en décembre 1805 l'amena à renoncer à ce titre pour n'être plus que François Ier, empereur d'Autriche.

Napoléon Ier
Pour Napoléon Ier, sacré empereur depuis un an jour pour jour, la bataille d'Austerlitz marqua non seulement l'apogée de son génie stratégique et tactique, mais affirma aussi son emprise sur l'Europe continentale.

au sud, et celles de Soult, au nord, la gauche austro-russe est anéantie autour des étangs de Telnitz (4).

Les conséquences

L'écrasement des armées austro-russes sonna le glas de la troisième coalition. Il permit au vainqueur d'imposer à l'Empire autrichien la paix de Presbourg, dès le 26 décembre 1805. Napoléon, devenu roi d'Italie, enleva à François Ier Venise, la Dalmatie, le Frioul, le Tyrol, le Trentin et l'Albanie. La Prusse perdit aussi des territoires, mais bénéficia de quelques compensations. La bataille des Trois Empereurs eut un retentissement profond, aussi bien en France qu'à l'étranger. Frappant l'opinion, elle contribua de façon décisive à glorifier le génie militaire de l'Empereur. ∎

Cuirasse française percée par un boulet lors de la bataille d'Austerlitz.

Avant la bataille

	Forces françaises	Forces ennemies
🪖	73 200 hommes	85 400 hommes
🔫	139 canons	278 canons

Après la bataille

	Pertes françaises	Pertes ennemies
🪖	1 500 tués ou disparus 6 500 blessés	35 000 tués disparus ou blessés
🔫		180 canons
⛓		11 000 prisonniers
🚩	1 drapeau	45 drapeaux

octobre - décembre 1806

LA CAMPAGNE DE SAXE ET DE PRUSSE

La mort de Brunswick, à Auerstedt, le 14 octobre 1806. Au début de la campagne, l'armée prussienne aligne entre 135 000 et 145 000 hommes ; la Grande Armée, elle, compte 180 000 hommes (huile, musée de Brunswick).

Le 7 octobre 1806, la Prusse adresse un ultimatum à Napoléon. Vingt jours plus tard, après une foudroyante campagne, l'Empereur des Français fait son entrée dans Berlin, chassant devant lui les restes d'une armée considérée comme l'une des plus puissantes d'Europe.

Vainqueur de l'Autriche et de la Russie à Austerlitz, Napoléon Iᵉʳ ne perd guère de temps à remodeler l'Allemagne à sa convenance. Il dissout le Saint-Empire romain germanique, presque millénaire, et crée une Confédération du Rhin que la Prusse voit d'un très mauvais œil. Aiguillonné par l'Angleterre, poussé par la reine Louise – décrite comme « Armide mettant le feu à son propre palais » – et le ministre Hardenberg, le roi Frédéric-Guillaume III, certain de bénéficier de l'appui des Russes, mobilise ses forces contre la France.

Une puissance militaire de façade

Mais le roi de Prusse s'achemine vers un conflit avec une armée dont la puissance n'est que de façade, une armée qui n'est plus celle de Frédéric II. Faisant preuve d'une extraordinaire suffisance, sous-estimant gravement l'ennemi, les chefs militaires prussiens, sans attendre l'arrivée des troupes russes, vont s'engager contre une Grande Armée au faîte de sa puissance.

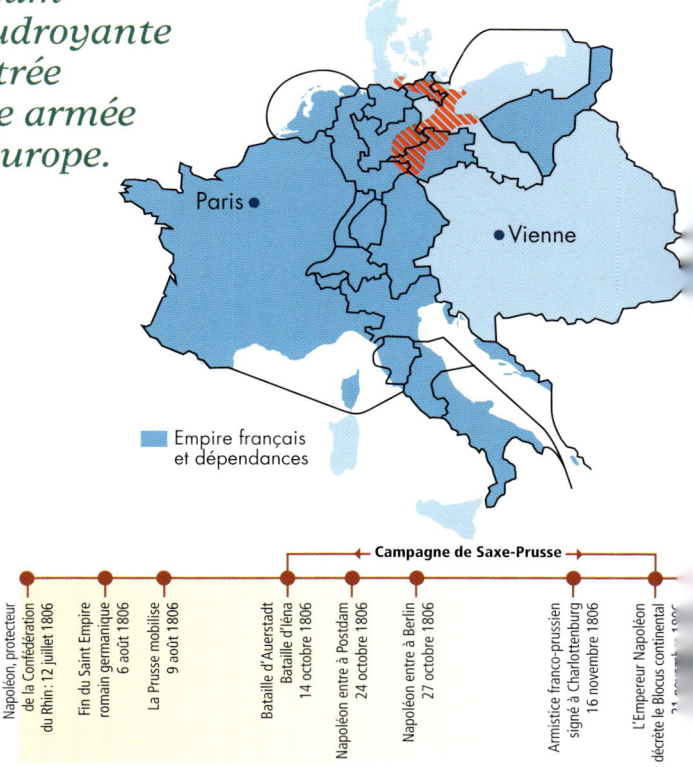

Empire français et dépendances

Campagne de Saxe-Prusse

- Napoléon, protecteur de la Confédération du Rhin : 12 juillet 1806
- Fin du Saint Empire romain germanique 6 août 1806
- La Prusse mobilise 9 août 1806
- Bataille d'Auerstadt Bataille d'Iéna 14 octobre 1806
- Napoléon entre à Postdam 24 octobre 1806
- Napoléon entre à Berlin 27 octobre 1806
- Armistice franco-prussien signé à Charlottenburg 16 novembre 1806
- L'Empereur Napoléon décrète le Blocus continental

Un nouveau triomphe pour la Grande Armée

1 Le 8 octobre, devançant les Prussiens, Napoléon regroupe l'ensemble de ses forces à l'est de l'Allemagne, sans pénétrer cependant en Autriche. Puis il marche en direction de Leipzig et de l'Elbe, en avançant à travers la forêt de Thuringe. La Grande Armée progresse sur un front d'une cinquantaine de kilomètres, répartie en trois immenses colonnes que rien ne semble pouvoir arrêter.

2 En procédant de cette manière, l'Empereur entreprend le débordement des armées ennemies – lesquelles sont en train d'avancer vers le Rhin – par leur gauche. Dans un premier temps, Brunswick, commandant en chef des troupes prussiennes et saxonnes, ne devine pas la manœuvre, qui vise à le couper de Berlin, capitale du royaume de Prusse.

3 Le 10 octobre, à Saalfeld, survient la première bataille de la campagne. Le maréchal Lannes y écrase les forces du prince Louis de Prusse, tué au cours de l'engagement. Le lendemain, Napoléon, ayant appris que le gros des forces ennemies est rassemblé autour d'Erfurt, lance une partie de la Grande Armée en direction de la Saale.

4 Dans le même temps, Davout et Bernadotte, parvenus à Naumburg, reçoivent l'ordre d'avancer vers l'ouest, afin de couper les lignes de communication de l'armée prussienne.

5 Foudroyés par la nouvelle de la progression française sur leurs arrières, les Prussiens tentent d'échapper au piège qui se referme sur eux. Le prince de Brunswick – le vaincu de Valmy, l'homme du célèbre manifeste – retraite précipitamment sur Auerstedt, laissant au prince de Hohenlohe le soin de le couvrir en tenant la région d'Iéna.

6 Le 14 octobre, Napoléon écrase les troupes de Hohenlohe à Iéna. À quelques dizaines de kilomètres de là, manœuvrant avec un remarquable talent, le maréchal Davout défait l'armée de Brunswick – qui est mortellement blessé – à Auerstedt. Ces deux batailles décisives marquent l'écroulement de la Prusse et de son armée.

7 Le 24 octobre, les Français investissent Berlin, où Napoléon entre en grand triomphateur trois jours plus tard. Frédéric-Guillaume III, quant à lui, gagne Königsberg, se plaçant ainsi sous la protection des Russes.

8 Poursuivant ce qui reste de l'armée prussienne afin d'éviter qu'elle ne donne la main aux Russes, la Grande Armée s'empare de Prenzlau le 28 octobre, de Stettin le 29, de Küstrin le 3 novembre, de Lubeck, défendu par Blücher, le 7, et de Magdebourg le 8.

9 À la fin du mois de novembre, l'Empereur des Français marche sur la Pologne, à la tête de quelque 160 000 hommes, afin d'y affronter un ennemi autrement plus coriace, l'armée russe.

Entrée de Napoléon à Berlin, 27 octobre 1806. La population réserve un accueil triomphal à l'Empereur des Français. Derrière, on aperçoit la porte de Brandebourg *(tableau de Meynier, musée de Versailles).*

Entrevue de Napoléon et du prince Dalberg à Aschaffenburg, 2 octobre 1806. Prince-primat de la Confédération du Rhin, Dalberg est obligé de s'incliner devant la supériorité militaire de la Grande Armée *(tableau de Debret, musée de Versailles).*

Les conséquences

L'écroulement de l'armée prussienne tient autant aux talents manœuvriers de Napoléon et de ses maréchaux qu'à l'état de déliquescence dans lequel se trouvent alors la Prusse et son armée. Une armée commandée par des généraux sclérosés, dépassés par les événements. La manière dont l'armée prussienne progresse et combat retarde en effet d'un demi-siècle ; non seulement, le matériel est obsolète, mais bon nombre de soldats ont entre 40 et 50 ans. « L'armée, écrit Clausewitz, ne présentait plus qu'une belle façade derrière laquelle tout était vermoulu. » Pis encore, l'armée prussienne n'a pas appris à vivre sur le pays par réquisitions : son ravitaillement dépend donc uniquement de ses magasins et de ses convois, et ses bagages sont incroyablement lourds et volumineux, ce qui handicape gravement ses mouvements. La campagne de Saxe et de Prusse de 1806 marque une sorte d'apogée du génie militaire napoléonien en même temps que la mise hors de combat, et pour longtemps, de la Prusse. Le pays est occupé aux trois quarts et compte plus de 150 000 prisonniers. L'Électeur de Saxe, devenu roi, entre à son tour dans la Confédération du Rhin. ■

14 octobre 1806

Campagne de Saxe et de Prusse

LA BATAILLE D'AUERSTEDT

Le 14 octobre 1806, tandis que Napoléon écrase l'armée prussienne de Hohenlohe à Iéna, Davout disperse les troupes de Brunswick à Auerstedt *(gravure de Lerouge d'après Naudet, BNF, Paris).*

Par une extraordinaire coïncidence, alors que Napoléon écrase le prince de Hohenlohe à Iéna, l'un de ses lieutenants, le maréchal Davout, disperse le principal corps prussien à une vingtaine de kilomètres de là, à Auerstedt.

À peine la bataille de Saalfeld a-t-elle été livrée que la Grande Armée entame un immense mouvement de débordement et d'enveloppement par la droite d'une armée prussienne sûre d'elle-même et pleine de mépris pour les Français. L'Empereur, marchant en personne sur Iéna, ordonne à deux de ses maréchaux, Davout et Bernadotte, de quitter Naumburg et d'avancer en direction de l'ouest afin de couper l'ennemi de Berlin.

Si Davout, comprenant le but de cette manœuvre, exécute ces directives avec intelligence, en revanche, Bernadotte se fourvoie et progresse vers le sud-ouest – l'Empereur lui reprochera amèrement cette attitude. Tenu informé des mouvements de son adversaire, le duc de Brunswick, commandant en chef prussien, s'empresse de revenir vers Auerstedt, couvert par les troupes du prince de Hohenlohe, plus au sud, entre Weimar et Iéna. Il s'y heurte à Davout dans le cadre d'une bataille dont l'importance vaut celle d'Iéna.

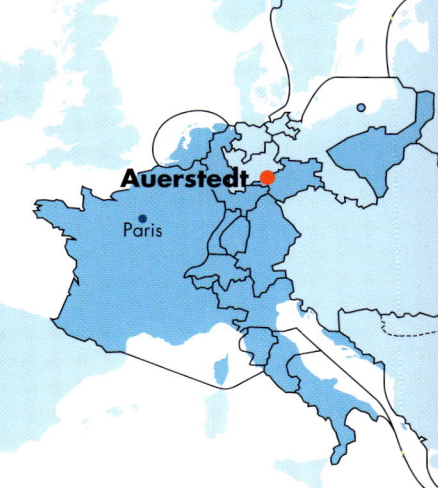

77

Davout porte le coup de grâce à l'ar

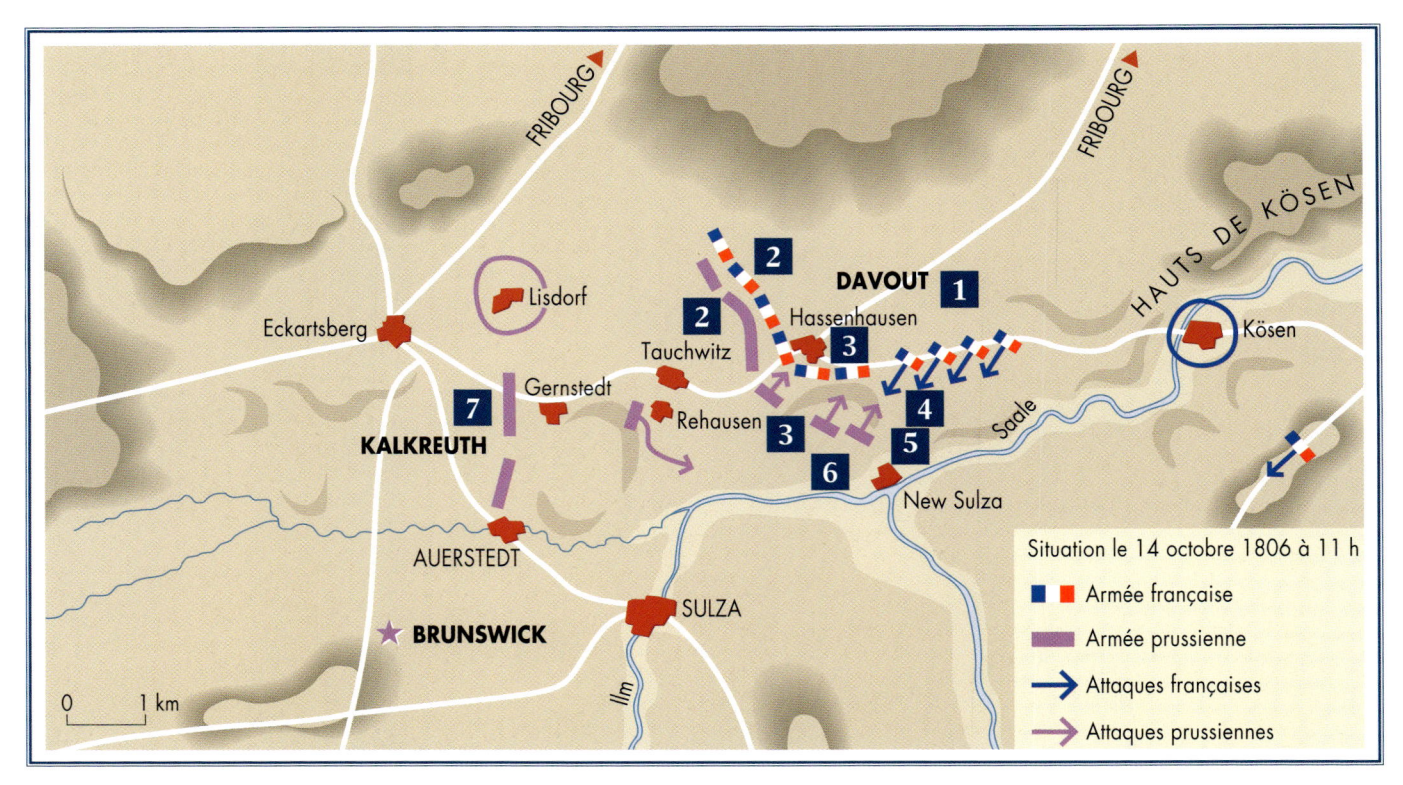

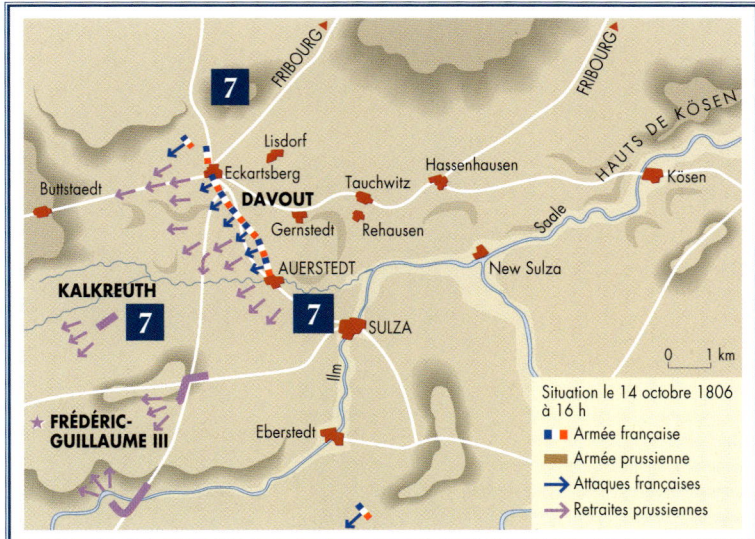

françaises inférieures en nombre. Pendant ce temps, le général Friant s'empare de Spielberg.

3 À 9 heures, Brunswick fait avancer les divisions Schmettau et Wartensleben. Mais le chef de l'armée prussienne est mortellement atteint, en même temps que le général Schmettau. Cependant, l'élan de cette attaque est tel qu'il permet de repousser le flanc gauche de Gudin, assailli par le prince d'Orange, contraignant les Français à abandonner Hassenhausen.

4 Devant la crise qui se profile, Davout, sur place depuis 9 heures, assaille le flanc droit prussien, défait la cavalerie ennemie et repousse Wartensleben. Le plateau d'Hassenhausen est alors repris par les Français.

5 Brunswick hors de combat, le roi Frédéric-Guillaume III, qui ne manque pas de courage mais affiche de faibles talents tactiques et stratégiques, prend la tête de l'armée prussienne. Pendant ce temps, la division Morand, ayant réussi à enfoncer le flanc droit prussien, commence à tourner l'ensemble du dispositif ennemi. Après plusieurs heures de résistance acharnée, Davout peut enfin prendre l'initiative.

6 Saisissant l'occasion qui se présente, le lieutenant de Napoléon déborde la droite ennemie, tandis que Friant contient l'aile gauche de Frédéric-Guillaume III à Spielberg et que Morand progresse depuis Hassenhausen.

1 À 6 h 30, quittant Naumburg, Davout progresse vers l'ouest afin de s'emparer du défilé de Hassenhausen et de préparer ainsi sa marche sur Weimar. Ayant réussi à prendre le pont de Kösen, il tombe sur l'avant-garde prussienne et débouche sur le plateau de Hassenhausen.

2 Brunswick lance à l'attaque les troupes de Schmettau et de Blücher. Plusieurs assauts furieux sont entrepris, entre 8 heures et 8 h 30, contre des forces

mée prussienne

Brunswick (1735-1806)
Auteur du célèbre manifeste de 1792, vaincu à Valmy, le général Brunswick, mortellement blessé à Auerstedt, décédera un mois plus tard.

Davout (1770-1823)
Louis Nicolas Davout, maréchal d'Empire à trente-quatre ans, défait l'armée prussienne, supérieure en nombre, à Auerstedt, et devient duc d'Auerstedt.

7 Face à ces puissantes offensives convergentes, la ligne prussienne plie et finit par craquer. Ce ne sont pas les contre-attaques menées par les divisions von Arnim et Kuhnheim, appuyées par des éléments de cavalerie commandés par Blücher, au sud, qui peuvent changer quoi que ce soit à la situation. Les Prussiens se retirent bientôt derrière Gernstedt dont ils sont vite délogés, puis à Eckartsberg et à Auerstedt, sous le feu des obusiers de Davout. L'infanterie française, épuisée, s'arrête à Eckartsberg à 16 h 30, mais la cavalerie pousse jusqu'à Buttstaedt, où elle stoppe à 19 h 30. Dans la nuit noire, les Prussiens fuient en désordre, abandonnant leurs fourgons le long des routes.

Les conséquences

La bataille d'Auerstedt a été livrée presque par hasard – Napoléon ignore qu'elle a lieu même s'il entend le bruit du canon, au nord. Elle permet d'écraser le gros de l'armée prussienne, et de porter le coup de grâce à l'ennemi. Désorganisé, dispersé, celui-ci ne peut plus rien faire pour empêcher l'invasion de son territoire. Disposant d'une importante supériorité numérique, les Prussiens ont conduit une bataille pour le moins statique, alors que les Français, très mobiles, ont pris des initiatives tactiques hardies. Comme celle d'Iéna, la défaite d'Auerstedt tient en grande partie au conservatisme de l'armée de Frédéric-Guillaume III, à la sclérose, à la suffisance des cadres et à l'obsolescence des méthodes de combat. En moins de sept jours de campagne, le sort de la Prusse est réglé. Près de 10 000 survivants d'Auerstedt seront capturés à Erfurt, le 16 octobre. ■

Campagne de Saxe et de Prusse

Avant la bataille

	Forces françaises	Forces ennemies
	30 000 hommes	70 000 hommes

Après la bataille

	Forces françaises	Forces ennemies
	7 000 à 8 000 tués et blessés	12 000 tués et blessés
	—	3 000 prisonniers
	—	115 canons

Détail tactique du jour

En tournant l'aile droite prussienne, Davout, ayant fait preuve pendant toute la bataille d'une remarquable maîtrise de la situation, est en mesure de prendre toute la ligne prussienne en enfilade. En croisant ses feux avec ceux de Morand, le maréchal français peut vaincre, avec son artillerie, l'ensemble des forces ennemies et leur infliger de lourdes pertes.

Napoléon Ier reçoit les députés du Sénat conservateur au palais royal de Berlin, 19 novembre 1806.
Il leur confie les drapeaux pris à Iéna, ainsi que l'épée, l'écharpe de général et le cordon de l'Aigle-Noir de Frédéric II, afin qu'ils soient déposés aux Invalides (tableau de Berthon, musée de Versailles).

14 octobre 1806

LA BATAILLE D'IÉNA

Napoléon Ier passant devant les troupes à la bataille d'Iéna, 14 octobre 1806 (tableau de Vernet, musée de Versailles).

Véritable choc de titans, la bataille d'Iéna permit à Napoléon, moins d'un an après Austerlitz, de mettre en lambeaux la magnifique armée prussienne de Frédéric-Guillaume III.

Mon amie, écrivit le 15 octobre 1806 Napoléon à l'impératrice Joséphine, j'ai fait de belles manœuvres contre les Prussiens et j'ai gagné hier une grande bataille. » La veille, en effet, alors que la France était confrontée à une quatrième coalition, l'Empereur, fort d'une importante supériorité en nombre, avait infligé une terrible et cuisante défaite à une armée prussienne à la réputation pourtant bien établie. Lors de la campagne de 1805, qui s'était achevée par la brillante victoire d'Austerlitz, la Prusse s'était maintenue dans une attitude ambiguë, n'osant ni entrer en guerre contre Napoléon, ni se résoudre à accepter une neutralité pleine et entière. Elle profita même des succès de l'Empereur en recevant quelques territoires, mais celui-ci ne se méfiait pas moins d'un pays dont le ministre anglais Pitt disait qu'il avait tout « ce que la rapacité a d'odieux avec tout ce qu'il y a de méprisable dans la servilité ».

La manière cavalière dont Napoléon traita cependant la Prusse en 1806, son intention de lui faire rendre le Hanovre à l'Angleterre, afin de s'attirer les bonnes grâces de Londres, et la création de la Confédération du Rhin, en juillet 1806, sans que Berlin en eût été informé au préalable, conduisirent à la guerre.

Campagne de Saxe et de Prusse

Murat (1767-1815)
Murat, à la tête de la cavalerie, porta l'estocade finale aux troupes prussiennes, qui reculèrent précipitamment en direction de Weimar.

Hohenlohe (1746-1818)
Ayant accumulé les erreurs, le prince de Hohenlohe ne parvint pas à résister à la poussée de la Grande Armée au nord-ouest d'Iéna.

Certain que la Prusse allait lui déclarer la guerre, l'Empereur, ayant réuni une armée de 180 000 hommes, quitta Würzburg, en Saxe, traversa la forêt de Thuringe et se dirigea vers l'Elbe, qu'il comptait atteindre à Leipzig. Pourtant, le 11 octobre, il apprit que l'armée ennemie se concentrait près d'Erfurt, plus à l'ouest. Se dirigeant vers la vallée de la Saale, il comptait livrer bataille le 16, mais le 13, ses avant-gardes l'informèrent d'importants rassemblements prussiens autour d'Iéna.

Napoléon, dans le cadre d'une des plus belles manœuvres qu'il eût jamais exécutées, se retrouva au contact de l'adversaire dans la soirée. Craignant d'être enveloppé, Brunswick se replia sur l'Elbe, laissant à Hohenlohe le soin de le couvrir en défendant Iéna.

Un modèle d'improvisation napoléonien

Le 9 août 1806, exaspéré par l'attitude française, le roi de Prusse Frédéric-Guillaume III donna l'ordre de mobilisation de l'armée prussienne, laquelle fut répartie en trois groupes : un sous les ordres du duc de Brunswick (70 000 hommes), un autre sous le commandement du prince de Hohenlohe (50 000 hommes), un troisième sous Rüchel et Blücher (30 000 hommes).

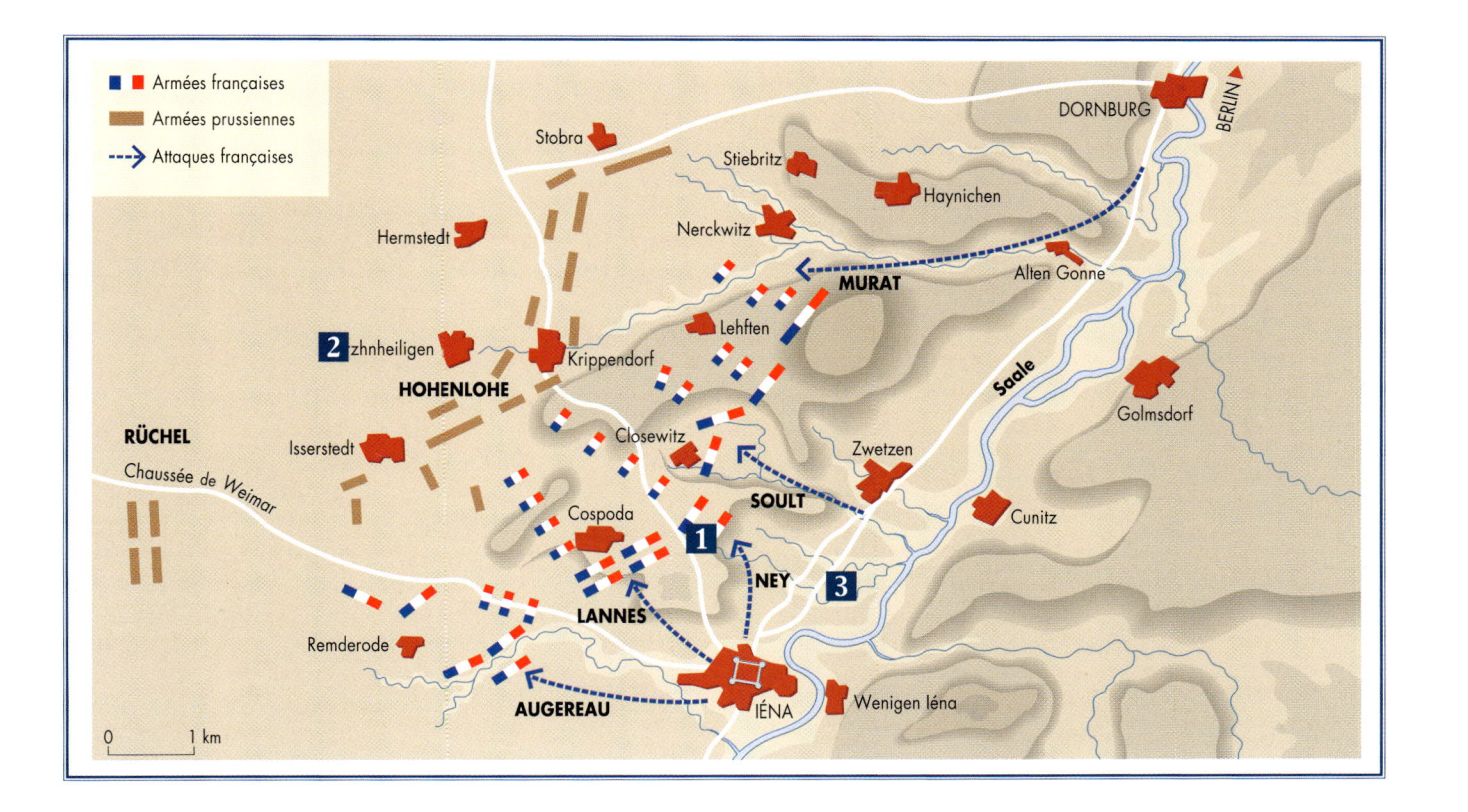

1 L'armée française progresse avec, de gauche à droite, les corps d'Augereau, la Garde, les corps de Lannes, de Ney et de Soult et la cavalerie de Murat.

2 En face, les Prussiens disposent d'une armée commandée par le prince de Hohenlohe, que des forces placées sous les ordres de Rüchel s'apprêtent à renforcer.

3 Voyant s'avancer les troupes françaises, fortes à l'origine de 50 000 hommes, Hohenlohe abandonne Iéna sans combattre. Napoléon, le soir du 13 octobre, croyant avoir affaire au gros de l'ennemi, fait immédiatement occuper le plateau, de manière à empêcher ses adversaires de retraiter et d'aller ainsi grossir les forces de Brunswick.

4 À 10 h, dans le brouillard, Napoléon lance Lannes et Ney à l'attaque des lignes prussiennes. Se déroulent alors des combats acharnés qui coûtent fort cher en hommes à l'ennemi. À la suite d'une erreur commise par Ney, une crise se produit dans le camp français, mais l'intervention de l'artillerie redresse la situation.

5 Vers midi, l'intervention d'Augereau, à gauche, sur la chaussée de Weimar, et de Soult, à droite, entre Zwetzen et Clausewitz, affaiblit un peu plus la résistance de Hohenlohe, dont les lignes sont enfoncées.

6 L'estocade finale est portée par les charges furieuses de la cavalerie de Murat. À ce moment, ce sont plus de 95 000 Français qui affrontent les 38 000 Prussiens de Hohenlohe, Rüchel n'ayant pu arriver à temps.

7 Vers 15 heures, l'armée ennemie, défaite, décimée, plie et s'enfuit, cédant le terrain au vainqueur. Rüchel, arrivé sur place, ne peut que suivre Hohenlohe dans la débâcle. Murat, avec ses cavaliers, donne la chasse aux Prussiens qui font précipitamment retraite en direction de Weimar.

Les conséquences

La bataille d'Iéna – combinée à celle d'Auerstedt, qui eut lieu le même jour et qui permit à Davout, avec seulement 27 000 hommes, de vaincre les 56 000 soldats de Brunswick – marqua l'écrasement de l'armée prussienne. Celle-ci perdit, au cours de la même journée, 45 000 hommes et l'ensemble de son artillerie. La route de Berlin n'étant plus protégée, Napoléon entra en triomphateur dans la capitale du royaume de Prusse dès le 27 octobre. Un armistice fut signé le 30 novembre, mais la guerre reprit peu après. Au cours des semaines suivantes, les Prussiens laissèrent des dizaines de milliers de prisonniers aux mains de l'Empereur, qui s'empara de l'ensemble du territoire ennemi, prenant coup sur coup les places fortes de Magdebourg, Erfurt, Stettin, Graudenz et Danzig. L'affaire s'acheva le 9 juillet 1807, par le traité de Tilsit qui aboutit au démembrement d'un pays humilié, totalement occupé par les vainqueurs d'Iéna et d'Auerstedt. Le royaume de Frédéric-Guillaume III fut amputé de plus de la moitié de ses possessions, la plupart à l'ouest de l'Elbe, et perdit 5 millions d'habitants. La Prusse dut payer une indemnité de guerre considérable, de près de 120 millions de francs de l'époque. ∎

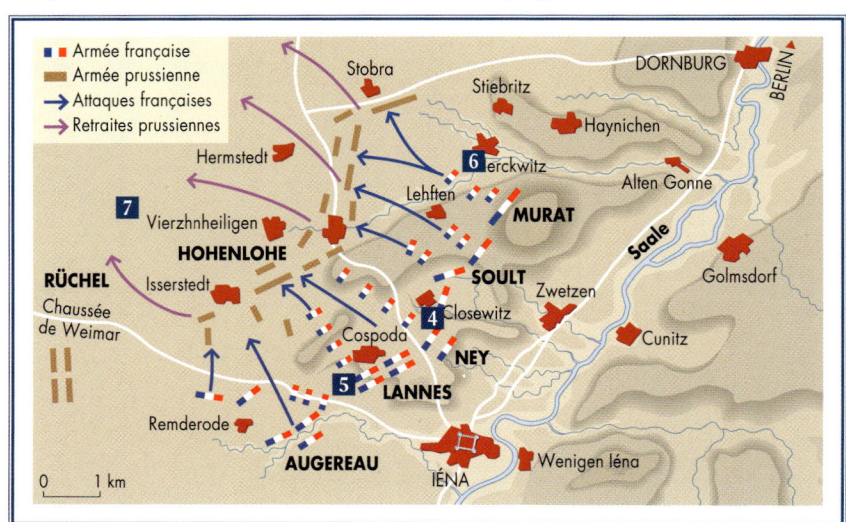

Avant la bataille

	Forces françaises	Forces ennemies
🪖	83 600 hommes	56 000 hommes
🔫	173 canons	120 canons
🐎	12 000 cavaliers	

Après la bataille

	Pertes françaises	Pertes ennemies
🪖	5 000 tués et blessés	25 000 tués, blessés et prisonniers
🔫		300 canons à Auerstedt et à Iéna
🚩		60 drapeaux à Auerstedt et à Iéna

Détail tactique du jour

Les Prussiens commirent l'erreur d'abandonner sans résistance les points d'appui qu'ils avaient érigés autour des villages et des bois cernant Iéna. Les Français s'en emparèrent sans coup férir et s'y retranchèrent, infligeant de lourdes pertes à l'ennemi qui sacrifia un grand nombre de ses hommes à vouloir les reprendre. Par ailleurs, alors que Napoléon fit agir son infanterie, sa cavalerie et son artillerie de concert, Hohenlohe engagea ces différents moyens séparément, renforçant d'autant la supériorité de l'Empereur. En effet, l'action se déroula dans un épais brouillard et, comme à Austerlitz, les Français surent compter avec cet atout naturel pour prendre les Prussiens par surprise : les unités de ces derniers furent donc détruites les unes après les autres.

La colonne de Rosbach, 18 octobre 1806. Érigée en 1757 par Frédéric le Grand après sa victoire sur les Français, la colonne de Rosbach est mise à bas par Napoléon une fois Iéna conquise (*tableau de Vafflard, détail, musée de Versailles*).

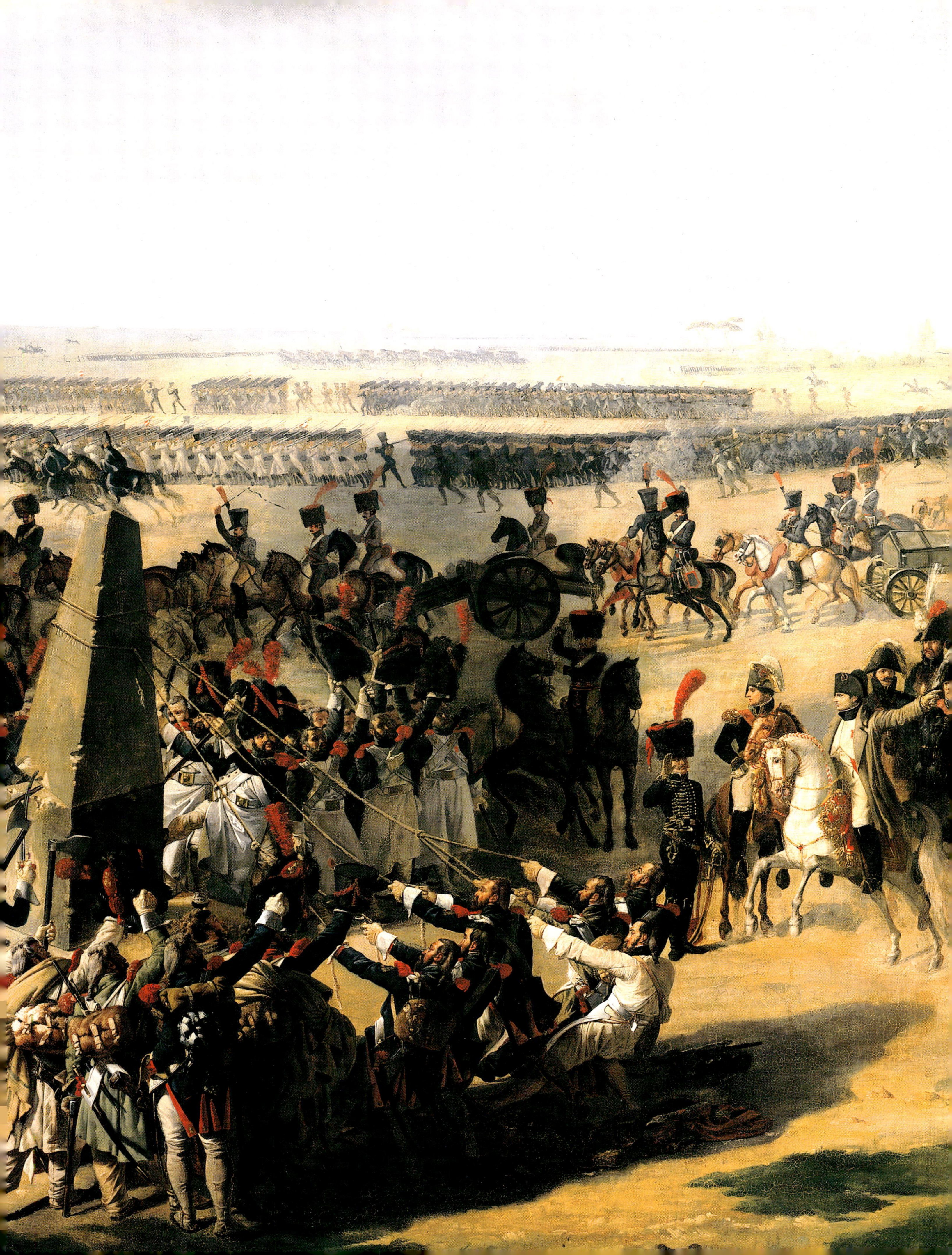

novembre 1806 - juin 1807

LA CAMPAGNE DE POLOGNE

« *Dieu, outre l'eau, l'air, la terre et le feu, a créé un cinquième élément, la boue.* » C'est ainsi que Napoléon décrit la dure et meurtrière campagne de Pologne, marquée par la sanglante bataille d'Eylau et l'écrasante victoire de Friedland.

S'il a vaincu les Prussiens, lors des batailles décisives d'Auerstedt et d'Iéna, l'Empereur des Français n'en a pas pour autant fini avec la quatrième coalition. Il lui faut venir à bout de l'armée russe, rassemblée en territoire polonais, et contraindre le roi de Prusse, Frédéric-Guillaume III, à traiter. Napoléon n'a pourtant pas rejeté toute idée d'entente avec le tsar. Souhaitant parvenir à un compromis, il ne proclame pas immédiatement l'indépendance de la Pologne, que tous ses habitants appellent pourtant de leurs vœux.

La marche sur Varsovie

L'Empereur le sait bien : Varsovie, la capitale de l'ancien royaume de Pologne, est l'une des places dont il doit s'emparer au plus vite, tant pour des raisons politiques que stratégiques. Après s'être assuré de bonnes bases sur l'Oder, avec la prise de Stettin, de Francfort et de Küstrin, il prévoit d'avancer jusqu'à la Vistule afin d'établir des têtes de pont à l'est du fleuve. Là, il pourra attendre le printemps dans de confortables quartiers d'hiver et en finir avec l'armée russe au retour des beaux jours.

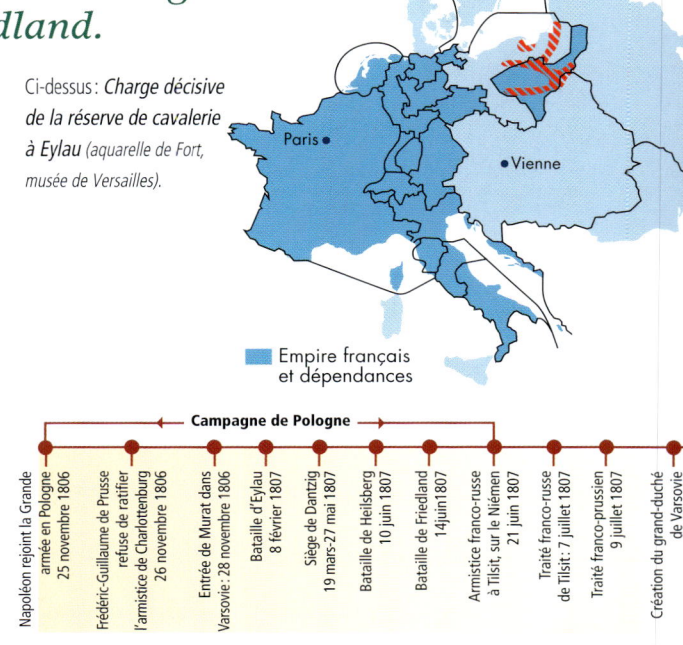

Ci-dessus : *Charge décisive de la réserve de cavalerie à Eylau* (aquarelle de Fort, musée de Versailles).

Empire français et dépendances

Campagne de Pologne

Napoléon rejoint la Grande armée en Pologne 25 novembre 1806
Frédéric-Guillaume de Prusse refuse de ratifier l'armistice de Charlottenburg 26 novembre 1806
Entrée de Murat dans Varsovie : 28 novembre 1806
Bataille d'Eylau 8 février 1807
Siège de Dantzig 19 mars-27 mai 1807
Bataille de Heilsberg 10 juin 1807
Bataille de Friedland 14 juin 1807
Armistice franco-russe à Tilsit, sur le Niémen 21 juin 1807
Traité franco-russe de Tilsit : 7 juillet 1807
Traité franco-prussien 9 juillet 1807
Création du grand-duché de Varsovie

1 Parti de Grodno le 3 novembre 1806, le maréchal russe Bennigsen, informé des terribles défaites d'Iéna et d'Auerstedt, s'abstient de franchir la Vistule. Il décide plutôt d'attendre l'arrivée des troupes de Buxhöwden, en cours de concentration au nord du Niémen.

2 La Grande Armée aligne, à droite, les corps de Davout et de Murat ; au centre, ceux de Lannes et d'Augereau ; à gauche, ceux de Ney et de Bernadotte. Le 7 novembre, Napoléon ordonne à Davout d'avancer vers Posen, où celui-ci entre deux jours plus tard, et de couvrir la route de Thorn à Varsovie. Puis il entame, dès le 12 du même mois, un vaste mouvement en avant vers la Vistule, non sans avoir confié à son frère Jérôme la mission de marcher sur Breslau.

3 Le 15 novembre, les Russes entrent dans Praga, en face de Varsovie, sur la rive orientale de la Vistule. Protégé par Lannes, au nord-est, Davout approche de la capitale de l'ancienne Pologne, que Bennigsen évacue le 26, et dans laquelle Murat entre deux jours plus tard.

4 Au début du mois de décembre, les Français commencent à franchir la Vistule ; Bennigsen, craignant d'être coupé de Buxhöwden, bat en retraite, imité par Lestocq. Le maréchal Kamenski, devenu commandant en chef des armées russes en Pologne, tente une offensive sur Plock et Graudenz, mais sans succès.

5 Le 23 décembre, Napoléon s'en prend aux troupes de Bennigsen, établies le long du Bug et de la Narew, entre Czarnowo et Ostrolenka. Le corps de Davout, depuis la tête de pont de Pomichowo, attaque le plateau stratégique de Czarnowo, rompant la ligne de Bennigsen. Kamenski, ayant ordonné la retraite, abandonne son commandement.

6 Le 26 décembre, la Grande Armée lance une offensive générale. Lannes, manœuvrant avec 20 000 hommes, affronte 37 000 hommes de Bennigsen à Pultusk, dans un combat indécis dont Bennigsen, pensant être vainqueur, annonce l'issue à Saint-Pétersbourg. Les Français parviennent à prendre aux Russes Golymine et Ostrolenka, et aux Prussiens la ville de Soldau.

7 Bennigsen, devenu commandant des armées russes en Pologne, bat en retraite avec l'idée de défendre Königsberg. Freiné par le mauvais temps, la fatigue de ses hommes et l'allongement de ses lignes logistiques, Napoléon ne peut empêcher le maréchal russe de s'échapper.

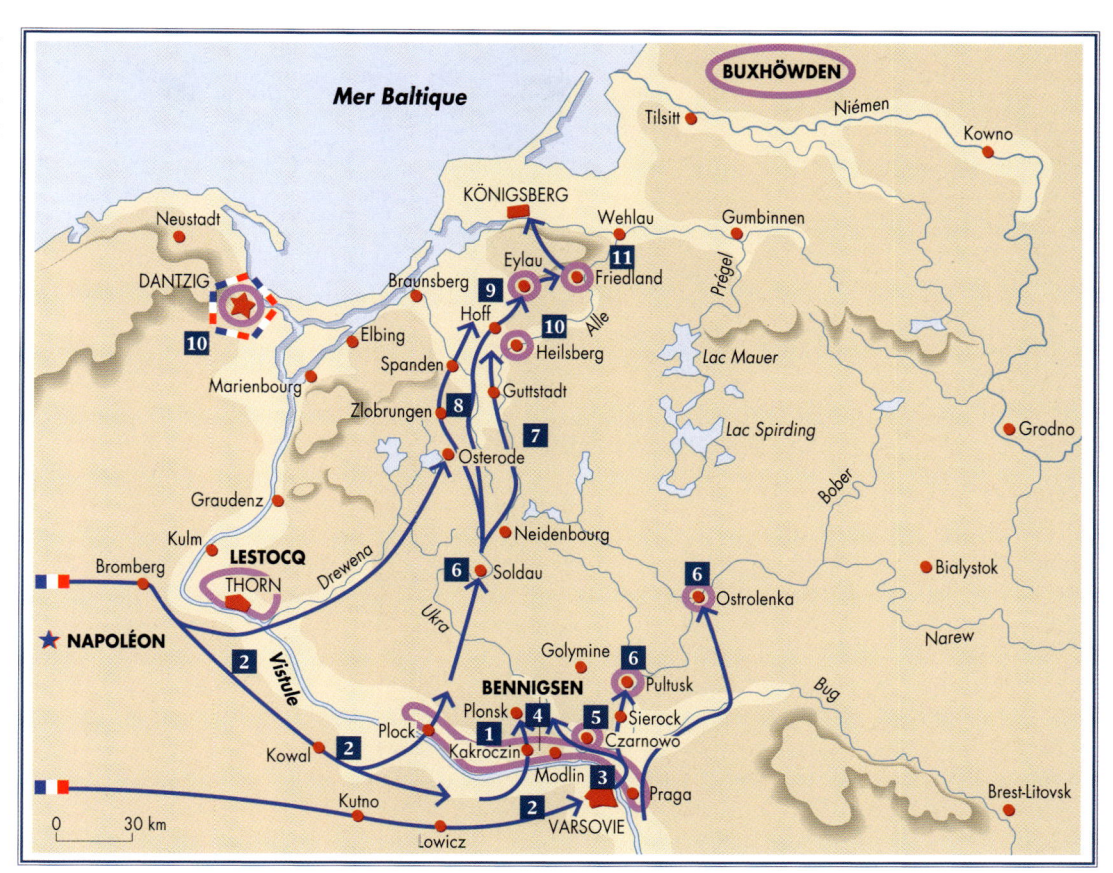

8 Au début du mois de janvier 1807, le maréchal russe reprend l'initiative en attaquant les forces de Bernadotte, à l'aile gauche française, de manière à donner la main à la garnison de Danzig, assiégée par Lefebvre. Napoléon décide de fondre sur les arrières de Bennigsen, le coupant ainsi de Königsberg. Mais ses instructions tombent aux mains de l'ennemi qui parvient à se dérober.

9 Recherchant une bataille décisive avec les Russes, Napoléon engage l'ensemble de ses moyens. L'affrontement se déroule à Eylau (Preussich-Eylau), en avant de Königsberg, le 8 février 1807. Après de terribles et meurtriers combats, l'ennemi finit par se retirer en bon ordre. Pour les Français, Eylau a le goût amer d'un échec. L'Empereur, s'étant retiré vers le sud, prend ses quartiers d'hiver à Finkenstein.

10 Danzig étant enfin tombée aux mains des Français, le 26 mai, la Grande Armée avance sur Königsberg, avec l'intention de couper Bennigsen de ses bases logistiques. S'étant retranché dans un immense camp édifié à Heilsberg, le maréchal russe, soumis à une constante pression de la Grande Armée, bat en retraite vers l'est, le 11 juin.

11 Convaincu que Bennigsen fera tout son possible pour garder Königsberg, l'Empereur continue sa marche sur la ville. Les Russes tentent de s'opposer à cette manœuvre en franchissant l'Alle à Friedland. Ils y subissent une défaite décisive le 14 juin 1807. Tandis que les Prussiens abandonnent, le 16 juin, Königsberg, Bennigsen donne l'ordre à ses troupes de s'abriter sur la rive orientale du Niémen.

Les grenadiers à cheval chargeant lors de la bataille d'Eylau, le 8 février 1807 (tableau de Detaille, musée Condé, Chantilly).

Les conséquences

Après la bataille si meurtrière de Friedland, la campagne de Pologne prend fin sur un succès français. Le tsar Alexandre I*er*, contraint de traiter avec Napoléon, le rencontre sur un radeau, au milieu du Niémen, le 25 juin. Les deux empereurs deviennent officiellement alliés à la suite d'un traité signé le 7 juillet suivant à Tilsit. Mais cette alliance reste à la fois fragile et ambiguë, même si les Russes acceptent de prendre part au blocus continental décrété contre l'Angleterre, à Berlin, le 21 novembre 1806. La Prusse elle aussi a été battue, et elle paiera très lourdement les conséquences de sa défaite. Le traité du 9 juillet 1807 lui fait rendre ses provinces polonaises, qui forment alors le grand-duché de Varsovie. Par ailleurs, elle perd toutes ses possessions situées à l'ouest de l'Elbe. Napoléon les transforme en un royaume de Westphalie, qu'il confie à l'un de ses frères, Jérôme. ∎

Détail tactique du jour

Les éléments et la mauvaise saison empêchent ici Napoléon de poursuivre sur sa lancée et d'exploiter les victoires précédentes chèrement acquises : les soldats s'enfoncent dans la boue jusqu'à mi-cuisse et l'artillerie s'embourbe. L'Empereur doit donc se résoudre à mettre son armée en cantonnement. Certes, l'armée russe bat en retraite dans le plus grand désordre sur Ostrolenka, mais l'hiver polonais et l'état des chemins annulent le principal facteur de succès sur lequel a toujours compté l'Empereur : la vitesse. Par ailleurs, Napoléon ne sait pas dans quelle direction l'ennemi est décidé à battre : il ne peut donc barrer la route aux Russes. En effet, les armées adverses peuvent aussi bien se replier vers le nord-est, vers la Russie, que vers le nord-ouest, vers Königsberg – où s'est réfugié le roi de Prusse car il ne faut pas oublier que les armées russes ont pour mission de secourir les armées prussiennes. Napoléon doit donc dissocier ses forces afin de pouvoir couper la retraite de l'ennemi dans l'une et l'autre direction.

Forces en présence début novembre 1806

Forces françaises	Forces ennemies
160 000 hommes	77 000 hommes (50 000 hommes sous Buxhöwden)

LE PLAN DE NAPOLÉON

Le 16 novembre, l'armée prussienne ne regroupe plus guère que 8 000 hommes sous le commandement du général Lestocq replié de l'autre côté de la Vistule. Quant au roi et à la reine de Prusse, ils sont réfugiés à Königsberg et comptent sur le secours de l'armée russe de Benningsen, forte de 50 000 hommes, qui tient Varsovie et la rive droite de la Vistule. Il est donc absolument vital pour Napoléon de prendre Varsovie, de repousser les Russes le plus loin possible vers l'Est et de les contraindre à la paix. La prise de Varsovie est également un immense espoir pour l'Empereur car les Polonais ont promis de prendre les armes aux côtés des Français et de leur fournir un corps de 40 000 hommes au moins. C'est pourquoi, Napoléon envoie vers Varsovie une partie du corps de réserve de cavalerie et les corps de Davout, Lannes, Augereau et Jérôme, soit près de 80 000 hommes sous le commandement de Murat.

Murat entre sans résistance dans la capitale polonaise car Benningsen a évacué la ville pour se replier sur la rive gauche de la Vistule et gagner Pultusk. Napoléon décide alors de marquer un temps d'arrêt dans son offensive : il importe en effet de faire de Varsovie une position clé et de permettre aux troupes françaises de prendre leurs quartiers d'hiver et de se reposer. Surtout, l'Empereur doit attendre que deux ponts soient établis sur la Vistule et le Bug.

La bataille de Friedland, le 14 juin 1807, affrontement décisif de la campagne de Pologne (tableau de Rugendas, musée de l'Armée, Paris).

14 juin 1807

Campagne de Pologne

LA VICTOIRE DE FRIEDLAND

Napoléon Ier sur le champ de bataille de Friedland le 14 juin 1807, où il ordonne au général Oudinot de poursuivre l'armée russe *(tableau de Vernet, musée de Versailles).*

« *Friedland vaudra Austerlitz, Iéna et Marengo, dont je fête aujourd'hui l'anniversaire* », lance Napoléon Ier à l'issue de la grande bataille livrée le 14 juin 1807, en avant de la rivière Alle. Modèle de manœuvre et de jugement, comparable à Austerlitz dans sa conception d'ensemble, la bataille de Friedland marque, quelques mois après la boucherie d'Eylau, une défaite sans appel de l'armée russe.

Napoléon est bien parvenu à écraser l'armée prussienne à l'occasion de la double bataille d'Iéna-Auerstedt, en octobre 1806. Mais il n'en reste pas moins confronté à une coalition qui compte encore dans ses rangs deux grandes puissances européennes, la Russie et l'Angleterre. L'Empereur, entendant mettre au pas ces Russes qui lui résistent avec tant de constance, entre dans Berlin le même mois, puis dans Varsovie en novembre, menaçant Königsberg et la Prusse-Orientale. Ayant repris le combat dans l'intervalle, la Prusse fonde ses derniers espoirs sur la résistance russe. Malgré l'hiver, le maréchal russe Bennigsen s'oppose à la Grande Armée à Eylau, en février 1807, dans un combat indécis, farouche, marqué par une hécatombe sans précédent. Les opérations vont reprendre à la belle saison, jalonnées par la capitulation de Danzig, le 26 mai, et par la brillante victoire de Friedland, le 14 juin.

L'erreur de Bennigsen

Décidé à protéger à tout prix la ville de Königsberg, Bennigsen prend l'initiative de faire passer à ses troupes la rivière Alle, aujourd'hui Lava, par les ponts de Friedland, afin de couper la route de la capitale de la Prusse-Orientale à Napoléon. S'étant rendu compte, dans la nuit du 13 au 14 juin 1807, de la manœuvre russe, le maréchal Lannes fond sur l'armée ennemie, au nord-ouest de Friedland, avec à peine plus de 10 000 hommes. Bennigsen, qui ne voit dans cette initiative qu'un simple combat d'avant-garde, pense d'abord ne pas avoir à livrer une véritable bataille.

Contre les Napoléon son

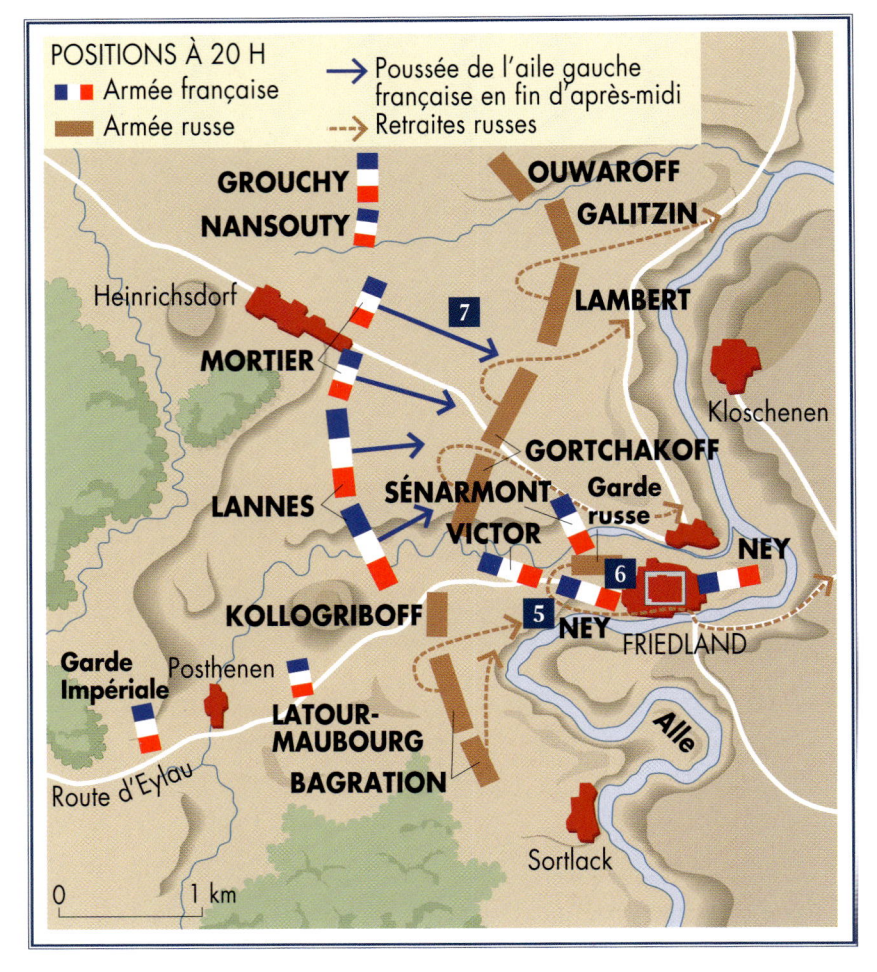

Sénarmont (1769-1810)
Ce général d'artillerie joua un rôle important dans quelques-unes des batailles du Ier Empire, notamment à Friedland et à Somosierra.

Bennigsen (1745-1826)
Hannovrien né à Brunswick, il se mit au service de la Russie en 1773 et, à la tête de l'armée russe, combattit Napoléon en 1806-1807, puis 1812-1813 et en 1814.

1 À 3 h du matin, le 14 juin, l'affrontement commence. Lannes, appuyé par des éléments de cavalerie, s'emploie à empêcher la progression russe sur la route de Königsberg. Sachant que la Grande Armée le suit de près, il tente par tous les moyens de fixer l'ennemi.
2 Vers 7 heures, celui que l'on appelle le « Roland de l'armée d'Italie », appuyé par le 8e corps de Mortier, dispose de 20 000 hommes, tandis que Bennigsen, apprenant que l'adversaire gagne en puissance, fait passer sur la rive occidentale de l'Alle près de 50 000 hommes. Mais l'Empereur, de son côté, arrive d'Eylau avec 60 000 hommes.
3 En début d'après-midi, les deux armées sont rangées face à face, prêtes à livrer une bataille majeure autour de Friedland. La Grande Armée aligne, de gauche à droite, la cavalerie de Grouchy et de Nansouty, le 1er corps de Mortier, le 5e corps de Lannes, la cavalerie de Latour-Maubourg et le 6e corps de Ney. Elle conserve en réserve le 1er corps de Victor et la Garde impériale. Les Russes, de leur côté, dos à l'Alle, disposent, à gauche, du corps de Bagration et de la cavalerie de Kollogriboff, au centre, du corps de Gortchakoff, à droite, de celui de Lambert et des cavaleries de Galitzin et d'Ouvaroff. En réserve, au débouché de Friedland, se tient la Garde russe.
4 Napoléon situe très vite le point faible du dispositif ennemi : le petit plateau sur lequel se cramponnent les troupes de Bagration. En attaquant la gauche russe, il nourrit le dessein de couper les ponts de Friedland, seule voie de retraite pour Bennigsen, de sorte qu'il n'aura plus qu'à écraser sa droite, totalement isolée.

Campagne de Pologne

Russes, ne l'hallali

Avant la bataille	
Forces françaises	**Forces ennemies**
80 000 hommes	45 000 à 50 000 hommes

Après la bataille	
Pertes françaises	**Pertes ennemies**
7 000 à 8 000 tués, blessés ou disparus	20 000 à 25 000 tués, blessés, noyés ou disparus
—	80 canons
—	70 drapeaux

5 La bataille commence tard dans l'après-midi, à 17 h, avec l'attaque générale du corps de Ney, appuyé par la cavalerie de Latour-Maubourg. Mais les Russes résistent farouchement, causant de grosses pertes dans les rangs français, notamment par des tirs d'artillerie provenant de la rive orientale de l'Alle. Napoléon fait alors intervenir le corps de Victor. L'avance française se poursuit, non sans se heurter à une violente réaction de la Garde et de la cavalerie ennemies.

6 Soutenus par l'artillerie de Sénarmont, qui se dépense sans compter et parvient à détruire les ponts sur l'Alle, Ney et Victor pénètrent enfin dans Friedland. Désormais, la droite russe est coupée du reste de l'armée de Bennigsen.

7 Vers 19 heures, Napoléon sonne l'hallali contre le corps de Gortchakoff, poussant en avant Lannes et Mortier. Affolés, les Russes ne pensent plus qu'à repasser l'Alle, en empruntant des gués. Mais beaucoup sont tués, noyés ou capturés. Il est 22 h 30. La bataille de Friedland est terminée. Jamais, sauf peut-être à Austerlitz, l'Empereur n'a vaincu aussi totalement une armée ennemie.

Les conséquences

Le 19 juin, Napoléon fait savoir à Joséphine : « La bataille de Friedland a décidé de tout. L'ennemi est confondu, battu, extrêmement affaibli. » Marquant l'écrasement sans rémission de l'armée russe, l'affaire conduira l'empereur Alexandre Ier à faire son autocritique. Le 16 juin, Königsberg tombe aux mains des Français et, trois jours plus tard, la Grande Armée atteint la rive du Niémen.

Dès le 25, le tsar de toutes les Russies rencontre l'Empereur des Français sur un radeau placé au milieu du fleuve. Puis, le 7 juillet, les deux hommes signent, à Tilsit, un traité quelque peu équivoque, par lequel la Russie devient une alliée plus ou moins docile de la France. Le tsar accepte d'adhérer au blocus continental, mis en place par Napoléon pour isoler l'Angleterre. Deux jours plus tard, c'est au tour de la Prusse de payer – et chèrement – son engagement dans la quatrième coalition.

Le 9 juillet, Frédéric-Guillaume III est en effet dépossédé de l'ensemble des territoires qu'il possédait à l'ouest de l'Elbe, et obligé de les céder à Jérôme Bonaparte, intronisé roi de Westphalie. Pis encore, les Prussiens devront abandonner leurs provinces polonaises afin de permettre la création d'un grand-duché de Varsovie. Jamais, sans doute, l'Empereur n'a atteint un tel degré de puissance. ■

Détail tactique du jour

L'un des épisodes frappants de la bataille livrée en avant de la rivière Alle, le 14 juin 1807, réside dans l'intervention fort propice de l'artillerie du Ier corps français, commandée par le général Sénarmont. Les divisions Bisson et Marchand, placées sous les ordres de Ney, refluant avec de fortes pertes sous la poussée de Bagration, Sénarmont masse, faisant preuve d'un grand sens tactique, les trente-six pièces dont il disposait à une centaine de mètres des troupes russes en progression. Puis il fait ouvrir sur celles-ci un feu nourri de mitraille, qui y provoque un épouvantable massacre, tuant ou blessant près de 4 000 soldats ennemis. Ébranlée, la gauche russe hésite puis se replie. « Sénarmont, vous avez fait mon succès », commentera l'Empereur.

19 mars - 27 mai 1807

LE SIÈGE DE DANZIG

Vue panoramique du siège de la ville de Danzig par le maréchal Lefebvre, mars - mai 1807 (tableau de Fort, musée de Versailles).

Engagé dans la campagne de Pologne, Napoléon s'inquiète très tôt des dangers que peut entraîner pour la Grande Armée la place forte de Danzig, où les Russes pourraient faire débarquer des hommes et tourner les troupes françaises engagées contre Bennigsen.

En mars 1807, Danzig n'est pas la seule place à tenir encore sur les arrières de la Grande Armée; Kolberg et Graudenz résistent elles aussi. Profitant du répit momentané que lui accorde l'ennemi, établi sur la rive orientale de la Passarge, l'Empereur décide de se consacrer à la réduction de ces centres de résistance.

Il ordonne à l'un de ses lieutenants, le maréchal Lefebvre – qu'il estime et en qui il a pleine confiance –, de mettre le siège devant Danzig, située près de l'embouchure de la Baltique.

Le futur duc de Danzig, commandant du 10e corps, dispose d'importants moyens: les divisions Michaud, Geilgutt, Gardanne, des éléments de cavalerie commandés par Polenz, des unités du génie placées sous les ordres du général Chasseloup-Laubat et l'artillerie du général Lariboisière. Une bonne partie des troupes chargées d'assiéger la vieille cité prussienne est constituée de Polonais, de Hessois et de Badois.

La défense de Danzig, assurée par 14 000 Russes et 4 000 Prussiens, revient au vieux maréchal Kalkreuth, assisté par l'ingénieur Bousmard. Pour les Français, l'entreprise est loin d'être facile.

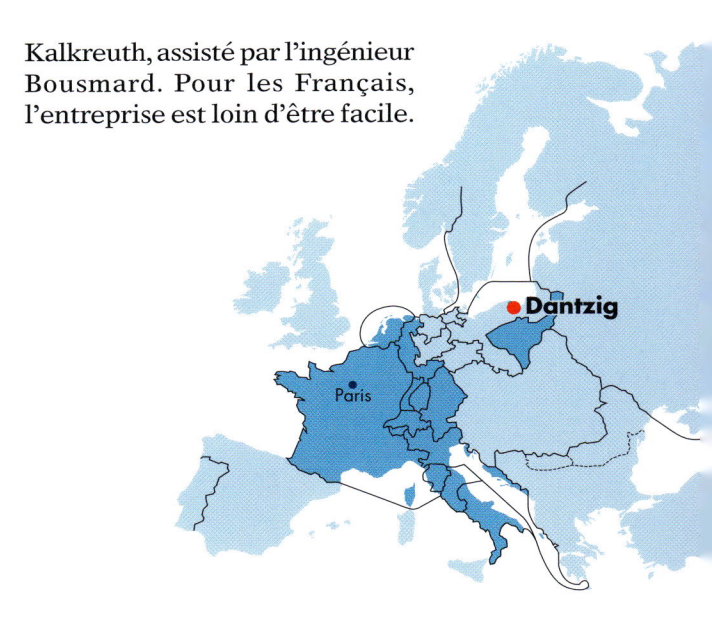

Campagne de Pologne

Un enjeu stratégique

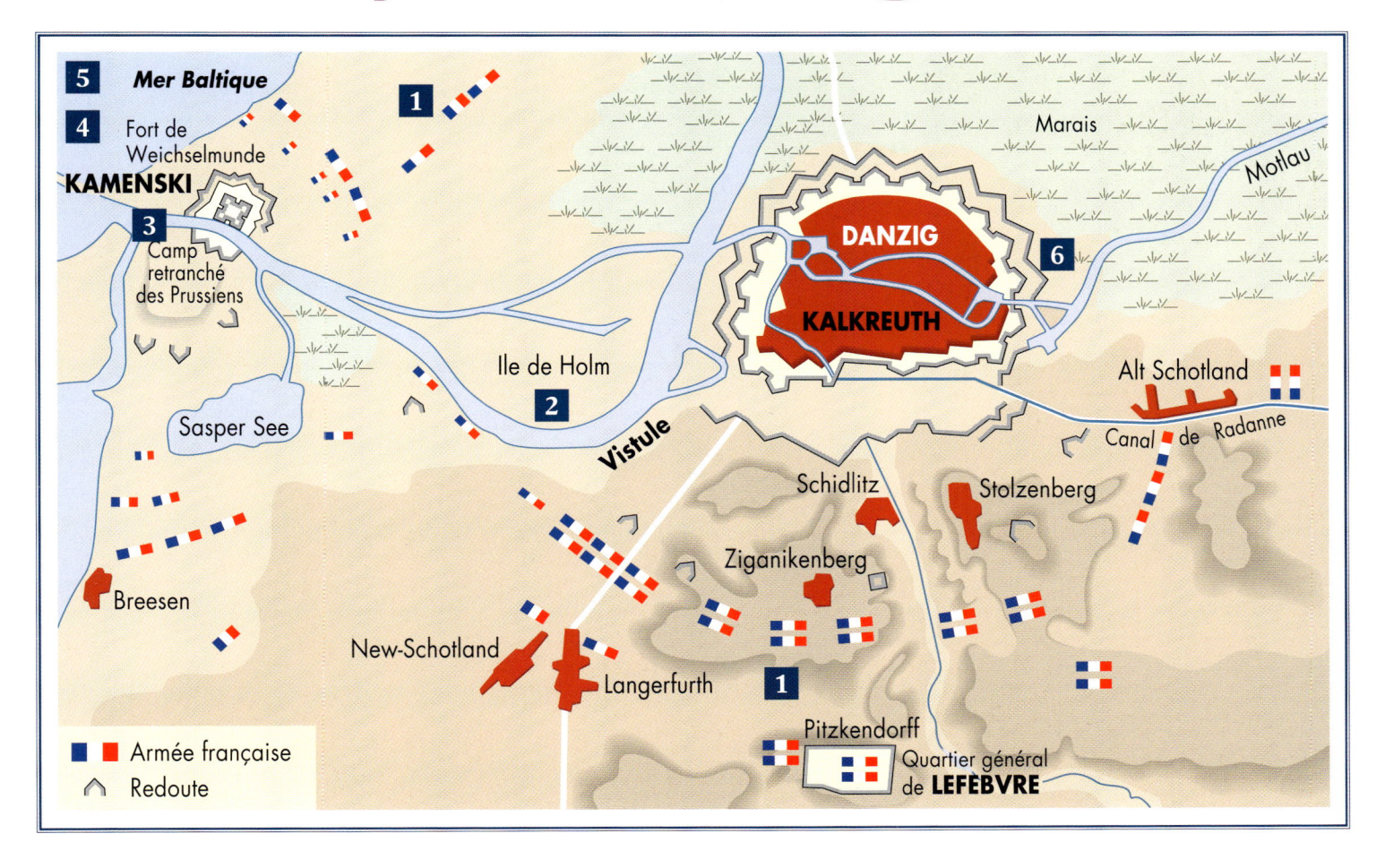

1 Les troupes du 10e corps mettent le siège devant Danzig le 19 mars 1807. Le maréchal Lefebvre pousse les travaux d'investissement, afin de faire tomber la place dans les délais les plus courts possibles. Le 1er mai, la ville est investie au plus près.

2 Le 6, les Français et leurs alliés partent à l'assaut de l'île de Holm, tenue par une garnison d'un millier de Russes, et s'en emparent après un bref mais difficile combat. Sentant l'étau se resserrer, le maréchal Kalkreuth réclame désespérément de l'aide à Bennigsen.

3 À l'initiative du tsar Alexandre Ier, un conseil de guerre se tient à Bartenstein, afin d'envisager de quelle manière Russes et Prussiens pourraient contraindre l'ennemi à lever le siège. L'idée d'une offensive sur la Passarge ayant été rejetée, un projet de débarquement de 10 000 Russes à Weichschelmunde, de concert avec une attaque de 4 000 Prussiens sur le Nehrung, une langue de terre qui communique avec Königsberg, est adopté.

4 L'offensive du Nehrung ayant échoué et les débarquements ennemis s'étant soldés par un échec, les Russes et les Prussiens ne renoncent pas pour autant à leur projet de dégagement. Ils montent une nouvelle opération visant à briser la ligne d'investissement française. Après avoir conduit quelques assauts, du 11 au 15 mai, ils lancent une attaque en force à partir du camp de Neufarwasser.

5 De violents combats s'engagent : les troupes du général Schramm sont bien près d'être enfoncées par cette offensive. Lefebvre rameute alors une partie du corps de siège pour repousser l'adversaire, mais cela ne suffit pas, et le combat tourne bientôt à l'avantage des Russes. Lannes, intervenant à son tour avec les grenadiers d'Oudinot, ramène l'ennemi dans ses lignes. Les Prussiens, arrivés trop tard sur les lieux et s'étant rendu compte de la défaite, s'en retournent vers Pillau.

6 Le coup de grâce est donné par Mortier, accouru de Poméranie, avec les divisions Dupas et Dombrouski. L'armée de siège, considérablement renforcée, s'apprête à donner l'assaut final, le 21 mai. Mais Kalkreuth décide de se rendre et remet la ville à Lefebvre six jours plus tard.

Chasseloup-Laubat
(1754-1833)
Ayant commandé le génie de l'armée d'Italie en 1796, ce spécialiste des sièges et des places fortes est l'artisan de la chute de Danzig.

Alexandre Ier
(1777-1825)
Malgré ses efforts et les encouragements qu'il dispense à Kamenski, le tsar ne parvient pas à faire lever le siège de Danzig.

Avant le siège

Forces françaises	Forces ennemies
18 000 hommes	24 000 hommes

Les conséquences

Danzig tombe après deux mois de siège environ, au terme d'une résistance courageuse de la part des troupes de Kalkreuth. Les Russes et les Prussiens, en dépit des nombreuses tentatives de dégagement, n'ont pas réussi à sauver la place de la capitulation. À peine Danzig a-t-elle rendu les armes que le Russe Kamenski, qui a coordonné l'ensemble des opérations de secours, retire ses troupes du camp de Weichselmunde. Les arrières de la Grande Armée, qui s'apprête à repartir en campagne contre Bennigsen, sont désormais assurés. ■

Entrée à Danzig de Napoléon Ier et de l'armée française, 27 mai 1807.
La ville finit par capituler, après deux mois de siège *(tableau de Roehn, détail, musée de Versailles).*

Détail tactique du jour
Pendant le siège, le maréchal Lefebvre n'hésite pas à payer de sa personne. Le 13 avril, prenant la tête d'un bataillon du 44e de Ligne, il s'empare d'une contre-approche que les Russes et les Prussiens ont dirigée contre la seconde parallèle française – une contre-approche qui a été prise et reprise deux fois auparavant.

À droite : *Le siège de Danzig par les Français sous les ordres du maréchal Lefebvre* (gravure coloriée, BN, Paris).

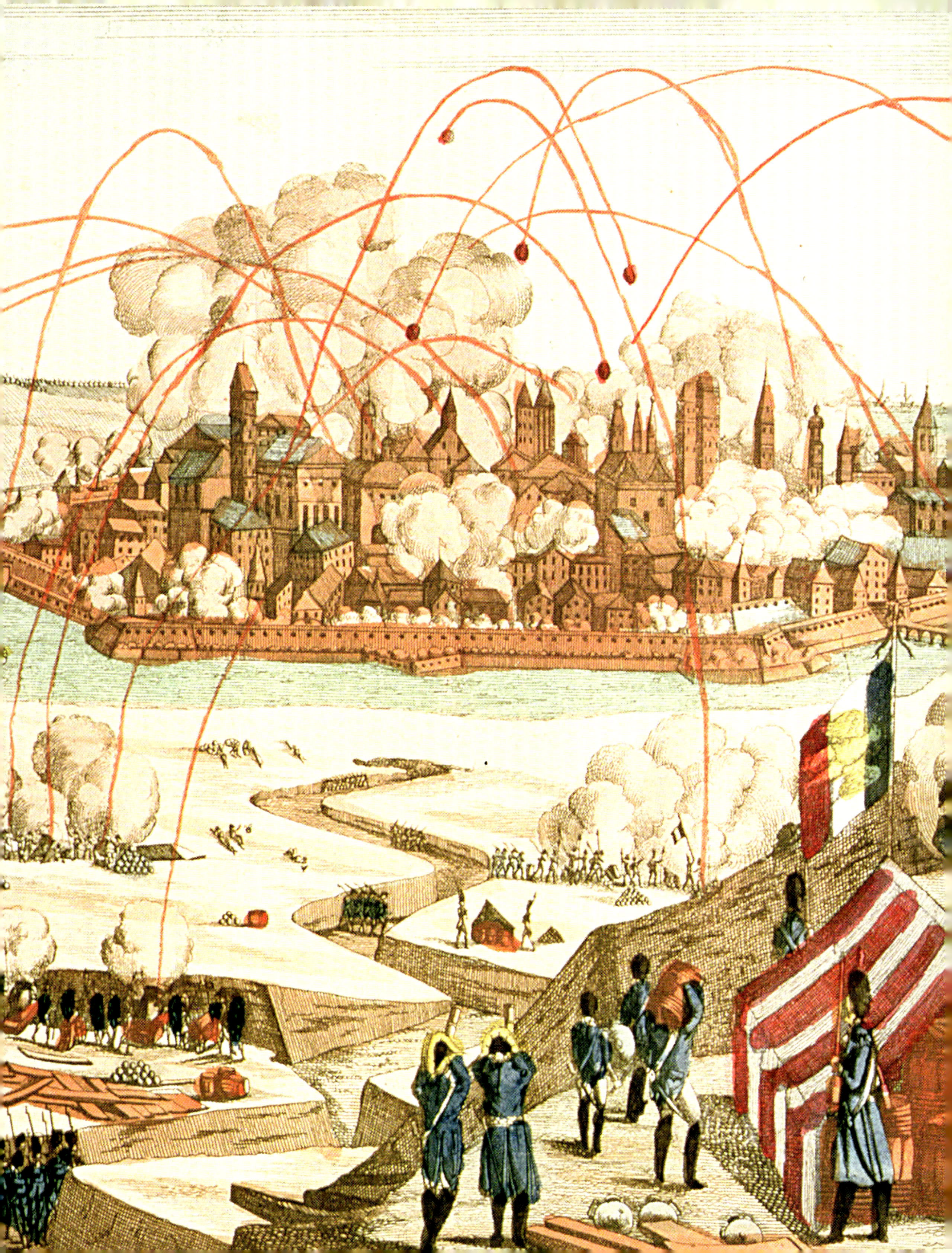

30 novembre 1808

LA BATAILLE DE SOMOSIERRA

« *Enlevez-moi ça !* » lance Napoléon à Montbrun, chef des chevau-légers polonais, en lui désignant la gorge de Somosierra qu'il a reconnue en personne le 29 novembre 1808. Le jour suivant, les Français parviennent à forcer la route de Madrid.

En signant avec l'Espagne, le 27 octobre 1807, le traité de Fontainebleau, Napoléon Ier convient avec ce royaume d'un partage conjoint du Portugal. Cependant, grâce à l'occupation de ce pays, l'Empereur des Français sera à même d'agir en Espagne, où la dynastie des Bourbons se trouve dans un insigne état de faiblesse. Après l'abdication forcée de Charles IV puis de son fils Ferdinand VII, il place son frère Joseph sur le trône espagnol, suscitant une insurrection générale et une terrible guerre dans laquelle interviennent les Anglais.

Les cinglantes défaites essuyées par les armées impériales à Baylen (juillet 1808) et à Cintra (août 1808) poussent Napoléon à s'occuper en personne de l'affaire d'Espagne. Le 3 novembre 1808, ignorant Joseph, il arrive à Bayonne. Tout va ensuite aller très vite. Soult entre dans Burgos. Une semaine plus tard, Lefebvre bat les Espagnols à Guenes et Victor défait l'ennemi à Espinosa, le 11. Les Français se heurtent à l'ennemi à l'entrée du col de Somosierra, passage obligé de la chaîne de Guadarrama, formidable barrage rocheux en avant de Madrid.

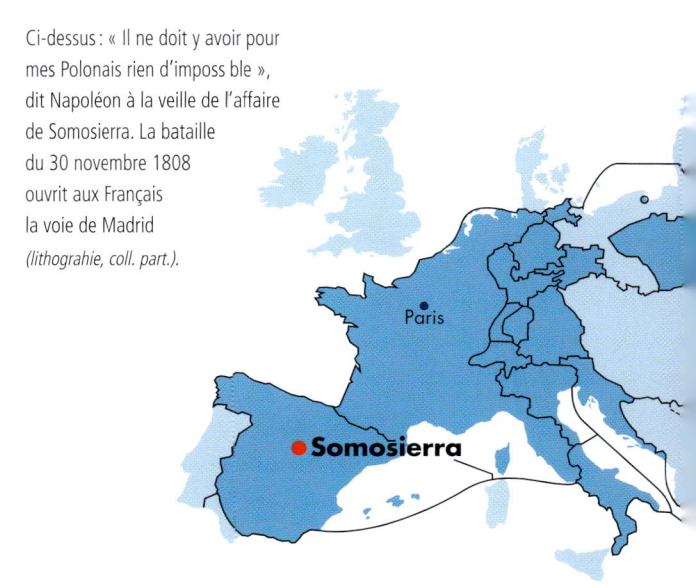

Ci-dessus : « Il ne doit y avoir pour mes Polonais rien d'impossible », dit Napoléon à la veille de l'affaire de Somosierra. La bataille du 30 novembre 1808 ouvrit aux Français la voie de Madrid *(lithograhie, coll. part.)*.

Campagne d'Espagne

Napoléon force la route de Madrid

1 L'armée espagnole est commandée par le général Benito San Juan, qui a fait le serment de ne pas laisser passer l'adversaire, jurant « qu'aucun Français n'arriverait même au col ». Dos au village de Buitrago, San Juan a disposé plusieurs batteries d'artillerie de quatre canons. Chacune a en vue de prendre en enfilade les coudes de la route encaissée menant à la gorge ; une a été déployée pour cela derrière les parapets d'une redoute située au Puerto (passage du col), en avant de Somosierra.

2 En face, Napoléon dispose de la division Ruffin, avec, de droite à gauche, le 9e d'infanterie légère, le 96e de ligne et le 24e de ligne, épaulés par les fusiliers et la cavalerie de la Garde. Il aligne également six pièces d'artillerie, placées sous les ordres du général Sénarmont.

3 Dans la nuit du 29 au 30 novembre, la brume s'est levée, favorisant les desseins de l'Empereur et permettant à l'infanterie française de progresser, en trois colonnes, sur les pentes qui mènent au défilé.

4 Les fantassins français, s'étant emparés de la première position ennemie, sont bientôt soumis au tir des batteries espagnoles et des tirailleurs dissimulés derrière les rochers. Ils doivent ralentir leur avancée, au grand dam de Napoléon qui veut en finir au plus vite.

La charge des chevau-légers de Montbrun permit de dégager le défilé de Somosierra (gravure, musée Carnavalet, Paris).

Victor (1764-1841)
Commandant du Ier corps d'armée en Espagne, il remporta la victoire d'Espinosa de Los Monteros, puis fournit des éléments de son corps d'armée qui furent engagés à Somosierra.

Manuel Godoy (1767-1851)
Partisan, pour des raisons de politique intérieure, d'un rapprochement avec Napoléon, il ne se rendit pas compte que ce dernier visait la domination de l'Espagne et perdit son poste de ministre en 1808.

Charles IV (1748-1819)
Roi d'Espagne en 1788, ce souverain, assez faible de caractère, fut écarté du pouvoir par Napoléon lors de l'entrevue de Bayonne en 1808.

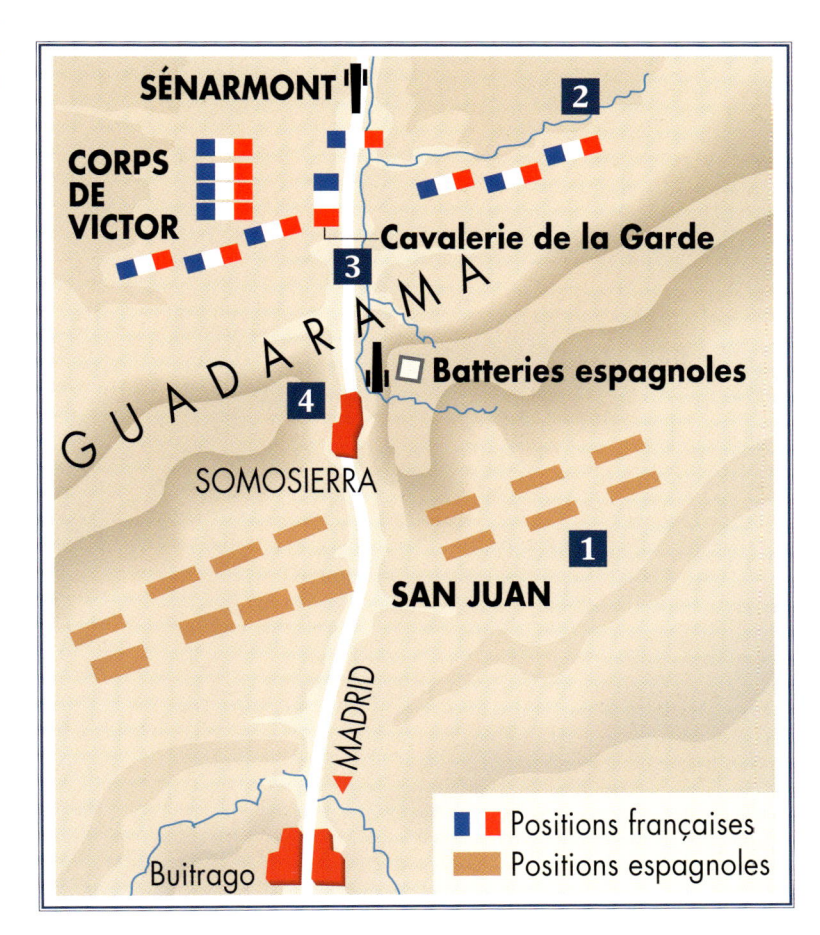

Avant la bataille

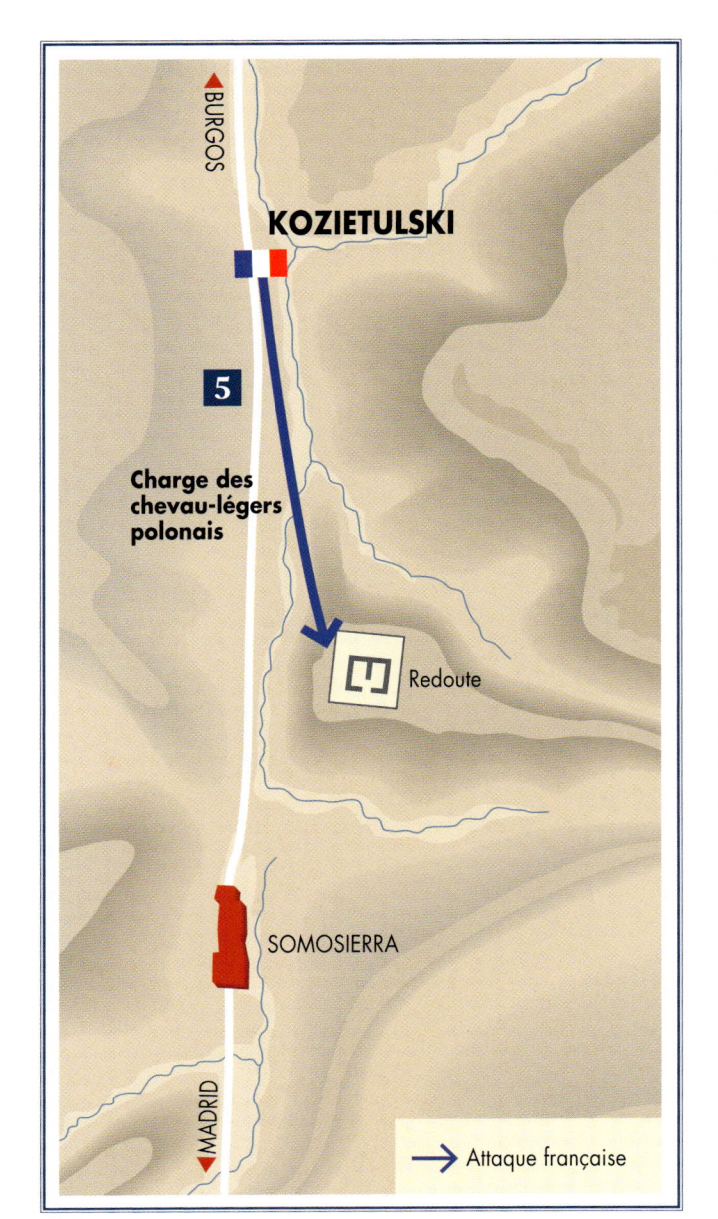

	Forces françaises	Forces ennemies
🪖	Éléments du corps de Victor : 40 000 hommes	12 000 à 13 000 hommes
🔫	—	16 canons

Après la bataille

	Pertes françaises	Pertes ennemies
🪖	57 cavaliers tués	—
🔫	—	16 canons
🚩	—	10 drapeaux

Carte : KOZIETULSKI — BURGOS — Charge des chevau-légers polonais — 5 — Redoute — SOMOSIERRA — MADRID — Attaque française

5 Aussitôt, l'Empereur commande aux chevau-légers de dégager la route en prenant la redoute située près du Puerto et ses canons. En quatre minutes à peine, les cavaliers de la Garde impériale, fondant sur les pièces ennemies, en sabrent les servants. Abasourdis par la violence de cette charge, 6 000 à 7 000 Espagnols, cédant à la panique, s'enfuient. L'infanterie française peut poursuivre sa tâche, s'emparant de nombreux prisonniers et d'un important butin. Quant au général San Juan, il est tué par ses propres hommes alors qu'il tente de les empêcher de fuir.

Les conséquences

Hormis les drapeaux et les canons pris à l'ennemi, Napoléon parvient à s'emparer de 30 caissons, de 200 chariots chargés de bagages et des caisses des régiments espagnols engagés dans l'affaire. La bataille de Somosierra va permettre à l'Empereur de forcer la route de Madrid et d'y lancer immédiatement la cavalerie de la Garde, sous le commandement de Bessières. La capitale espagnole ne résistera pas longtemps aux menaces de l'assiégeant. Napoléon y effectue son entrée le 4 décembre. Aussitôt après, il prend une série de mesures qui feront disparaître les vestiges de l'ancien régime, abolissant les droits féodaux et la justice seigneuriale, supprimant le tribunal de l'Inquisition et fermant les deux tiers des couvents. Puis, en dépit de ses réticences, il se décide à rétablir Joseph sur le trône d'Espagne. ∎

Détail tactique du jour

La bataille de Somosierra fut marquée par une charge de cavalerie conduite, sous les ordres du capitaine Kozietulski, par les chevau-légers polonais de la Garde. Une partie des cavaliers fut fauchée aussitôt par les boulets et la mitraille. Mais, en dépit des pertes subies, les Polonais parvinrent à enlever en quelques minutes les premières batteries, puis à se porter sur la redoute dominant le Puerto. Aux cavaliers qui avaient accompli cet exploit, l'Empereur devait dire, le 1er décembre : « Vous êtes tous dignes de ma Vieille Garde. Je vous reconnais pour ma plus brave cavalerie. »

avril - juillet 1809

LA CAMPAGNE D'AUTRICHE

Bataille de Wagram (deuxième journée). Napoléon Iᵉʳ ordonnant au général Macdonald de disposer les divisions Broussier et Lamarque en colonne d'attaque *(tableau de Bellangé, musée de Versailles).*

Empêtré dans le guêpier espagnol, Napoléon est confronté, pendant les premiers mois de 1809, à la naissance d'une cinquième coalition qui le contraint à se lancer dans une nouvelle campagne en Autriche.

Entré en Espagne avec la Grande Armée en novembre 1808 afin de reprendre en main une situation qui échappe à ses subordonnés, Napoléon remporte une série de brillantes victoires, entre à Madrid et à Saragosse. De retour à Paris, où les guerres qui n'en finissent pas provoquent un sourd mécontentement, il doit affronter une cinquième coalition, réunissant l'Angleterre, l'Autriche, l'Espagne et le Portugal.

L'archiduc entre en scène

La Grande Armée étant engagée en Espagne et l'agitation couvant en Allemagne, l'Autriche, vaincue en 1805 mais poussée par les Anglais depuis les derniers mois de 1808, décide de reprendre la lutte. Au printemps de 1809, les Autrichiens procèdent à la mobilisation de leurs forces. Le 8 avril, commandés par l'archiduc Charles, frère de l'empereur François II, ils envahissent la Bavière sans déclaration de guerre et pénètrent dans le grand-duché de Varsovie.

Avec 200 000 hommes formant l'armée d'Allemagne, Napoléon marche contre l'ennemi.

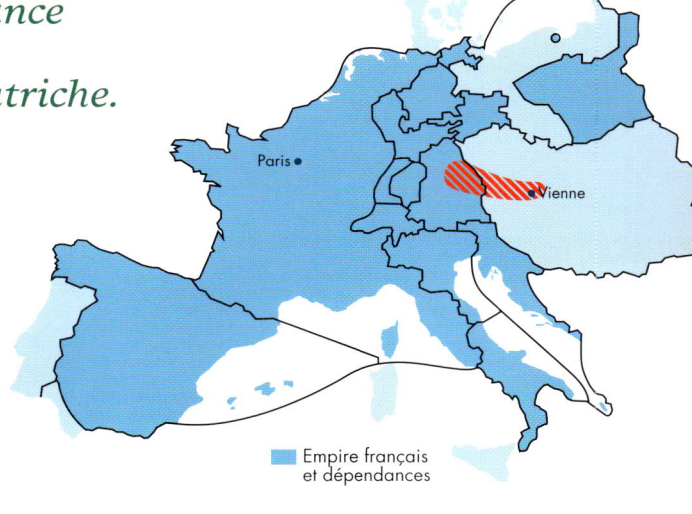

Empire français et dépendances

Campagne d'Autriche

- Rupture des relations entre la France et l'Autriche : 23 mars 1809
- Invasion de l'Autriche par la Bavière : 8 avril 1809
- L'archiduc Jean entre en Italie à la tête d'une armée autrichienne : 10 avril 1809
- Napoléon bat l'archiduc Charles à Abensberg : 20 avril 1809
- Eckmühl : 22 avril 1809
- Prise de Ratisbonne : 23 avril 1809
- Capitulation de Vienne : 13 mai 1809
- Bataille de Wagram : 5 et 6 juillet 1809
- Armistice franco-autrichien à Znaïm : 12 juillet 1809
- Traité de paix franco-autrichien signé à Vienne : 14 octobre 1809

Français et Autrichiens sorten

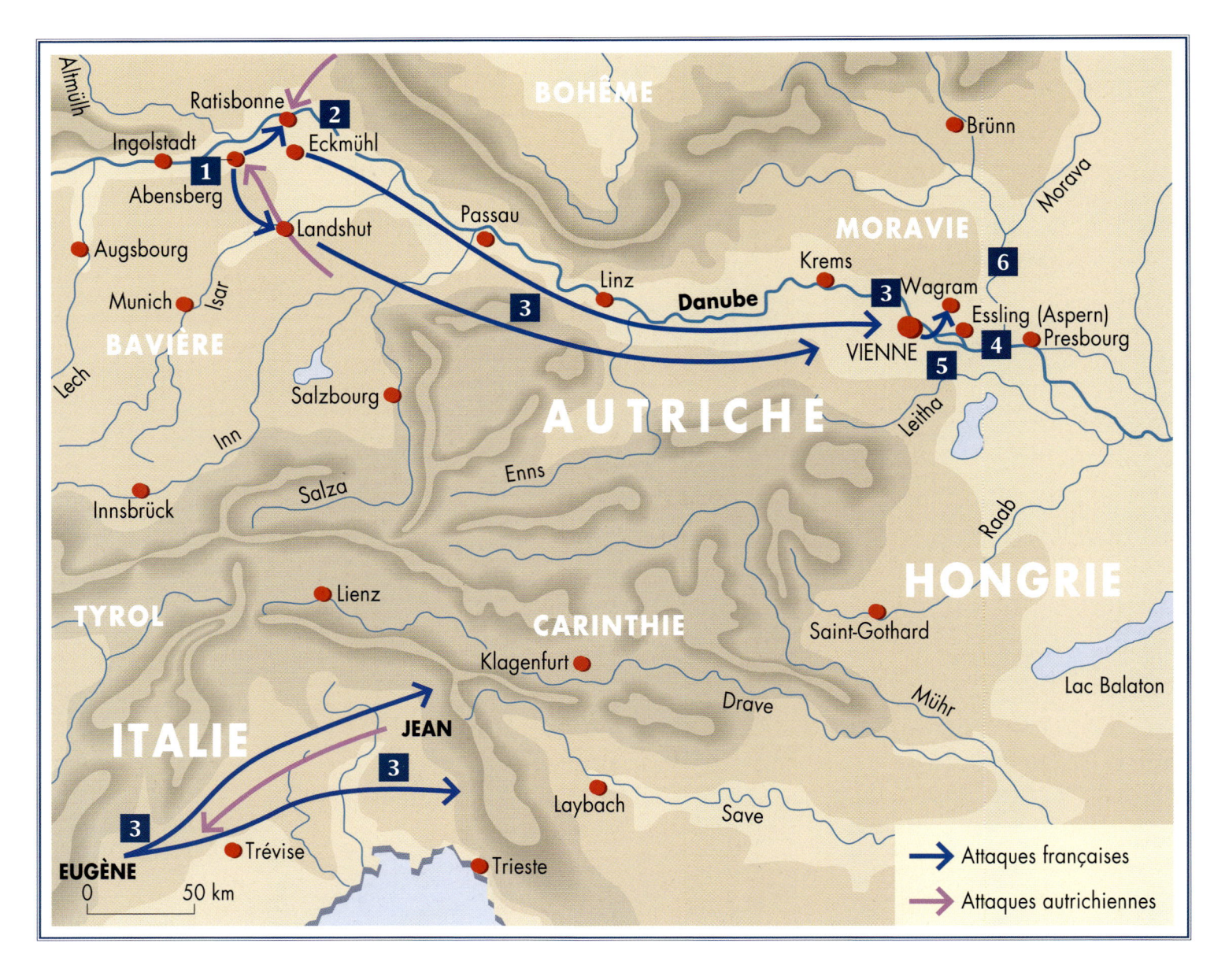

1 L'Empereur des Français entreprend dans un premier temps une manœuvre dans la région de Landshut, de façon à tourner l'armée autrichienne par le sud et à la couper de Vienne, la capitale de l'Empire d'Autriche.

2 Tout d'abord, il remporte une brillante victoire à Eckmühl, du 19 au 23 avril, qui lui permet de franchir le Danube et de s'emparer de la ville de Ratisbonne.

3 L'armée d'Allemagne, manœuvrant alors vers l'est, recherche une rencontre décisive avec les forces autrichiennes de l'archiduc Charles. Le 12 mai, les Français entrent dans Vienne, pendant que des combats se déroulent en Italie entre Eugène et l'archiduc Jean.

4 L'affrontement que souhaite Napoléon intervient à Essling (Aspern pour les Autrichiens), les 21 et 22 mai. Les Français parviennent à passer sur la rive nord du Danube, mais ils y sont battus par l'archiduc Charles et contraints de regagner l'île de Lobau, dont ils se servent comme base arrière. Le maréchal Lannes trouve la mort dans cette affaire, qui provoque une grande effervescence en France et en Europe. Pour la première fois, Napoléon a été vaincu.

5 Pendant la fin du mois de mai et tout le mois de juin, l'armée d'Allemagne prépare avec un très grand soin un nouvel assaut sur la rive nord du Danube, où veille l'armée autrichienne. L'île de Lobau, rebaptisée « île Napoléon », est transformée en forteresse, et des passages sont construits par-dessus le Danube.

6 Les troupes françaises, créant la surprise, franchissent le fleuve, engagent la bataille contre

t épuisés du conflit

Campagne d'Autriche

L'armée impériale passant le Danube à l'est de Vienne en 1809 (tableau de Rugendas, musée de l'Armée, Paris).

Les conséquences

Napoléon est parvenu à mettre l'Autriche hors de combat en trois mois seulement. Certes, la performance est brillante, mais Wagram n'a pas permis d'écraser l'armée autrichienne. Néanmoins, l'Autriche accepte de signer un armistice avec la France à Znaïm, le 12 juillet. Le 14 octobre, à Vienne, l'Empereur impose une paix très dure à François II, enlevant au vieil Empire la province de Salzbourg, qu'il annexe à la Bavière ; l'Istrie, avec Trieste, la Carinthie et la Carniole – les Provinces illyriennes – sont confiées à Marmont ; le sud de la Galicie revient au tsar de Russie, Alexandre Ier ; le nord de cette province est donné au grand-duché de Varsovie. L'Autriche, qui a perdu 3 millions d'habitants, est soumise par ailleurs à un très lourd tribut de guerre et doit adhérer au blocus continental. L'année suivante, en avril 1810, Napoléon épousera l'archiduchesse Marie-Louise, après avoir divorcé de Joséphine, afin de renforcer les liens avec l'Empire de François II. ■

les forces de l'archiduc Charles le 5 juillet. Mais Napoléon subit un premier échec en raison du comportement du corps saxon commandé par Bernadotte. La vraie bataille est livrée le 6 juillet, s'achevant par un succès relatif pour l'Empereur des Français, au terme duquel les Autrichiens se retirent vers le nord en assez bon ordre. Les Français sont trop épuisés pour poursuivre l'ennemi.

Les 21 et 22 mai 1809, l'archiduc Charles, à la tête des Autrichiens, met en échec l'armée napoléonienne à Essling et à Aspern *(tableau de Krafft).*

22 avril 1809

LA BATAILLE D'ECKMÜHL

« Puisque l'ennemi est têtu, il faut l'exterminer », écrit Napoléon dans la nuit du 21 au 22 avril 1809, prévoyant d'écraser l'armée autrichienne dans la bataille décisive qu'il compte livrer autour d'Eckmühl.

Au lendemain de la prise de Landshut, l'Empereur se rend enfin compte que la plus grande partie de l'armée autrichienne est rassemblée au nord, dans le « cul-de-sac » de Ratisbonne. L'archiduc Charles, qui la commande, ne reste pas inactif. Dans la nuit du 21 au 22 avril, il ordonne à ses troupes d'attaquer les forces françaises peu étoffées autour d'Eckmühl.

Napoléon veut en finir

Aussitôt, l'Empereur entreprend de pousser le corps de Lannes vers cette région où il entend livrer la bataille qui, selon lui, décidera du sort de la campagne. Accompagné par les maréchaux Berthier et Masséna, l'Empereur, parti de Landshut, se met en marche vers le nord pour gagner Eckmühl, où se trouve l'avant-garde de l'armée d'Allemagne. Devant les armées autrichiennes, il lance à Masséna : « Vous voyez cette armée qui se déroule d'une manière si imposante à nos regards. Eh bien ! Nous allons l'écraser et conquérir Vienne du même coup. »

Victoire importante de la campagne d'Autriche, la bataille d'Eckmühl n'est pas pour autant décisive *(gravure, BNF)*.

Campagne d'Autriche

Une victoire au goût d'inachevé

1 L'Empereur envisage d'enfoncer le centre autrichien, de détruire la gauche ennemie à Eckmühl puis de tourner l'armée de l'archiduc Charles en empruntant la route de Ratisbonne. Les troupes de Lefebvre et de Davout sont chargées de repousser les Autrichiens sur la route d'Eckmühl à Ratisbonne, tandis que Vandamme se voit commander d'avancer sur Eckmühl et de repousser les troupes adverses vers le défilé d'Hagelstadt. Enfin, le corps provisoire du maréchal Lannes doit progresser en direction de Roking.

2 En face, l'archiduc Charles est préoccupé, sachant que derrière lui se trouvent un défilé et des ponts sur le Danube qu'il lui faudra franchir dans la plus grande précipitation si le combat ne tourne pas en sa faveur. À midi, la droite autrichienne attaque les forces de Davout en direction d'Abbach.

3 Davout réplique en lançant ses divisions contre l'ennemi. Par le sud, la brigade wurtembergeoise de Vandamme marche sur Eckmühl, dont elle parvient à s'emparer vers 14 heures Aussitôt, la division de cuirassiers Saint-Sulpice suit le mouvement et s'empare d'une grande batterie autrichienne stationnée au nord-ouest de la ville.

4 Pendant ce temps, la division Gudin, qui appartient au corps provisoire de Lannes, parvient à s'emparer d'une hauteur boisée située au nord d'Eckmühl, poursuit son avance sans plus rencontrer de résistance et arrête sa marche dans la soirée, avant d'être rejoint par la division Morand.

5 La division wurtembergeoise, suivant de près la division Morand, depuis le village de Selingenthal, près de Landshut, avance en direction d'Eckmühl et s'installe près d'Eggolfsheim.

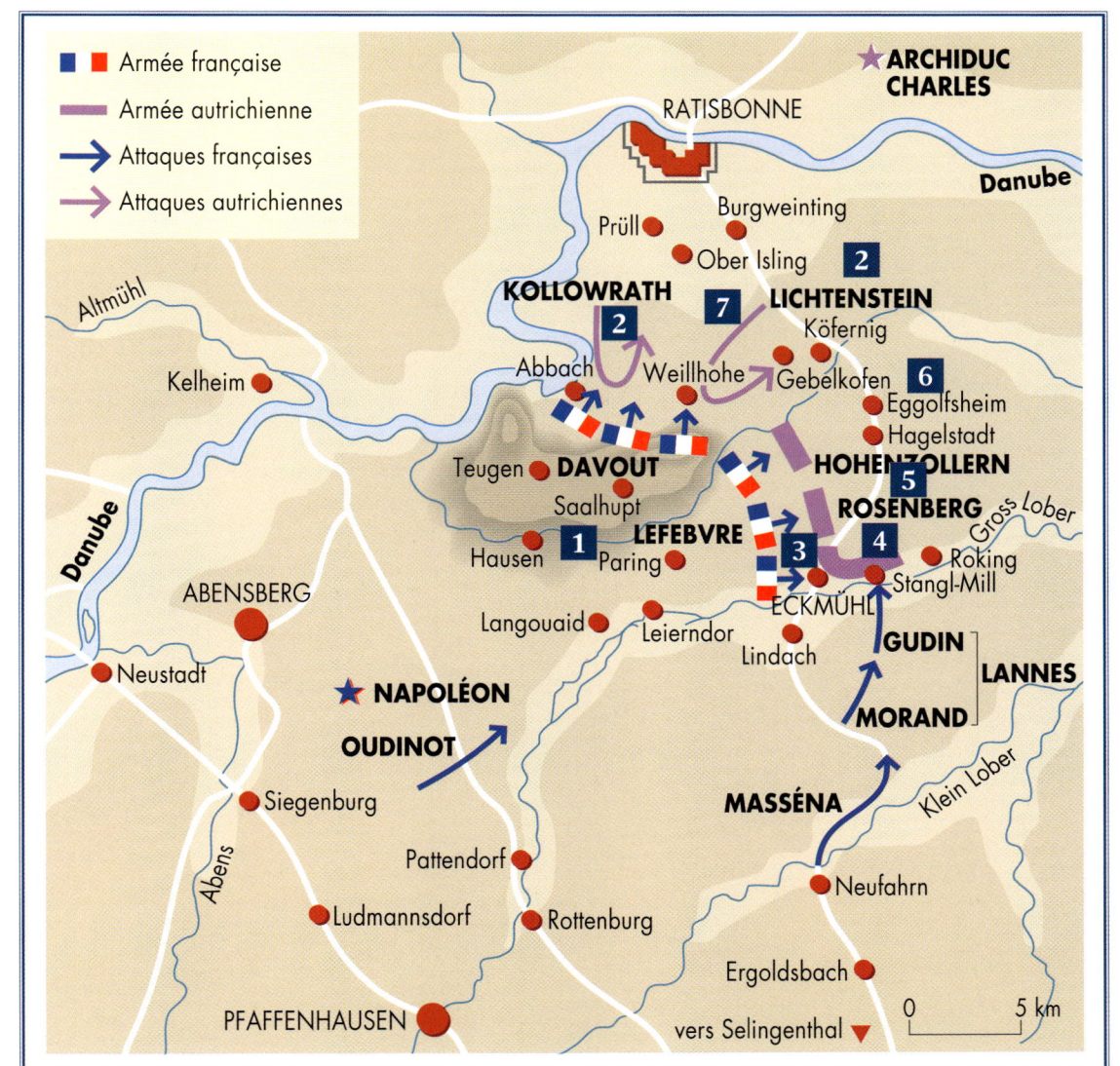

6 À la fin de la journée, 64 escadrons appartenant aux divisions de cuirassiers Saint-Sulpice et Nansouty mais aussi formés d'éléments bavarois et wurtembergeois, réunis en une seule masse sur ordre de l'Empereur, livrent un important combat à l'infanterie et à la cavalerie autrichiennes à Eggolfsheim. Une dernière tentative menée par la cavalerie de l'archiduc Charles en vue d'arrêter les cuirassiers français échoue. La poursuite de l'ennemi s'interrompt près de Köfernig en raison de la fatigue des chevaux.

7 Au soir, peu après la charge de Nansouty et de Saint-Sulpice, Napoléon, ayant pris avis de ses grands subordonnés, décide de ne pas poursuivre l'ennemi et de faire se reposer ses troupes harassées par quatre journées de marches et de combats incessants.

Morand (1771-1835)

Réputé pour son courage, le général Charles Morand se distingue pendant toute la campagne de 1809, notamment à Eckmühl.

Hohenzollern-Hechingen (1757-1844)

Commandant du 3ᵉ corps autrichien, le général Hohenzollern-Hechingen engage quelque 8 000 hommes dans la bataille d'Eckmühl.

Après la bataille

	Forces françaises	Forces ennemies
🪖	Entre 3 000 et 4 000 tués ou blessés	6 000 tués ou blessés
⛓	—	4 000 prisonniers

Les conséquences

Napoléon n'a pas livré à Eckmühl le combat décisif qu'il a prévu au petit matin du 22 avril 1809, même si la bataille est l'une des plus importantes de la campagne d'Autriche. Il a infligé des pertes assez élevées à l'adversaire, sans toutefois l'empêcher de se replier. L'armée ennemie, ayant atteint Ratisbonne, entreprend de passer sur la rive nord du Danube en empruntant un pont de pierre et un pont de bateaux édifié à quelque distance. ■

Détail tactique du jour

La bataille d'Eckmühl est marquée par un important combat de cavalerie mené, le soir, dans la région d'Eggolfsheim, par la division Nansouty, déployée sur deux lignes, et la division Saint-Sulpice, formée en deux colonnes, appuyées par des unités de cavalerie wurtembergeoises et bavaroises. Elles affrontent en une sanglante mêlée la cavalerie autrichienne, soutenue par des batteries d'artillerie, bousculent deux bataillons de grenadiers ennemis et provoquent la fuite désordonnée des Autrichiens.

Mêlée furieuse de cavalerie à Eggolfsheim pendant la bataille d'Eckmühl.

23 avril 1809

Campagne d'Autriche

LA PRISE DE RATISBONNE

Attaque et prise de Ratisbonne par le maréchal Lannes, 23 avril 1809. L'épée à la main, Lannes mène le combat (tableau de Thévenin, musée de Versailles).

« *Avant un mois, nous serons à Vienne* », prédit Napoléon à la suite de la bataille d'Eckmühl. Dans le même temps, l'armée d'Allemagne, à la poursuite de l'archiduc Charles, devra s'emparer de Ratisbonne.

Dans la nuit du 22 au 23 avril 1809, l'Empereur, installé au château d'Eggolfsheim, ordonne à ses forces d'avancer sur Straubing, Passau et Landshut afin d'empêcher l'ennemi de battre en retraite. Obnubilé par la marche sur Vienne, il n'en veut pas moins assurer la sécurité de son flanc gauche en s'emparant de Ratisbonne.

Charles passe le Danube

Il dépêche vers la ville le corps de Davout – avec les divisions Friant et Saint-Hilaire ainsi que la cavalerie de Montbrun – et celui de Lannes – avec les divisions Gudin et Morand. Ces forces doivent bénéficier du soutien du corps de Lefebvre, qui s'engagera à l'ouest avec les divisions Deroy et Demont. Pendant ce temps, l'archiduc Charles poursuit l'évacuation du « cul-de-sac » de Ratisbonne en faisant passer le Danube à ses troupes par un ouvrage en pierre et par un pont dressé avec des bateaux d'équipages au cours de la nuit du 22 au 23 avril.

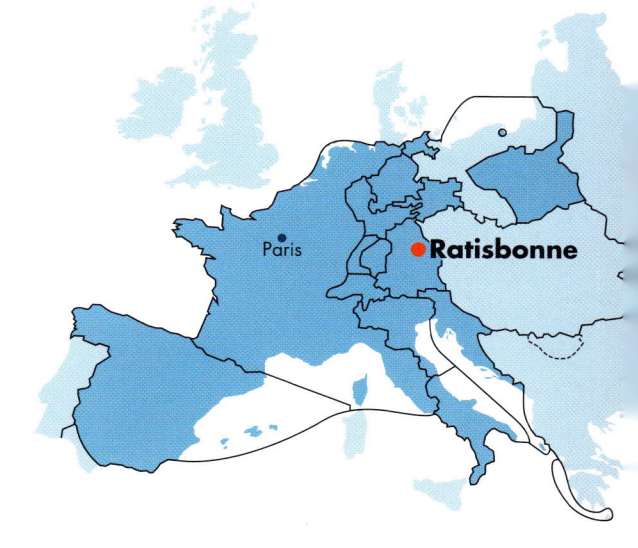

Napoléon, vainqueur, est blessé pour la première fois

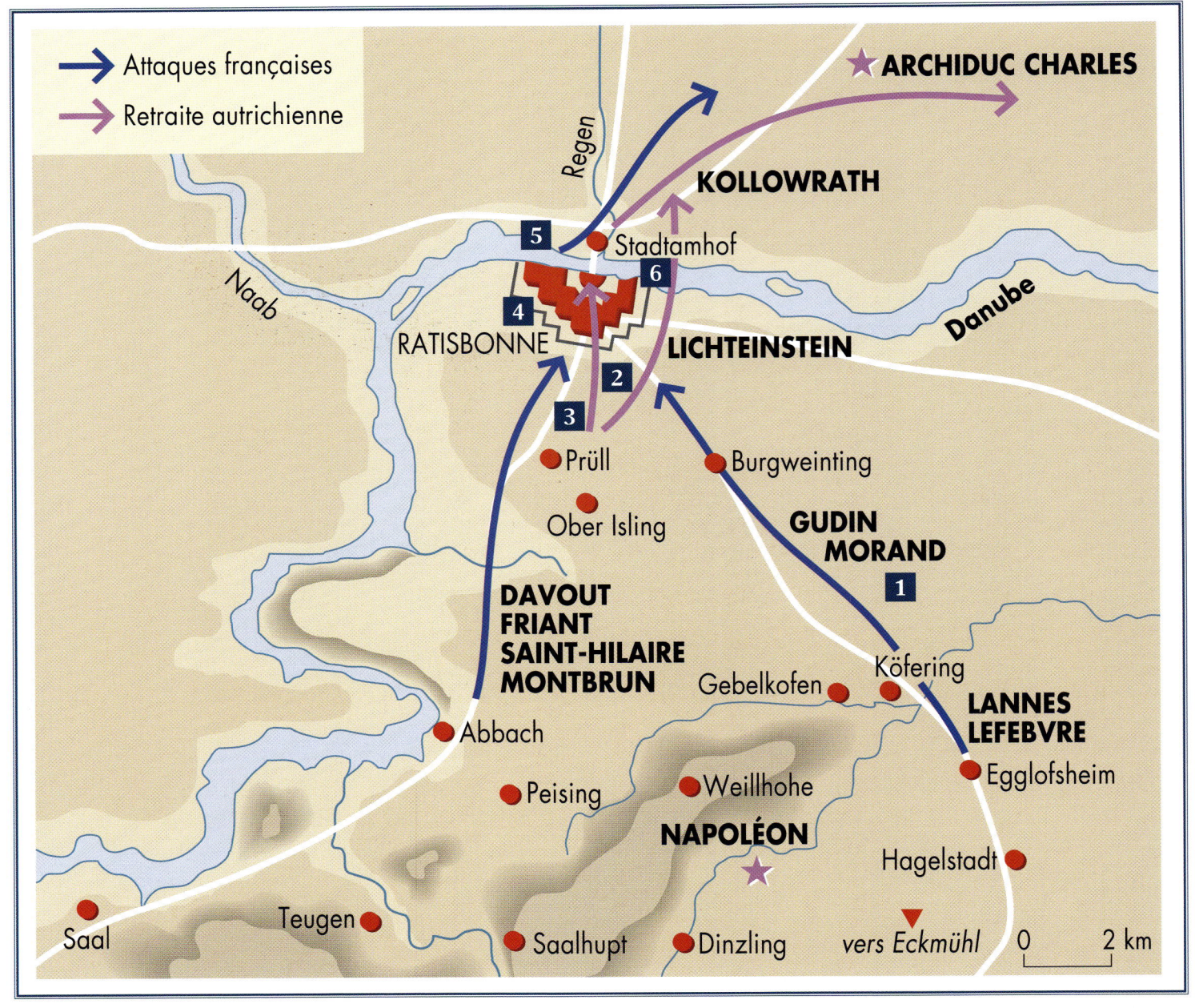

1 Vers 5 heures du matin, la réserve de cavalerie, avec Nansouty et Saint-Sulpice, ayant bivouaqué à Köfering, se met en marche vers Ratisbonne, suivie par les divisions Gudin et Morand. Ces troupes se heurtent à des éléments assez étoffés de la cavalerie autrichienne qui s'appliquent à freiner leur progression, afin de permettre à Charles de passer sur la rive nord du Danube. Les cavaliers autrichiens, étrillés par les cuirassiers français, retraitent dans le plus grand désordre, dépassant Ratisbonne par l'ouest et franchissant le fleuve par le pont de bateaux construit en amont du pont en pierre.

2 Vers 10 heures du matin, la division Gudin atteint les hauteurs situées au sud de Ratisbonne entre les routes d'Eckmühl et d'Abbach. Morand, prolongeant par la droite l'action de Gudin, se range face à la porte de Straubing, suivi par la division wurtembergeoise tenue en réserve.

3 Pendant ce temps, le corps du maréchal Lefebvre suit d'abord le mouvement de Gudin et de Morand

Campagne d'Autriche

Friant (1758-1829)

Ancien de l'expédition d'Égypte, Friant est un officier général qui n'a nulle crainte du danger. Il sera blessé à Wagram.

Gudin (1768-1812)

Cet officier général combat à Abensberg et à Eckmühl avant de prendre part à l'offensive sur Ratisbonne. Il sera blessé plusieurs fois à Wagram.

— Avant la bataille —

	Forces françaises	Forces ennemies
🪖	–	8 000 hommes
🎯	–	16 canons

commencée le 19 avril précédent à Abensberg. Une fois la ville entre ses mains, Napoléon, ayant établi son quartier général à l'abbaye de Pruel, à quelque 1 500 m de là, lance à la poursuite de l'archiduc Charles un corps d'observation placé sous les ordres de Davout. Pendant ce temps, le gros de l'armée d'Allemagne rejoint le corps de Bessières qui, depuis le 21 avril au soir, poursuit les troupes de Hiller, en direction de Vienne. ■

puis, ayant obliqué vers l'ouest, parvient en vue de Ratisbonne aux environs de midi.

4 La division Friant, du corps de Davout, partie de son bivouac vers 6 heures du matin, longe, à l'ouest, la route d'Abbach, avançant en livrant combat aux troupes autrichiennes, et parvient en vue de Ratisbonne vers 13 h. Elle est suivie par les divisions de cavalerie Saint-Hilaire et Montbrun, qui progressent par Abbach. Ces éléments se joignent aux cuirassiers, déjà sur place à l'ouest de Ratisbonne.

5 Leur concentration achevée, les troupes françaises, placées sous les ordres du maréchal Lannes, partent à l'assaut de la ville, défendue par 8 000 Autrichiens et 16 canons, et cernée de remparts solides bien qu'anciens. Vers 17 h, après une préparation d'artillerie, l'infanterie française franchit les fossés comblés en partie par les débris d'une maison bombardée. Une porte ayant été forcée, les bataillons de Lannes pénètrent dans la cité dont les défenseurs finissent par se rendre.

6 Des combats de rue se déroulent jusque vers 19 h, tandis que la division Friant, ayant franchi le pont en pierre sur le Danube, défendu par de nombreux canons, s'empare des faubourgs de Stadtamhof, sur la rive nord. La division Gudin passe le fleuve à son tour dans la soirée.

Les conséquences

La prise de Ratisbonne marque la fin de la campagne dite des « Cinq Jours »,

Détail tactique du jour

Pendant l'après-midi du 23 avril 1809, alors qu'il observe les remparts de Ratisbonne, Napoléon est touché : c'est la seule blessure qu'il aura jamais eue en vingt ans d'incessantes campagnes. La nouvelle de l'événement se propage comme une traînée de poudre dans l'armée d'Allemagne et des milliers de soldats venus de toutes parts entourent l'Empereur afin de lui faire part de leur attachement.

Napoléon Ier, blessé au pied devant Ratisbonne, est soigné par le chirurgien Yvan, 23 avril 1809 (tableau de Gautherot, musée de Versailles).

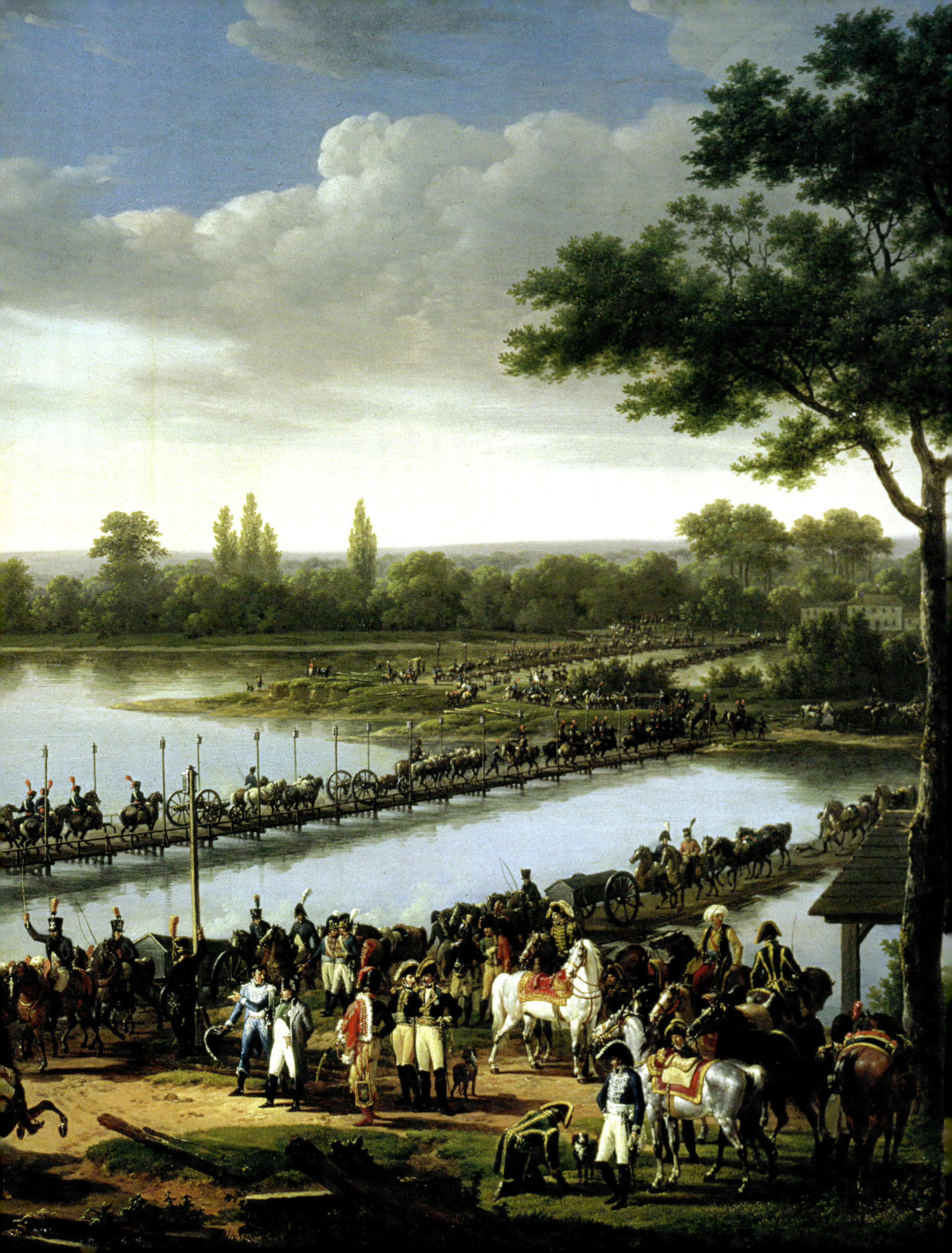

5 - 6 juillet 1809

Campagne d'Autriche

LA BATAILLE DE WAGRAM

Ci-contre : *Napoléon Ier à la bataille de Wagram, 6 juillet 1809*, où il est accompagné du général Bessières (tableau de Vernet, musée de Versailles).

Page de gauche : *Napoléon avant la bataille de Wagram, le 6 juillet 1809*, (tableau de Swebach-Desfontaines, musée Wellington, Londres).

Le 7 juillet 1809, au lendemain de la bataille de Wagram, Napoléon exulte : « L'ennemi fuit en désordre, et tout marche selon mes vœux… Mes pertes sont assez fortes ; mais la victoire est décisive et complète. »

Profitant de ce que l'Empereur se trouve empêtré dans le guêpier espagnol, l'Autriche, défaite en 1805, rêve de prendre sa revanche sur la suprême humiliation d'Austerlitz. Elle est encouragée dans cette voie par l'Angleterre, toujours prête à fomenter des coalitions contre la France et qui vient de s'emparer du Portugal et de l'île de Walcheren, en Zélande. L'Allemagne s'agitant elle aussi contre les Français, l'archiduc Charles croit le moment venu de mobiliser les ressources militaires de l'Autriche, rassemblant, au printemps de 1809, plus de 306 000 hommes et 371 canons. Ainsi naît la 5e coalition, à laquelle François II pense bien que l'Allemagne va adhérer. Aussi lance-t-il en avril une attaque contre deux des alliés de Napoléon en Europe centrale, la Bavière, où il engage plus de 200 000 soldats, et le grand duché de Varsovie.

Effacer l'échec

L'Empereur décide aussitôt de réagir. Quittant Paris le 13 avril, il rejoint en quelques jours l'armée de 170 000 hommes, dont 50 000 Allemands de la Confédération du Rhin, stationnée en Allemagne du Sud. Menant sa campagne tambour battant, l'armée impériale défait d'abord les Autrichiens à Eckmühl, leur infligeant des pertes de 12 000 hommes, s'empare ensuite de Ratisbonne avant de marcher sur Vienne où elle entre moins d'un mois plus tard, le 12 mai.

Comme l'archiduc Charles s'est retranché au nord du Danube, Napoléon fait construire des ponts afin de franchir le grand fleuve à la hauteur de l'île de Lobau. Une bataille furieuse s'engage à Essling, les 21 et 22 mai, s'achevant par une défaite française qui sème le doute et la confusion jusqu'à Paris et suscite des émeutes en Allemagne. Retranché dans l'île de Lobau, où il va réorganiser ses forces, l'Empereur a hâte de prendre sa revanche et de rétablir son prestige. La bataille de Wagram effacera l'échec d'Essling.

L'Empereur regagne son

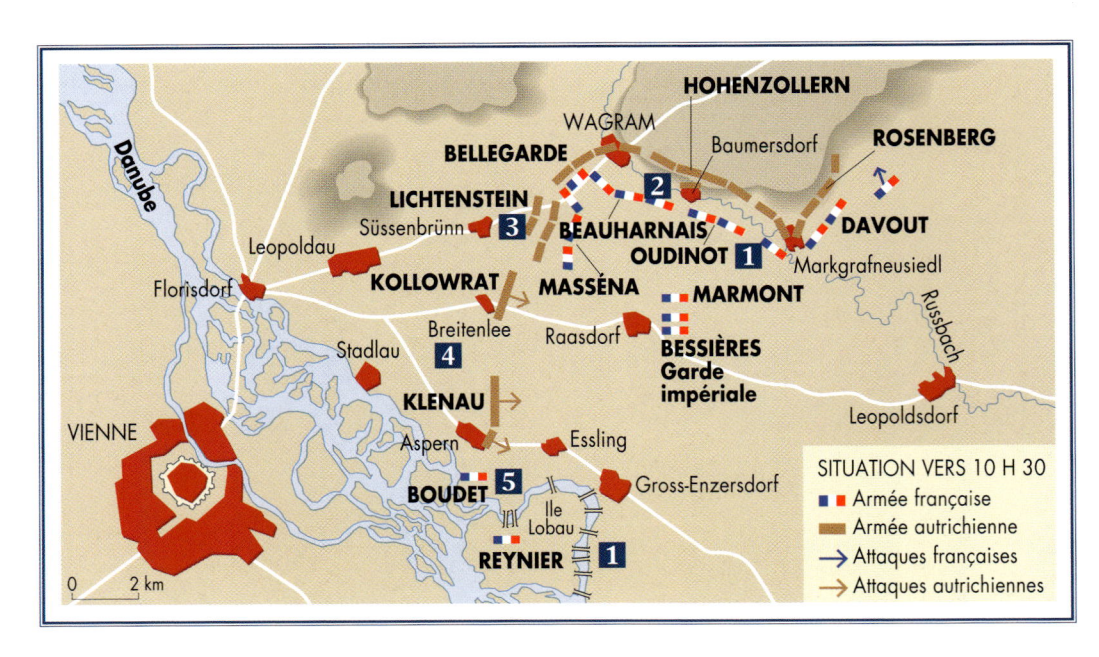

SITUATION VERS 10 H 30
- ■■ Armée française
- ▬▬ Armée autrichienne
- → Attaques françaises
- → Attaques autrichiennes

7 Tandis que l'artillerie française bombarde sans relâche, réduisant au silence les canons autrichiens, Macdonald prépare une attaque, en direction de Süssenbrünn. L'assaut démarre à 12 h 30. Mais la cavalerie française n'intervient pas, laissant aux Autrichiens le temps de se rétablir.

8 Napoléon a pourtant gagné la bataille. À sa droite, Davout déborde Hohenzollern ; au centre, Beauharnais et Oudinot avancent ; au sud, Masséna repousse Klenau. Vaincue mais non mise en déroute, l'armée autrichienne abandonne le champ de bataille.

1 Le 5 juillet au matin, l'armée impériale entame son déploiement. À 14 heures, Masséna se trouve à gauche, Bernadotte et Eugène de Beauharnais au centre, Oudinot et Davout à droite. Napoléon conserve en réserve la Garde impériale et Bessières.

2 À 18 heures, Napoléon, ayant hâte d'en finir, lance une attaque frontale contre le plateau de Wagram. Macdonald parvient à enfoncer les lignes ennemies, et Bernadotte pénètre même dans Wagram. Mais l'archiduc Charles, ayant rassemblé ses forces, repousse les Français.

3 Pendant la nuit, l'Empereur rassemble son armée, pensant que l'archiduc Charles a massé l'ensemble de ses forces sur le plateau de Wagram.

4 Certain que ses troupes, solidement établies sur le plateau de Wagram, résisteront à d'autres assauts ennemis, Charles élabore une manœuvre de débordement de la gauche française, ordonnant à Lichtenstein, à Kollowrat et à Klenau, en liaison avec Bellegarde, de marcher vers l'est et de couper l'armée de Napoléon des ponts établis sur le Danube.

5 À 4 heures du matin, Rosenberg part à l'attaque de la droite française, tandis que Klenau et Kollowrat se mettent en marche, repoussant la division Boudet et atteignant les ponts de bateaux français vers 10 h 30. Mais les batteries lourdes de Reynier, depuis Lobau, maintiennent Klenau à distance.

6 Napoléon accélère les préparatifs d'une attaque contre la gauche autrichienne, sous les ordres de Davout. Vers 11 heures, après une importante préparation d'artillerie et tandis que Masséna charge les troupes de Klenau à Aspern, Davout monte à l'assaut.

Charles d'Autriche (1771-1847)
Doué d'incontestables talents militaires, cet archiduc d'Autriche prend le commandement de l'armée allemande.

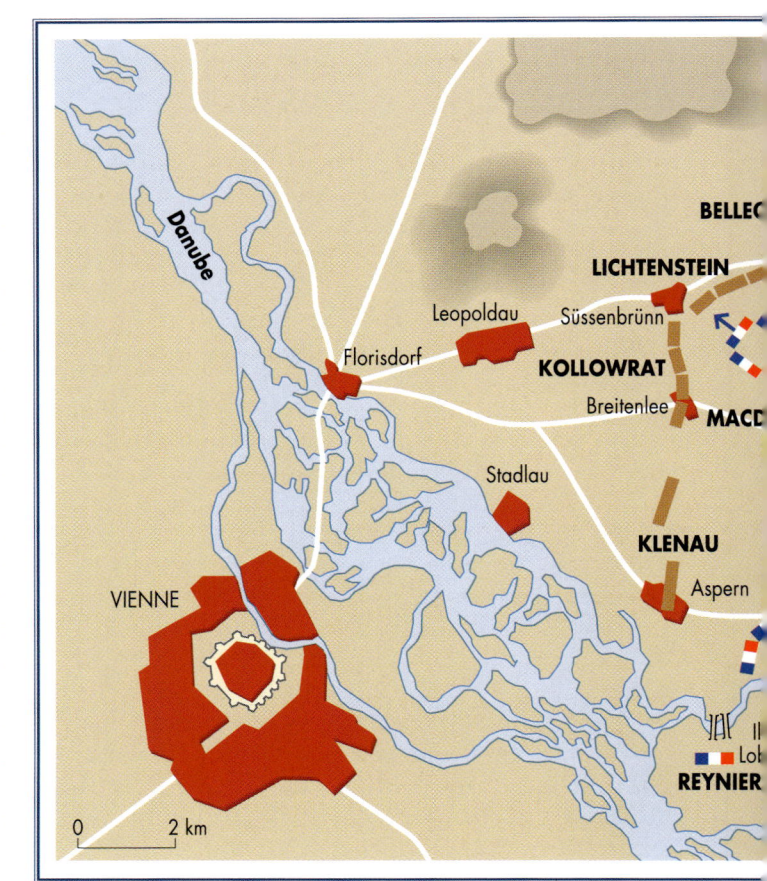

prestige

Campagne d'Autriche

Beauharnais
(1781-1824)

Fils de Joséphine de Beauharnais, ce prince, devenu vice-roi d'Italie, assuma de nombreuses responsabilités militaires et fit sa première campagne au côté de Macdonald contre l'Autriche.

Détail tactique du jour

Dans la nuit du 4 au 5 juillet, Napoléon franchit le Danube à Hansel Grund, alors que les Autrichiens l'attendent à Presbourg ou à Aspern-Essling. Pour ce faire, il fait bombarder la rive tenue par l'ennemi au moyen de 70 canons et mortiers, et fait débarquer au nord du Danube 1 500 voltigeurs montés sur des bateaux armés. Ceux-ci établissent une tête de pont par où passera le gros de l'armée impériale.

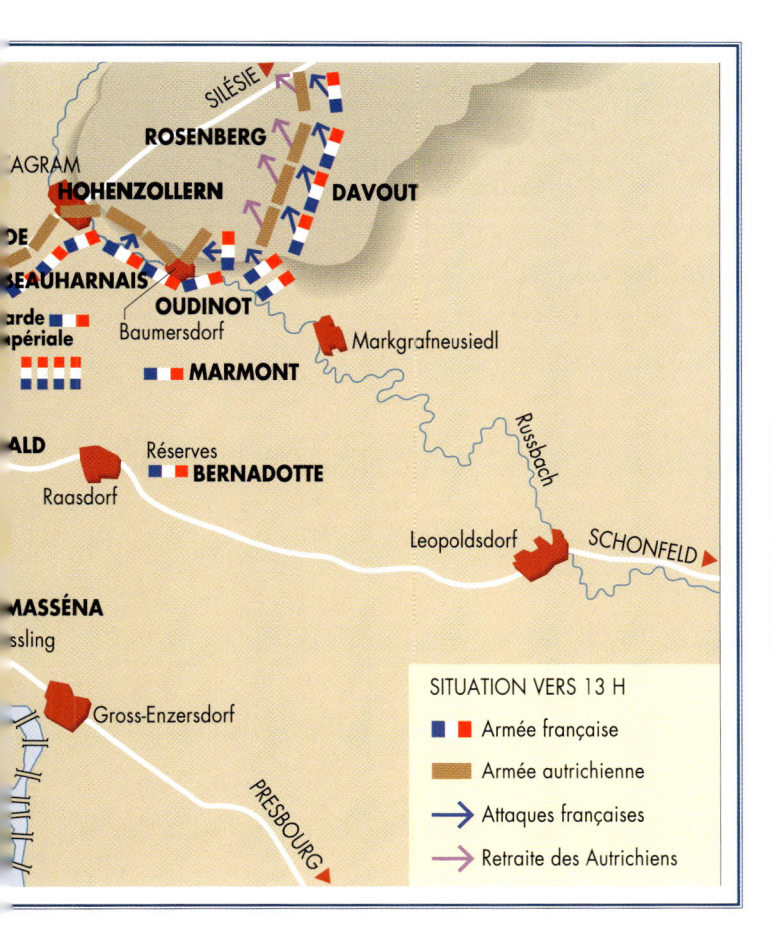

Avant la bataille

	Forces françaises	Forces ennemies
🪖	188 900 hommes	136 200 hommes
🔫	488 canons	446 canons

Après la bataille

	Pertes françaises	Pertes ennemies
🪖	34 000 tués, blessés ou prisonniers	40 000 tués, blessés ou prisonniers
🔫	—	100 canons
🚩	—	12 drapeaux

Les conséquences

Napoléon obtient d'abord des Autrichiens qu'ils signent une suspension d'armes, le 12 juillet, à Znaïm. Puis François Ier doit subir une nouvelle humiliation en acceptant le traité de Vienne, en date du 14 octobre, qui frappe lourdement son empire. Celui-ci est contraint de céder l'Istrie, la Carinthie et la Carniole, au sud-est, qui vont former les Provinces illyriennes. Il doit laisser une partie de la Galicie à Alexandre Ier de Russie et l'autre au grand duché de Varsovie, tout en donnant la province de Salzbourg à la Bavière. Dans cette affaire, l'Autriche, obligée de payer une indemnité de guerre considérable et d'adhérer au blocus continental, perdra plus de 3 millions d'habitants. ■

Bivouac de Napoléon sur le champ de bataille de Wagram, en 1809 (tableau de Roehn, musée du Château).

7 septembre 1812

LA BATAILLE DE LA MOSKOVA

« Voilà la bataille que vous avez tant désirée. Désormais, la victoire dépend de vous ; elle nous est nécessaire. » Voici les paroles que Napoléon adresse à la Grande Armée à la veille du combat qui doit lui ouvrir la route de Moscou.

Bataille de la Moskova. Au premier plan, le général Caulaincourt est mortellement blessé. Au centre, Berthier rend son épée au général Sokerev, vaincu. À gauche, en pleine lumière, on distingue Eugène de Beauharnais sur son cheval blanc *(tableau de Lejeune, musée de Versailles).*

Le traité signé à Tilsit en 1807 ne va pas durer cinq ans. La Russie d'Alexandre Ier s'achemine lentement vers la rupture avec la France. L'occupation du duché d'Oldenbourg, placé sous l'autorité du beau-frère du tsar, conduit ce dernier à se rapprocher de la Suède de Bernadotte et à réclamer, en avril 1812, l'évacuation de la Prusse et de la Poméranie, de même que l'élaboration de nouveaux traités commerciaux.

La politique de la terre brûlée

L'Empereur des Français, prompt à réagir, rassemble une immense armée en Prusse. Le 24 juin, la Grande Armée, forte de plus de 600 000 hommes et de 1 000 canons, traverse le fleuve Niémen, entamant son avancée en territoire russe.

Reculant devant les contingents français et étrangers – ces derniers formant la majorité des effectifs de Napoléon –, les troupes russes, commandées par Barclay de Tolly et Bagration, brûlent maisons et récoltes sur leur passage. Au cours de cette campagne déroutante, la Grande Armée se dilue dans l'immense espace russe. Et le 7 septembre, les Français se heurtent aux troupes de Koutouzov, décidées à leur barrer la route de Moscou, près de Borodino.

Campagne de Russie

Napoléon enfonce la porte de Moscou

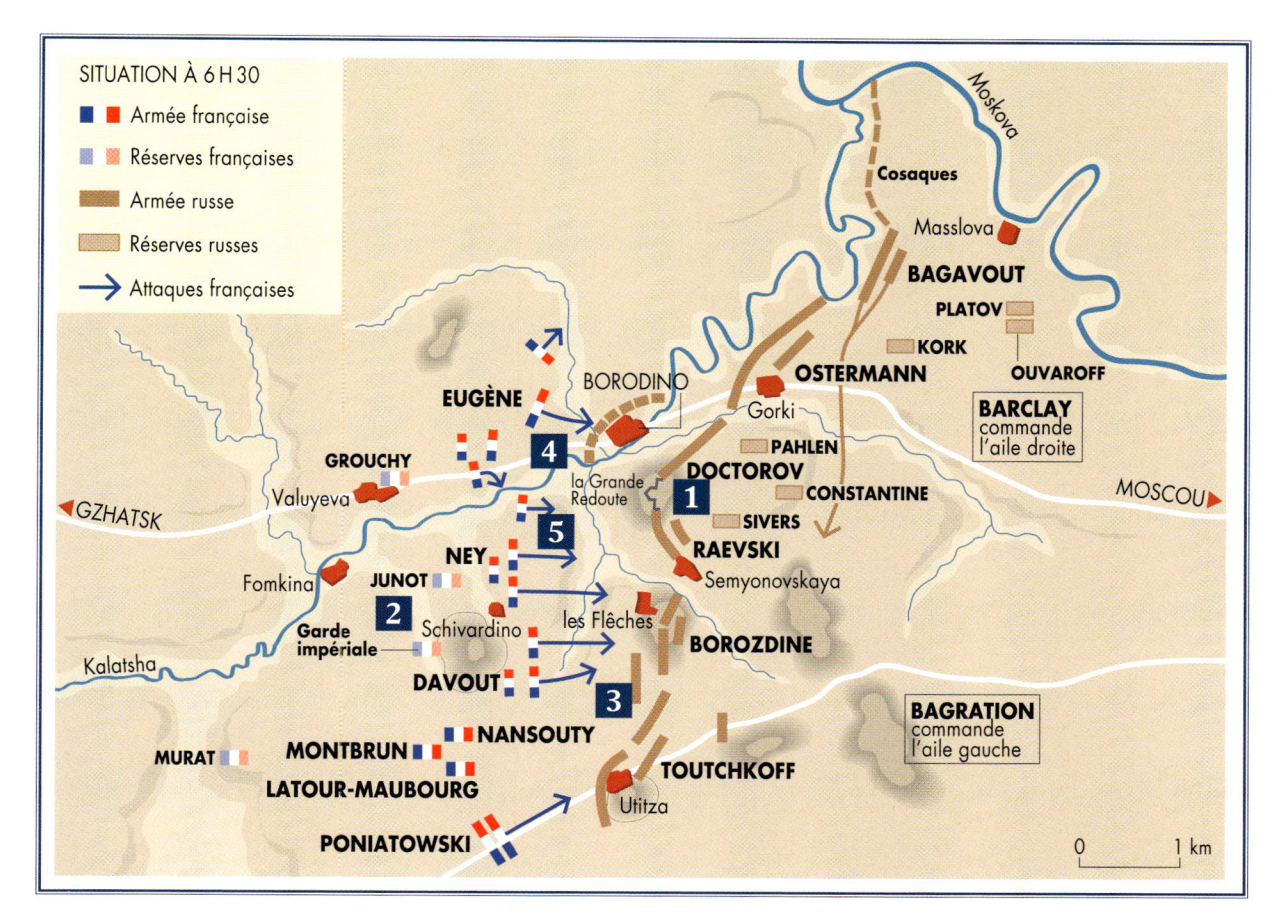

En haut : étendard du 4e régiment de cavalerie.
Ci-dessus : étendard du 4e régiment des chasseurs.

1 Les Russes alignent, de gauche à droite, les corps de Toutchkoff, de Borozdine, de Raevski, de Doctorov, d'Ostermann et de Bagavout – avec en réserve celui de Constantine –, et les éléments de cavalerie de Sivers, de Pahlen, de Kork, de Platov et d'Ouvaroff. L'aile droite est commandée par Barclay, l'aile gauche par Bagration, qui appuient leurs lignes de défense sur un système de redoutes. La plus importante, la Grande Redoute, au centre, avec 18 canons, est prolongée au sud par trois autres retranchements, appelés Flèches.

2 Adossée à Schivardino, à 2,5 km des lignes russes, la Grande Armée dispose, de gauche à droite, des corps d'Eugène, de Ney et de Davout, appuyés au sud par les forces de Poniatowski et les forces de cavalerie de Nansouty, de Montbrun et de Latour-Maubourg. Ses réserves sont constituées par la Garde et les corps de Grouchy, de Junot et de Murat. L'Empereur, ayant rejeté l'idée de Davout de contourner l'armée russe par le sud, décide d'une attaque frontale sur le centre et la gauche russes, soutenue par un assaut de Poniatowski contre les positions de Toutchkoff.

3 La bataille s'engage à 6 heures du matin par une préparation d'artillerie menée avec 102 canons, que l'on perd ensuite un temps précieux à déplacer parce qu'ils sont trop loin des lignes russes. L'affaire commence mal, car Bagration, ayant reçu des renforts, tient tête à Davout.

4 Au nord, le prince Eugène pénètre dans Borodino après de durs combats contre la Garde russe et s'avance vers la Grande Redoute. Ne parvenant pas à la prendre, il doit reculer sous les contre-attaques ennemies.

5 À 7 heures, l'Empereur engage le corps de Ney, qu'il fait suivre de près par celui de Junot. Une lutte féroce commence pour la possession des trois Flèches jusqu'à 10 heures, heure à laquelle elles tombent aux mains des Français. Un retour offensif de Bagavout en déloge ces derniers. Ney les reprend à 11 heures pour en être chassé à nouveau, avant que ces positions ne lui reviennent définitivement à 11 h 30.

111

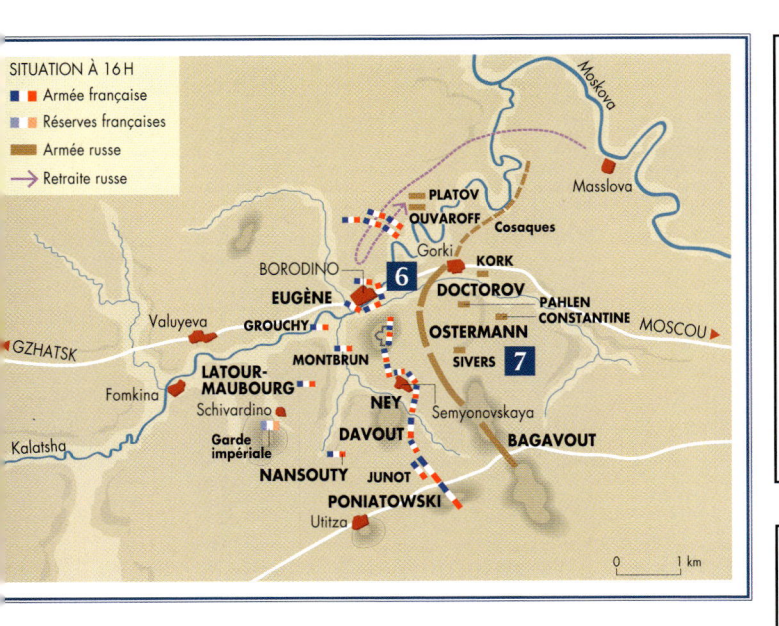

Avant la bataille		
	Forces françaises	**Forces ennemies**
	102 000 hommes	96 300 hommes
	28 000 cavaliers	24 500 cavaliers
	587 canons	640 canons

Après la bataille		
	Pertes françaises	**Pertes ennemies**
	30 000 tués, blessés ou prisonniers	44 000 tués, blessés, ou disparus

6 De la prise de la Grande Redoute dépend désormais le sort de la bataille. La faisant bombarder par 70 canons, soutenu par la cavalerie lourde, Eugène attaque à nouveau peu après midi mais ne parvient à s'emparer de cette position qu'aux alentours de 15 heures Caulaincourt, ayant remplacé le général Montbrun, tué, fait refluer la cavalerie russe qui tente de s'opposer à lui. À ce moment, la gauche – où Bagration a été mortellement blessé – et le centre russes, sévèrement mis à mal, donnent des signes de faiblesse. Davout, Murat et Ney pressent l'Empereur, qui dispose des 30 000 hommes de la Garde en réserve, de les engager afin de porter l'estocade finale à l'adversaire, mais celui-ci refuse.

7 Les Russes se retirent alors sur la ligne de crête située plus à l'est. Napoléon estime que la bataille reprendra le lendemain matin. Mais, dans la nuit, Koutouzov se retire vers Moscou. La route de la capitale russe est ouverte à la Grande Armée.

Les conséquences

Ayant remporté la bataille – mais à quel prix –, les Français peuvent franchir la Moskova et marcher sur Moscou, évacuée par les Russes, où ils entrent une semaine plus tard, le 14 septembre. Le soir même, d'immenses incendies embrasent la capitale. Hésitant sur la conduite à tenir, Napoléon demeure sur place jusqu'au 19 octobre, date à laquelle il ordonne enfin la retraite. La Grande Armée, très éprouvée, assaillie par les cosaques et les partisans, ne compte plus alors que 30 000 hommes. ■

Koutouzov (1745-1813)
Prince de Smolensk, vaincu à Austerlitz, ayant connu la disgrâce, il prit la tête de l'armée russe en août 1812 et vainquit la Grande Armée.

Ney (1769-1815)
Ce maréchal, surnommé le « Brave des braves », acquit le titre de prince de la Moskova grâce au rôle essentiel qu'il tint pendant cette bataille, baptisée Borodino par les Russes.

Détail tactique du jour
La concentration d'importantes forces ennemies au centre de la mêlée furieuse et meurtrière du 7 septembre 1812, dont la Garde russe, offre des objectifs de choix aux canons français, qui tirent des milliers de boulets et d'obus dans les masses d'infanterie et de cavalerie de l'adversaire, fauchant des milliers d'hommes.

Le chirurgien J. D. Larrey soignant des blessés à la bataille de la Moskova (tableau de Lejeune, détail, musée du Val-de-Grâce).

janvier - avril 1814

LA CAMPAGNE DE FRANCE

Combat de Claye mené par le général Vincent.
La charge des cuirassiers du général Vincent contre les Prussiens, le 28 mars 1814 *(tableau de Lami, musée de Versailles).*

Vaincu à l'occasion de la campagne de Saxe, Napoléon retraite jusqu'au Rhin, qu'il franchit avec 70 000 hommes, laissant quelque 20 000 soldats pour défendre des forteresses situées en Allemagne. Désormais, la guerre est portée sur le sol français.

Ayant passé le Rhin à leur tour le 1er janvier 1814, les coalisés pénètrent pour la première fois, depuis plus de deux décennies, en territoire français. Ils alignent des moyens considérables, avec l'armée du Nord, sous les ordres de Bernadotte, soit 150 000 hommes ; l'armée de Silésie, forte de 80 000 hommes commandés par Blücher ; et l'armée de Bohême, avec 185 000 hommes placés sous les ordres de Schwarzenberg.

L'Empereur débordé

À cette énorme masse de quelque 400 000 hommes qui converge sur Paris, Napoléon n'a guère qu'une centaine de milliers d'hommes à opposer, principalement de jeunes conscrits peu expérimentés, les Marie-Louise, et un noyau de survivants qui se sont battus pour lui sur tous les champs de bataille de l'Empire. Faisant preuve d'un rare génie stratégique et tactique, l'Empereur des Français parvient dans un premier temps à contenir l'ennemi et même à lui infliger de cuisantes défaites, avant d'être débordé par le nombre.

■ Empire français et dépendances

Campagne de France

- Entrée des Alliés à Dijon : 19 janvier 1814
- Victoire de Brienne-le-Château : 29 janvier 1814
- Victoire de Montmirail sur les Russes : 11 février 1814
- Victoire de Montereau sur les Autrichiens : 18 février 1814
- Armistice de la campagne de Paris : 30 mars 1814
- 1re abdication de Napoléon en faveur de son fils : 4 avril 1814
- 2e abdication sans conditions : 6 avril 1814
- Souveraineté de l'île d'Elbe accordée à Napoléon : 11 avril 1814
- La France et les Alliés signent un armistice : 23 avril 1814
- Napoléon embarque pour l'île d'Elbe : 28 avril 1814
- Louis XVIII entre à Paris : 3 mai 1814

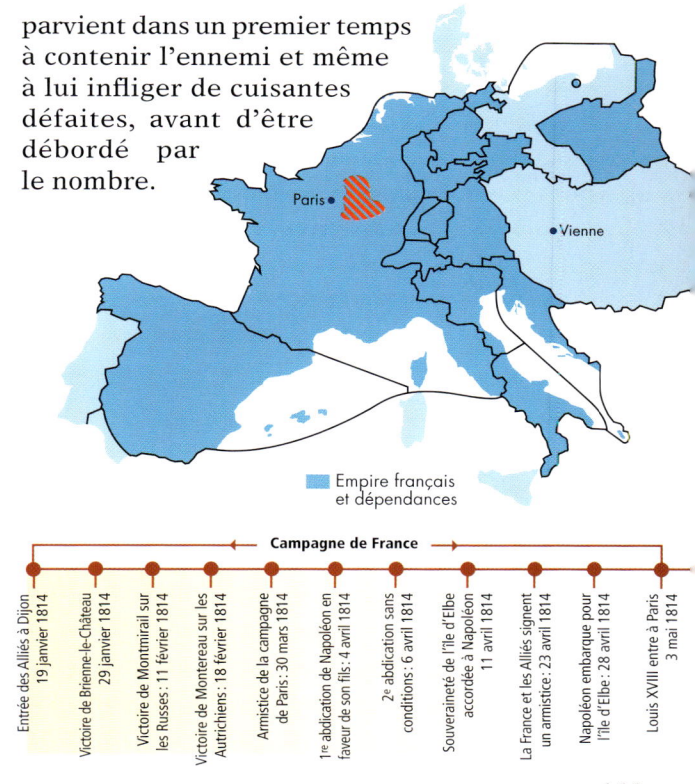

Derniers barouds, derni

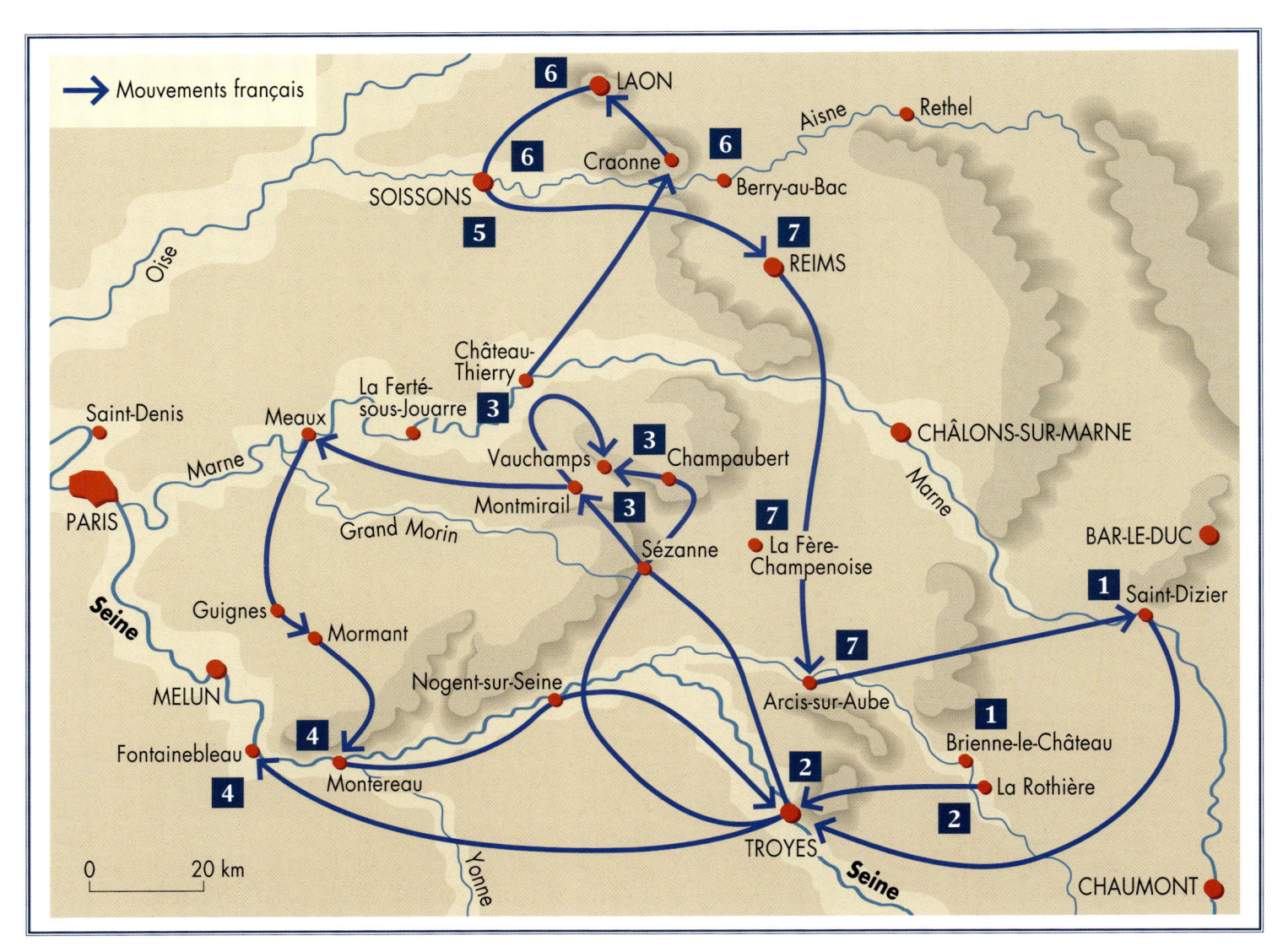

1 Longeant les crêtes du Bassin parisien, l'Empereur va se porter, en fonction des nécessités, de la vallée de la Marne à celle de la Seine. Il bat d'abord Blücher à Saint-Dizier et à Brienne-le-Château, les 27 et 29 janvier, avec seulement 16 000 hommes, au prix de 4 000 tués et blessés.

2 Avec 10 000 hommes contre plus de 30 000, les Français sont battus au village de La Rothière le 1er février et contraints de retraiter sur Troyes. Cependant, jouant en fin stratège, Napoléon attend son heure. Dès que Blücher et Schwarzenberg commettent l'erreur de se séparer, il les attaque l'un après l'autre.

3 Serrant de près Macdonald, Blücher avance le long de la vallée de la Marne avec quatre corps échelonnés entre Château-Thierry et La Ferté-sous-Jouarre. Parti de Nogent-sur-Seine, l'Empereur, passant par Sézanne, fond sur les Prussiens et, soutenu par Marmont, Mortier et Ney, coupe leur armée en deux, mettant en déroute le corps d'Olsouwief à Champaubert, le 10 février. Le lendemain, il défait Sacken à Montmirail, et le 12, il bat Yorck à Château-Thierry. Le 14, il vainc Blücher, accouru au secours de ses lieutenants, à Vauchamps. En quelques jours, Napoléon est parvenu à désorganiser l'armée prussienne.

4 Pendant ce temps, Schwarzenberg, chassant devant lui Oudinot et Victor, qui n'ont pas les effectifs nécessaires pour l'arrêter, progresse dans la vallée de la Seine et atteint Fontainebleau. Arrivant par Meaux, Guignes et Mormant, Napoléon remporte un beau succès à Montereau, en s'emparant du pont de cette

Campagne de France

ers succès avant la fin

Entrée des coalisés à Paris, le 31 mars 1814 (musée de l'Armée, Paris).

Les conséquences

La fin est proche désormais. Tandis que Lyon et Bordeaux sont déjà tombées aux mains de l'ennemi, les coalisés pénètrent dans la capitale le 31 mars, les défenseurs résistant assez faiblement. Dès le 3 avril, le Sénat vote la déchéance de l'Empereur, qui se résout à l'abdication trois jours plus tard. Le 10 avril, à Toulouse, Soult livre la dernière bataille de la campagne de France. Le 11 avril, en vertu du traité de Fontainebleau, l'Empereur, accepte de s'exiler à l'île d'Elbe, et, le 20, il fait ses adieux à la Vieille Garde. Le 30 mai, la France signe avec les coalisés le traité de Paris qui ramène ses frontières à celles de 1792. Quelques mois plus tard, en novembre 1814, les vainqueurs commencent à tenir congrès à Vienne pour refaire la carte de l'Europe. ∎

ville, sans toutefois parvenir à empêcher la retraite de l'ennemi. Celui-ci est cependant rejeté en désordre sur Troyes et Chaumont.

5 À peine débarrassé de la menace autrichienne, l'Empereur se rue sur Blücher en train de se replier sur l'Aisne, sans oser accepter le combat. Les Français sont bien près d'écraser les Prussiens sous les murs de Soissons, mais la ville a capitulé quelques heures auparavant, permettant à Blücher d'échapper au piège que lui a tendu Napoléon.

6 À ce moment, l'armée du Nord, poussant devant elle Maison, fait son apparition. Elle s'empare tout d'abord de Soissons, marquant un tournant dans la campagne de France. Submergé par le nombre, Napoléon n'a d'autre solution que de retarder le plus possible une défaite qu'il pressent inéluctable. Traversant l'Aisne à Berry-au-Bac, il défait encore une fois Blücher à Craonne, le 7 mars, mais échoue devant la ville de Laon, trop bien défendue par 100 000 Prussiens et Russes, les 9 et 10 du même mois.

7 S'il parvient à repousser les Russes à Saint-Priest, près de Reims, l'Empereur, désormais confronté aux trois armées ennemies qui avancent sur un front continu de la Seine à l'Oise, ne dispose plus d'aucune marge de manœuvre. Livrant un dur combat à Arcis-sur-Aube le 20 mars, il rêve de soulever la population française contre l'envahisseur afin de lui livrer une guerre de guérilla. Cinq jours plus tard, Marmont et Mortier, battus à La Fère-Champenoise, se replient sur Paris.

Les jeunes conscrits levés par l'Empereur, les Marie-Louise, se comporteront avec courage pendant la campagne de 1814 (collection particulière, Paris).

115

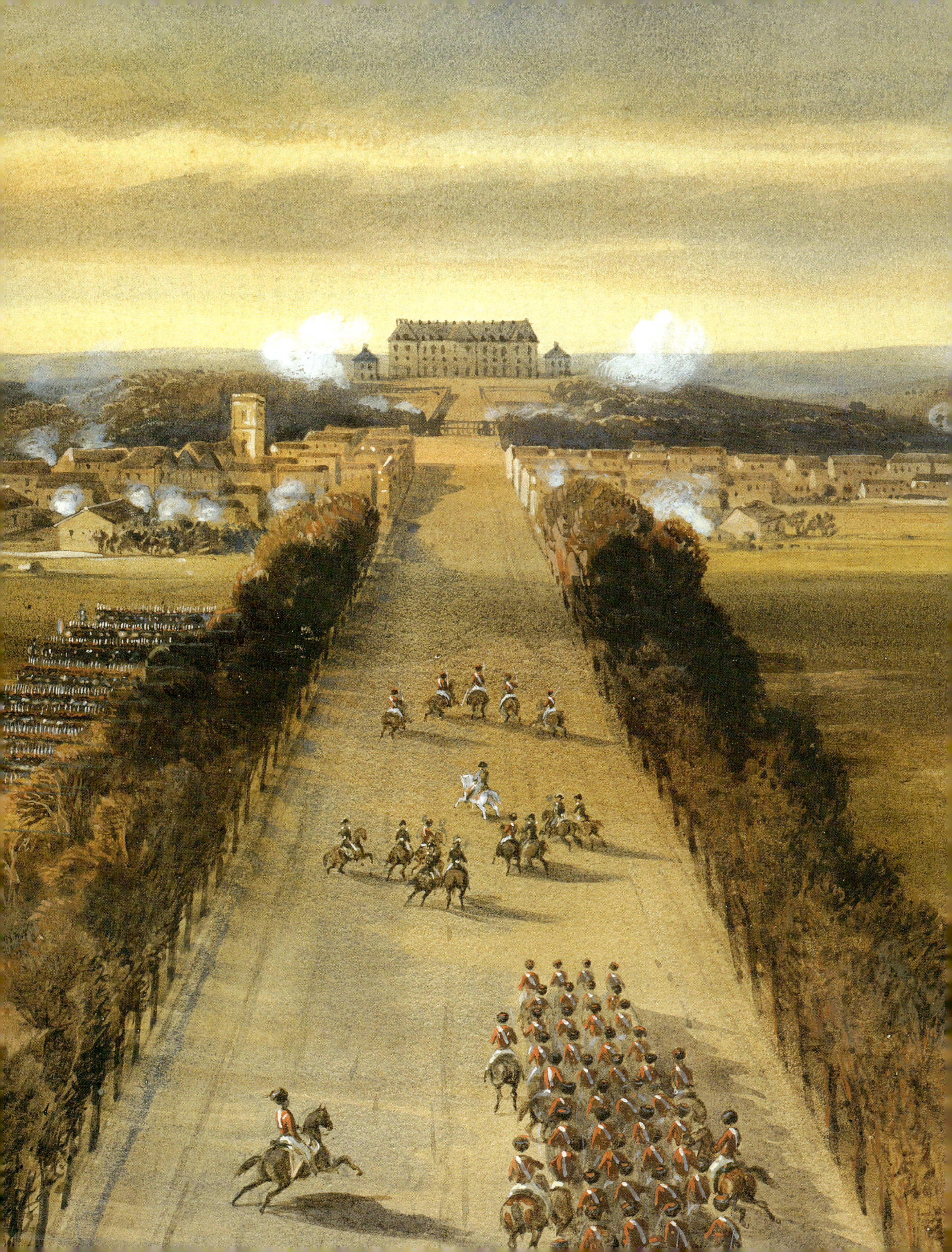

29 janvier 1814

Campagne de France

La bataille de Brienne-le-Château

Napoléon en danger à Brienne-le-Château (tableau de Hillingford, coll. part.).

Page de gauche : *Combat de Brienne, 29 janvier 1814, à l'entrée de la nuit.* Le château et le village de Brienne apparaissent au second plan (aquarelle de Fort, musée de Versailles).

Le 1er janvier 1814, les coalisés pénètrent en territoire français. Napoléon, avec son génie militaire habituel, s'oppose avec de faibles moyens au déferlement de l'envahisseur, livrant la première bataille importante de la campagne de France à Brienne-le-Château.

Les troupes alliées se répandent rapidement dans l'est de la France, s'emparant des grandes villes les unes après les autres. Elles progressent d'autant plus vite que la démoralisation règne dans le camp français, notamment chez les grands subordonnés de l'Empereur, tels que Macdonald, Marmont et Victor, ce dernier abandonnant Strasbourg presque sans combattre.

Blücher pris à partie

Pour affronter trois armées ennemies fortes de 400 000 hommes, l'Empereur des Français dispose d'à peine 100 000 conscrits, les « Marie-Louise », et soldats chevronnés. Aussi adopte-t-il une stratégie qui vise à attaquer et à vaincre l'un après l'autre les chefs alliés. Napoléon s'en prend d'abord à Blücher, qui se trouve en pointe de l'avance alliée et progresse sur Brienne-le-Château, à l'endroit où lui-même a effectué une partie de ses études militaires, avec une armée de Silésie rassemblant 80 000 hommes sous les ordres de Yorck, de Kleist, de Sacken et de Langeron.

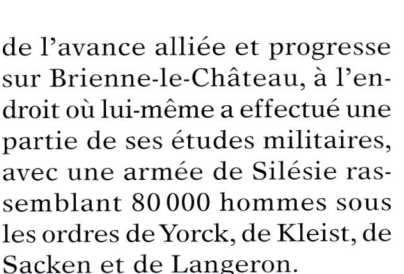

117

Napoléon frappe Olsouwief

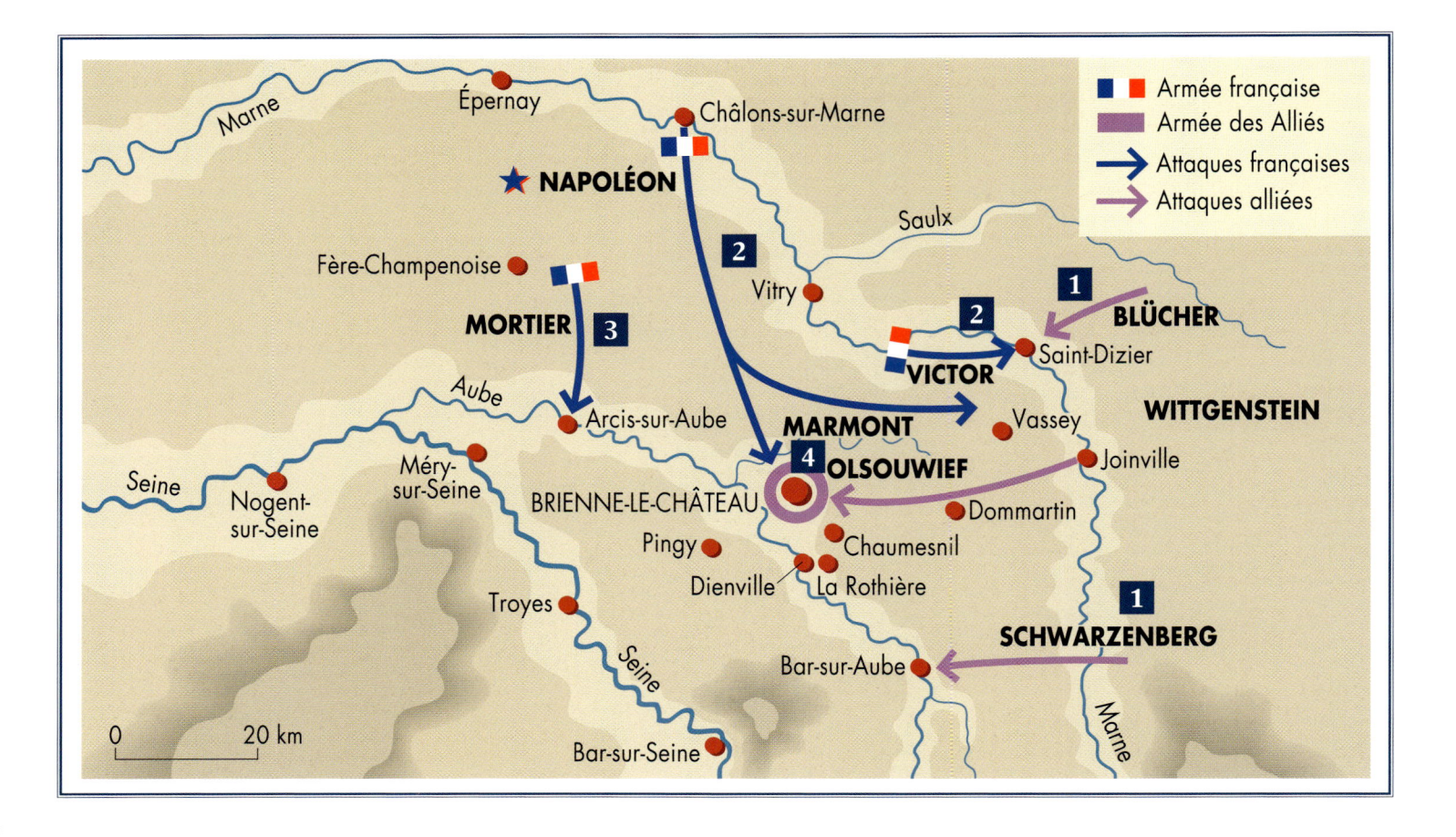

1 Arrivé à Châlons-sur-Marne, Napoléon, ayant laissé son frère Joseph aux commandes de l'État, à Paris, apprend que Blücher approche de Saint-Dizier et que Schwarzenberg marche sur Bar-sur-Aube par Brienne-le-Château. Il sait que les deux armées ont été très affaiblies par la nécessité de laisser derrière elles de nombreuses garnisons. Blücher, qui a l'intention d'atteindre Paris et se trouve très en avant par rapport à Schwarzenberg, constitue l'objectif le plus vulnérable.

2 Après la bataille de Saint-Dizier, qui s'est déroulée le 26 janvier et au cours de laquelle Victor a bousculé les troupes de Landskoï, Napoléon se rend compte que l'armée de Silésie est scindée en deux tronçons. Dépêchant Marmont vers l'est, avec la mission de couper les routes de Saint-Dizier et de Joinville, l'Empereur, les 27 et 28 janvier, marche sur Brienne-le-Château avec le gros de ses forces afin de surprendre les Russes et les Prussiens.

3 Dans le même temps, il demande à Mortier de se porter sur Arcis-sur-Aube pour empêcher Blücher de franchir la rivière et de prêter main forte à Schwarzenberg. Mais une copie de l'ordre en question tombe aux mains de l'ennemi, amenant le général prussien à gagner Brienne-le-Château où il ne dispose que du seul corps d'Olsouwief. Blücher rappelle sur le champ des troupes de renfort et, dans le même temps, reçoit l'aide de l'avant-garde du corps de Wittgenstein, la cavalerie de Pahlen, forte de 3 000 hommes.

4 La bataille recherchée par l'Empereur se déroule à Brienne-le-Château. Napoléon lance ses troupes à l'attaque en trois colonnes, au fur et à mesure de leur arrivée, à partir de 14 h 30. Malgré leur inexpérience, les jeunes Marie-Louise montent bravement à l'assaut des lignes ennemies, livrant de violents combats à l'adversaire. Ils parviennent à s'emparer du château et à entrer dans la ville ; l'École militaire elle-même est le théâtre de durs combats. Une contre-attaque prussienne réussit à déloger les Français de la ville pendant la nuit, mais les Marie-Louise continuent de tenir le château.

Campagne de France

Pahlen (1745-1826)

Pendant la campagne de France, ce général commande la cavalerie rattachée au corps de Wittgenstein. À ce titre, il participe, avec quelque 3 000 cavaliers, à la bataille de Brienne-le-Château.

Baste (1768-1814)

Ayant pris part à la plupart des campagnes de l'Empire, le contre-amiral Baste, versé dans l'armée comme général, est tué au combat de Brienne-le-Château.

Avant la bataille

Forces françaises	Forces ennemies
16 000 hommes	30 000 hommes

Après la bataille

Forces françaises	Forces ennemies
4 000 tués et blessés	4 000 tués et blessés

Détail tactique du jour

Napoléon charge le lieutenant-colonel Bernard de porter à Mortier l'ordre de marcher sur Arcis-sur-Aube afin de couper la retraite de Blücher. Mais l'officier supérieur français tombe aux mains de cosaques qui se saisissent du précieux pli. De cette manière, le général prussien est averti de ce qui se trame et Napoléon ne peut tirer parti de l'effet de surprise sur lequel il comptait.

Les conséquences

Blücher, s'il avait reçu des renforts, aurait pu renverser la situation et infliger une défaite aux Français dès le lendemain, 30 janvier. Néanmoins, ayant subi des pertes non négligeables, il décide de se replier vers Trannes au cours de la nuit, dans l'intention d'aider Schwarzenberg. En s'emparant de Brienne-le-Château, Napoléon bénéficie seulement d'un répit provisoire. Ses pertes ont été assez fortes, avec notamment la mort du contre-amiral Baste et des généraux Decouz et Forestier, et son infériorité numérique est toujours aussi criante. ∎

Napoléon lors de la bataille de Brienne-le-Château, le 29 janvier 1814 (lithographie de Motte, BNF, Paris).

11 février 1814

LA BATAILLE DE MONTMIRAIL

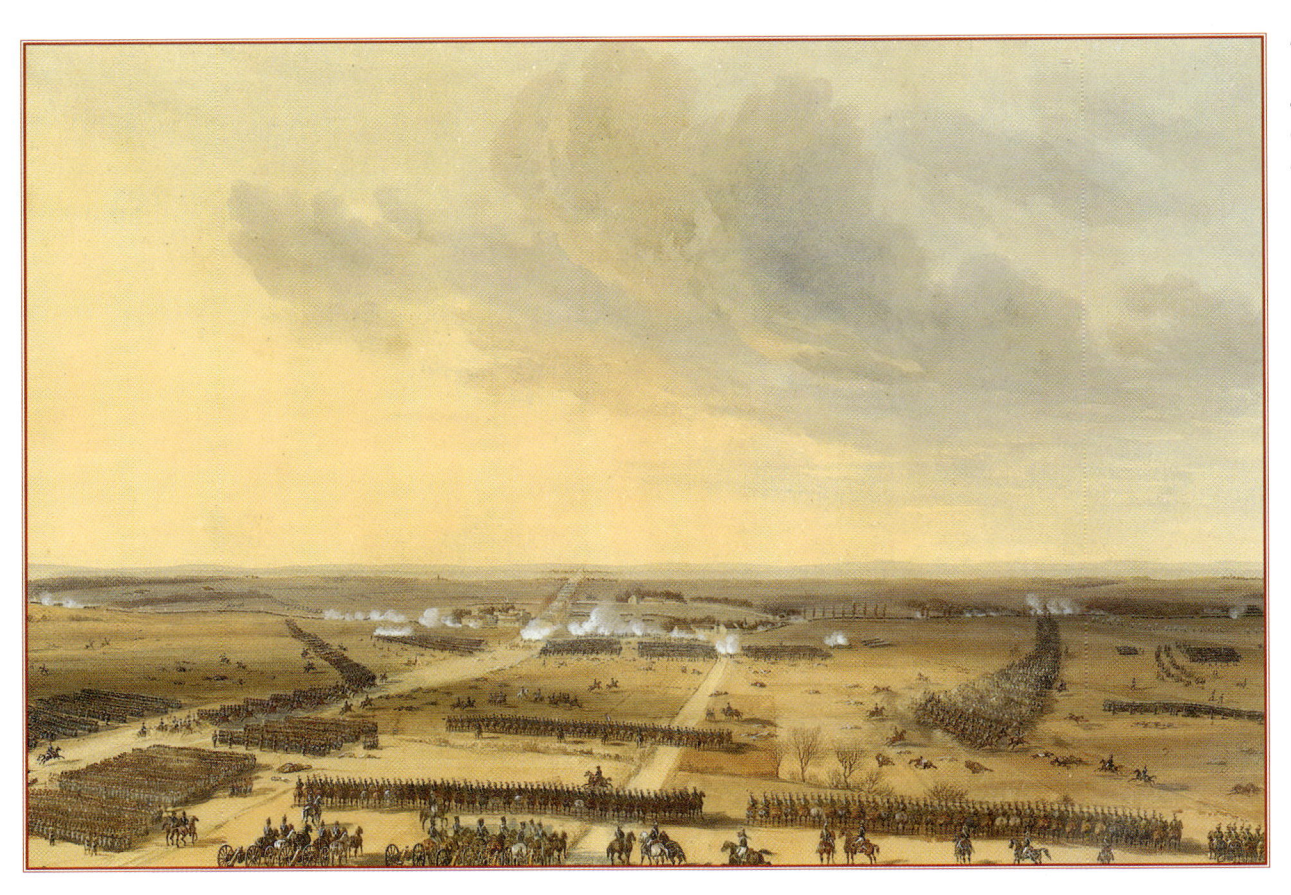

*Bataille de Montmirail,
11 février 1814,
à 4 heures du soir
(tableau de Fort,
musée de Versailles).*

À peine a-t-il réglé son compte à Olsouwief que l'Empereur, soucieux de battre ses ennemis l'un après l'autre avant qu'ils ne puissent se réunir, entame sa marche sur Montmirail, où stationne le corps de Sacken.

Pendant toute la nuit, les Marie-Louise et la Vieille Garde, harassés de fatigue, convergent sur Montmirail, où le général russe Sacken, revenu précipitamment de La Ferté-sous-Jouarre, a cantonné son propre corps d'armée.

Napoléon dans l'expectative

Vers 8 heures du matin, en ce 11 février 1814, les troupes françaises parviennent en vue de la ville où les Russes se sont établis, loin de se douter qu'ils ont Napoléon en face d'eux. De son côté, l'Empereur hésite à monter tout de suite à l'assaut ; il préfère attendre l'arrivée de Mortier et de Leval pour tenter d'enlever les positions ennemies. Sous-estimant gravement son adversaire et pensant pouvoir le vaincre sans grande difficulté, Sacken, faisant preuve d'une rare désinvolture, décide, lui, de passer à l'attaque.

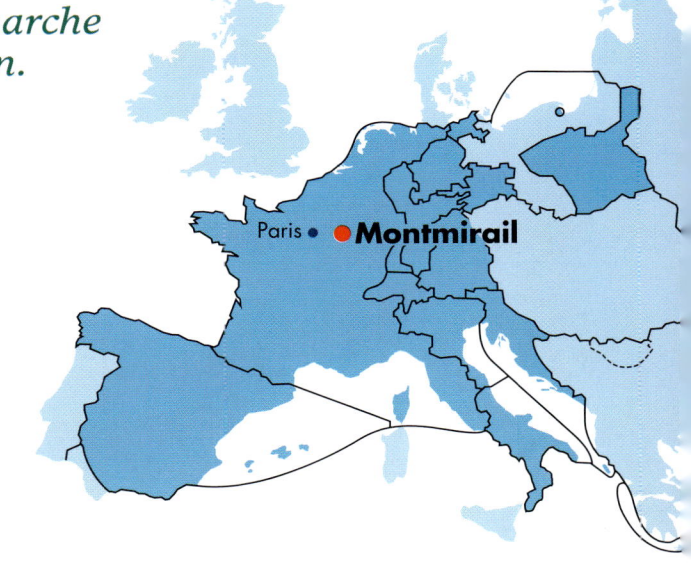

Campagne de France

Tels sont pris qui croyaient prendre

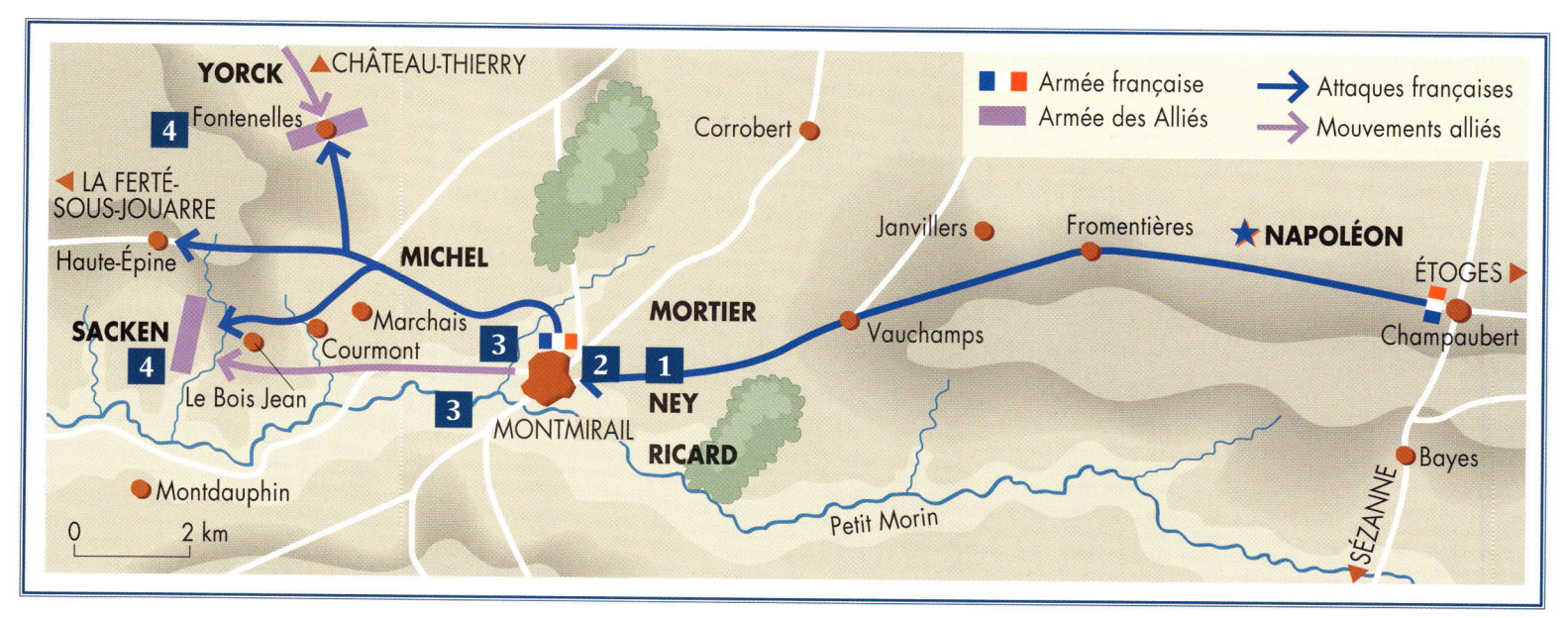

1 À midi, les Russes, certains de la victoire, sans attendre les renforts que leur propose Yorck, montent à l'assaut des lignes françaises formées, à droite, des troupes de Mortier, au centre de celles de Ney, et à gauche des soldats de Ricard. Le général russe attaque en outre le centre de l'armée ennemie et, ce faisant, s'éloigne d'Yorck au lieu de s'appuyer sur ce dernier. Les Marie-Louise résistent avec un courage et un sang-froid qui forcent l'admiration, soutenus par des éléments de la Vieille Garde que Napoléon leur dépêche en renfort.

2 Dès lors, la bataille prend de l'ampleur, mais les soldats français parviennent à contenir les Russes jusque dans l'après-midi. Vers 15 h 30, Napoléon voit arriver, non sans soulagement, les troupes qu'il attend depuis le matin pour lancer enfin son offensive, notamment la division Michel, du corps de Mortier. Dès que ces éléments lui sont parvenus, l'Empereur, n'ignorant pas combien les Russes sont épuisés par les assauts qu'ils mènent depuis le milieu de la journée, passe à l'attaque avec toutes ses forces.

3 Laissant la division Michel en flanc garde contre les Prussiens d'Yorck, il pousse Ney en avant, brise les charges de la cavalerie russe et parvient à avancer jusqu'aux carrés formés par l'infanterie ennemie. Une attaque de cavalerie menée par Guyot et Dautencourt, soutenus par les grenadiers à cheval de la Garde et les mamelouks, a raison de la résistance des soldats ennemis, qui finissent par céder du terrain et par se disperser, dans le plus grand désordre, dans les bois et les ravins aux alentours de Montmirail.

4 Tandis que le corps de Sacken se disloque, la division Michel contient le corps de Yorck qui s'est porté sur place dans la plus grande hâte pour venir à l'aide de Sacken. Pas plus que ce dernier, Yorck ne réussit à résister aux furieux assauts des Français. Contraint d'engager ses réserves, il décide, prudent, de se replier vers Château-Thierry.

Français en route pour Montmirail, le 10 février 1814 (tableau de Gueldry, musée de l'Armée, Paris).

Guyot de la Cour (1768-1837)

Avec Doutencourt, Guyot de la Cour participe aux charges de cavalerie menées contre les carrés russes autour de Montmirail.

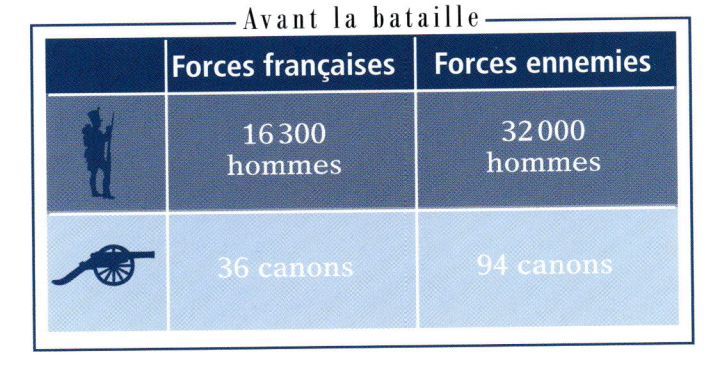

Sacken (1750-1837)

Faisant preuve d'une désinvolture et d'une sûreté de soi inconcevables, le général russe Sacken est écrasé à Montmirail.

Avant la bataille

	Forces françaises	Forces ennemies
🪖	16 300 hommes	32 000 hommes
🔫	36 canons	94 canons

Après la bataille

	Forces françaises	Forces ennemies
🪖	2 000 tués ou blessés	4 500 tués, blessés ou prisonniers

Les conséquences

Grâce à la victoire de Montmirail, Napoléon a porté, au lendemain même de la bataille de Champaubert, un coup très dur à l'armée de Silésie de Blücher. Les pertes subies ce jour-là par Sacken et Yorck sont fort importantes. Par ailleurs, le succès français engendre la discorde au sein des alliés russes et prussiens, qui s'accusent l'un l'autre de ne pas avoir agi à temps. Pourtant, la victoire de Montmirail demeure limitée dans le sens où l'inaction de Macdonald n'a pas permis de porter à Blücher un coup décisif. ■

Détail tactique du jour

Napoléon s'est battu à un contre deux lors du combat de Montmirail. La Jeune Garde n'est pas en effet arrivée à temps pour prendre part à la bataille, son artillerie s'étant embourbée. Par ailleurs, ni les troupes du général Leval, resté à La Ferté-Gaucher, ni celles du maréchal Macdonald, toujours à Meaux, n'ont été engagées ce jour-là. À ce moment de la campagne, la plupart des régiments d'infanterie russe ont été si durement étrillés que le commandement russe décide de les réorganiser et de les ramener à un bataillon chacun ! À Montmirail, une fois encore, Napoléon s'est arrangé pour battre ses adversaires séparément. Sacken a ignoré les avertissements de York et a sévèrement payé sa négligence.

Les blessés français rentrant dans Paris après la bataille de Montmirail, 17 février 1814 (plume et aquarelle de Delécluze, musée de Versailles).

18 février 1814

Campagne de France

LA BATAILLE DE MONTEREAU

Après avoir battu les coalisés à Champaubert et à Montmirail, Napoléon décide de s'opposer à l'armée alliée de Bohême en marche vers Paris, en la surprenant à Montereau.

Bataille de Montereau, le 18 février 1814. L'opération est dirigée par le général Gérard (tableau de Langlois, musée de Versailles).

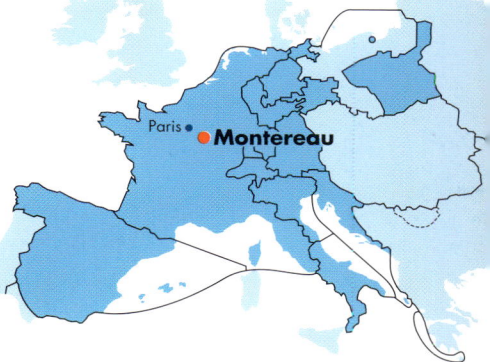

Sacken vaincu à Montmirail, l'Empereur des Français lance ses troupes en avant de manière à couper la retraite à Blücher dans la région de Château-Thierry. Menacé d'être séparé du reste de l'armée de Silésie, Yorck, talonné par les cavaliers de Nansouty, bat en retraite le 12 février 1814, entraînant avec lui les troupes du prince Guillaume de Prusse.

Affrontement à Vauchamps

Deux jours plus tard, à Vauchamps, Napoléon parvient à rattraper Blücher et à le contraindre à la bataille. Le maréchal prussien, malgré une résistance de bon aloi, ne parvient pas à tenir la ville et y perd près de 2 000 hommes ainsi qu'une douzaine de canons. Les Marie-Louise combattent également l'ennemi avec succès à Étoges, à quelque distance de là.

Napoléon bouscule l'armée

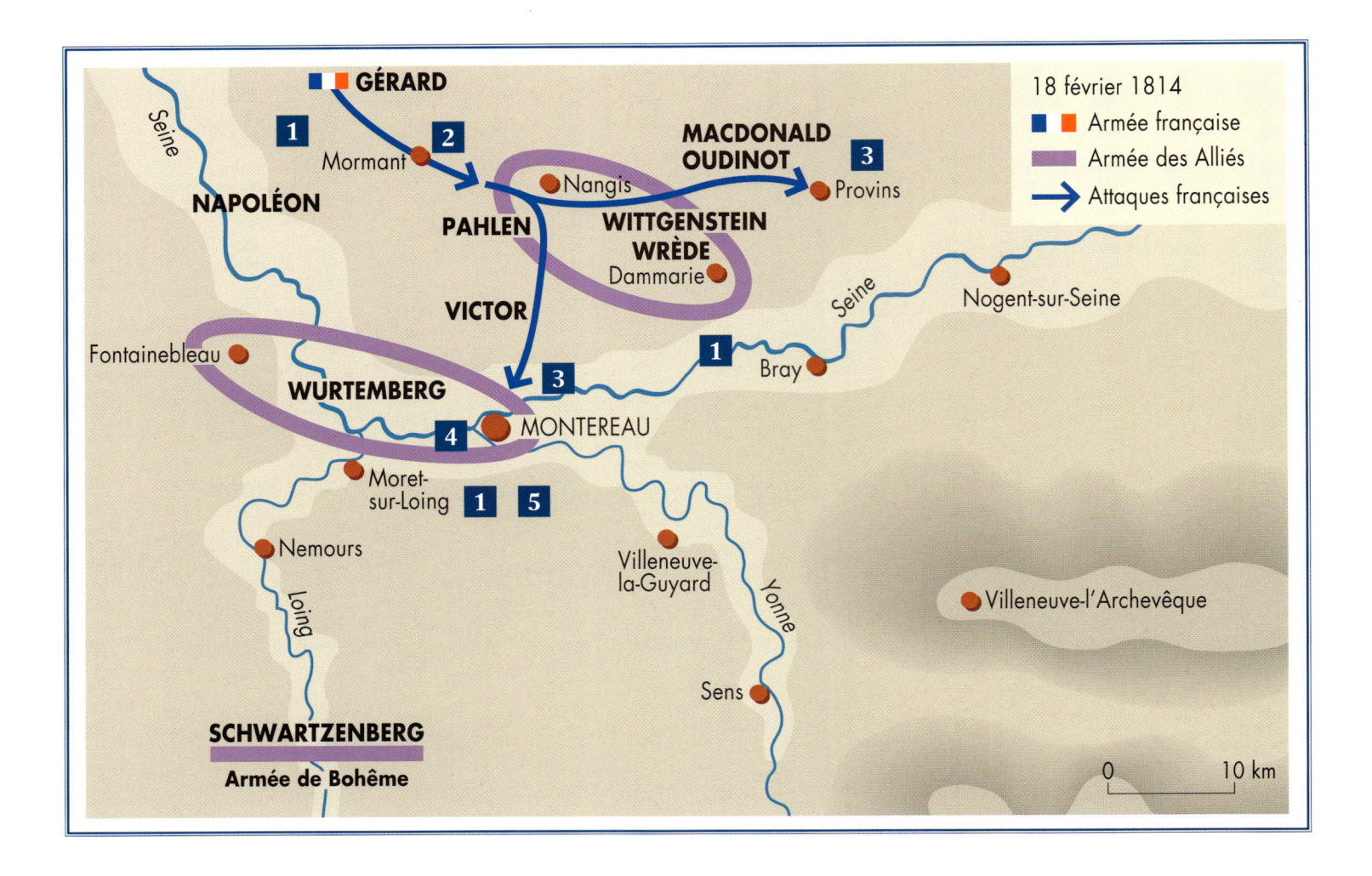

1 Sans attendre l'arrivée de la Garde, l'Empereur des Français marche contre l'armée de Bohême, divisée en trois colonnes : la première, sous Wittgenstein, à droite ; la deuxième, sous Wrède, au centre ; la troisième, sous Wurtemberg, à gauche. Le 16 février, il dispose de 47 000 hommes répartis entre Victor, Oudinot, Macdonald et la Garde impériale, la cavalerie opérant sous les ordres d'Exelmans, de Pajol, de Milhaud, de Kellermann et de Bourdesoulle.

2 Le lendemain, Napoléon passe à l'offensive contre Wittgenstein qui, pensant les Français encore à Montmirail, est surpris et demande un armistice. L'Empereur ayant rejeté cette demande, il poursuit son avance et fond sur le comte Pahlen, qui commande l'avant-garde de l'armée de Bohême, à Mormant. Appuyé par des éléments de cavalerie, notamment ceux de Piré et de Treilhard, le général Gérard s'empare du village, tandis que l'artillerie de la Garde sème la panique au sein des troupes russes qui finissent par décrocher et s'enfuir dans le plus grand désordre.

3 Tandis qu'Oudinot et Macdonald talonnent l'ennemi vers Provins et Nogent-sur-Seine, Victor, parti de Nangis, s'avance vers le sud. Mais celui-ci, malgré les ordres de l'Empereur, se montre pour le moins pusillanime, donnant au prince de Wurtemberg le temps de fortifier sa position de Montereau. Sur-le-champ, Napoléon remplace le maréchal défaillant par Gérard ; mais il est trop tard, et Wurtemberg, qui commande des troupes autrichiennes et wurtembergeoises, tient fermement le village. De cette manière, il couvre la retraite des troupes coalisées engagées jusqu'à Moret-sur-Loing et Fontainebleau.

4 La bataille s'engage le 18 février au matin, dès l'arrivée de la cavalerie commandée par le général Pajol. Celui-ci part courageusement à l'assaut, sans toutefois parvenir à tourner la gauche ennemie comme il l'espère. L'armée impériale ne peut vraiment monter une offensive en force qu'avec l'arrivée du corps de Gérard. Parvenu devant Montereau peu de temps après, Napoléon forme ses troupes en quatre colonnes et contraint Wurtemberg à reculer.

de Bohême

Campagne de France

De Wrède
(1767-1838)

Le comte de Wrède commande la colonne du centre de l'armée de Bohême, en marche vers Paris, au moment de la bataille de Montereau.

Pajol
(1772-1844)

La charge que mène à Montereau la cavalerie commandée par le général Pajol décide en partie de l'issue de la bataille.

Avant la bataille

	Forces françaises	Forces ennemies
🪖	25 000 hommes	15 000 hommes
🔫	45 canons	25 canons

Après la bataille

	Forces françaises	Forces ennemies
🪖	2 000 tués, blessés ou disparus	6 000 tués, blessés et prisonniers

5 À ce moment, Pajol lance ses cavaliers en avant et, ayant traversé les faubourgs de Montereau, s'empare du pont sur l'Yonne, que l'ennemi n'a pas réussi à faire sauter. Choqués par la charge de Pajol, écrasés par l'artillerie de Drouot, les coalisés ne tardent pas à se disperser et à battre en retraite dans le plus grand des désordres.

Les conséquences

En remportant un important succès à Montereau, au terme d'une bataille qui s'étend tout de même sur huit heures, l'Empereur, ayant infligé d'assez lourdes pertes à l'ennemi, a révélé une fois de plus à ses adversaires la grandeur de son génie stratégique et tactique. Ayant réussi à s'emparer du pont de Montereau, il contraint l'armée de Bohême, parvenue à une cinquantaine de kilomètres seulement de Paris, à reculer. ■

Détail tactique du jour

Tandis que les cavaliers de Pajol mènent la charge en direction de Montereau, Napoléon dirige les tirs de l'artillerie française sur l'ennemi, pointant lui-même un canon. Lorsque ses proches s'inquiètent de le voir au milieu des batteries sur lesquelles répliquent les canons de l'adversaire, l'Empereur leur lance : « Allez, mes amis, ne craignez rien, le boulet qui me tuera n'est pas encore fondu. »

Bataille devant Montereau, 18 février 1814, à 3 heures de l'après-midi (tableau de Fort, musée de Versailles).

TABLE DES MATIÈRES

• Première campagne d'Italie	**p. 8**
Montenotte et Mondovi	p. 12
La bataille de Lodi	p. 15
La bataille de Castiglione	p. 18
La bataille d'Arcole	p. 22
La victoire de Rivoli	p. 25
• Campagne d'Égypte et de Syrie	**p. 28**
La prise de Malte	p. 32
La chute d'Alexandrie	p. 35
La bataille des Pyramides	p. 38
La bataille du mont Thabor	p. 42
• Deuxième campagne d'Italie	**p. 45**
La bataille de Montebello	p. 48
La bataille de Marengo	p. 51
La bataille de Hohenlinden	p. 54
• Campagne d'Allemagne	**p. 58**
La bataille d'Elchingen	p. 61
La reddition d'Ulm	p. 64
Les surprises des ponts de Vienne	p. 67
Le soleil d'Austerlitz	p. 71
• Campagne de Saxe et de Prusse	**p. 74**
La bataille d'Auerstedt	p. 77
La bataille d'Iéna	p. 80
• Campagne de Pologne	**p. 84**
La victoire de Friedland	p. 87
Le siège de Danzig	p. 90
• Campagne d'Espagne	**p. 94**
La bataille de Somosierra	p. 94
• Campagne d'Autriche	**p. 97**
La bataille d'Eckmühl	p. 100
La prise de Ratisbonne	p. 103
La bataille de Wagram	p. 106
• Campagne de Russie	**p. 110**
La bataille de la Moskova	p. 110
• Campagne de France	**p. 113**
La bataille de Brienne-le-Château	p. 116
La bataille de Montmirail	p. 120
La bataille de Montereau	p. 123

126

INDEX DES NOMS PROPRES

Abdallah Pacha	42
Alexandre Ier	109, 58, 60, 86, 99
Alexandre	25
Altare	13
Alvinczy	11, 22
Argenteau	12, 13
Auersperg	65, 69
Augereau	10, 16
Bagavout	111
Bagration	110, 111, 67, 69, 73, 88
Bailloud-Latour	55
Barclay de Tolly	110, 111
Barraguey d'Hilliers	32
Barras	25, 9
Baste	119
Bastoul	55
Beauharnais	108
Beaulieu	10
Beaumont	17, 20
Belgique	27
Bellegarde	108
Bellemont	32
Belliard	31
Benito San Juan	95
Bennigsen	85, 88
Bernadotte	61, 68
Bernard	119
Berthier	29, 32, 100, 110
Bertrand	65
Bessières	96, 105, 107, 108
Bisson	89
Blücher	75, 78, 79, 81, 113, 114, 118
Bochetta	12
Bon	32, 35, 40, 43
Borozdine	111
Boudet	108
Bourbons	94
Bourdesoulle	124
Brenz	63
Brueys	30, 31, 32
Brunswick	74, 75, 78
Buxhövden	72, 67, 85
Cadoudal	47
Cairo	13
Carcare	13
Caretti	14
Caulaincourt	110, 112
Cervoni	13
César	25
Chambarlhac	49, 50
Charles IV	94, 95
Charles	11, 27, 65, 97
Chasseloup-Laubat	90
Chasteler	65
Chebreiss	30
Claparède	66
Clausewitz	76, 82
Cobenzl	47
Colli-Marchi	10, 13
Colloredo	50, 65
Confédération du Rhin	74
Constantine	111
Dalberg	76
Dallemagne	17
Damanhour	30
Dautencourt	121
Davout	68, 72, 61, 69
Decaen	55, 56
Dego	13
Demont	103
Deroy	103
Desaix	30, 32, 33, 33, 40, 47, 7
Despinoy	20
Djezzar Pacha	42
Doctorov	111
Dombrouski	91
Drouot	125
Duchayla	32
Dugua	40
Dupas	91
Dupont	62, 63
El-Koraïm	37
Eugène	98, 111
Exelmans	124
Ferdinand de Hompesch	33
Ferdinand VII	94
Ferdinand	62
Fiorella	20, 21
François Ier	109, 73
François II	11, 45, 60, 97
Frédéric II	74
Frédéric-Guillaume III	74, 78
Friant	103, 105, 78, 79
Fröhlich	65
Froon	65
Galitzin	88
Gardanne	90
Geilgutt	90
Gensy	49
Gérard	123, 124
Gizeh	40
Gortchakoff	88, 89
Grenier	55
Grouchy	111, 55, 55, 88
Gudin	101, 103, 104, 105, 78
Guieu	23
Guillaume	21
Guyot de la Cour	121, 122
Hannibal	52
Hardenberg	74
Hildburghausen	65
Hiller	105
Ibrahim Bey	30, 41
Jean	47, 54, 98
Jellacic	50
Jérôme	85, 86
Joinville	118
Joseph	118, 50
Joséphine	64
Joubert	26
Jourdan	25
Junot	111, 14, 30, 32
Kaïm	52
Kalbreuth	91
Kamenski	85, 92
Kellermann	51, 124, 52
Kienmayer	55
Kilmaine	16
Kléber	30, 32
Kleist	117
Klenau	108
Köblos	26
Kollogriboff	88
Kollowrat	108
Kollowrath	65
Kolowrath	55
Kork	111
Koutouzov	59, 67
Kozietulski	96
Kray	46
Kuhnheim	79
L'Orient	29
La Harpe	12, 13
Laharpe	16
Lambert	88
Langeron	117
Lannes	14, 17, 24, 29, 32, 47
Lanusse	13
Lariboisière	90
Latour-Maubourg	111, 88
Laudon	62
Lazare Carnot	17
Lefebvre	85, 90
Legrand	55
Lestocq	85, 86
Leval	120, 122
Lichtenstein	108
Liptay	26
Lobkowitz	49, 50
Loison	61
Louis de Prusse	75
Louis	65
Louise	74
Lusignan	26
Macdonald	108
Mack	59
Mahler	62
Maison	115
Manfredini	65
Manuel Godoy	95
Marchand	89
Marie-Louise	7, 99
Marmont	14, 29, 32, 41, 53, 61, 99, 114, 115
Masséna	10, 16, 32, 100
Melas	46, 47, 48
Menou	31, 35, 37, 40
Michaud	90
Michel	121
Milanais	27
Milhaud	69, 124
Mitrowski	23
Mohammed el-Passant	36
Moncey	47
Monnier	50
Montbrun	103, 111, 94
Morand	103, 104, 78, 79
Moreau	25, 46, 47
Mortier	114, 115, 118, 68, 88, 88
Mourad Bey	30, 39, 40
Muiron	24
Murat	11, 29, 32, 59, 61, 7
Nansouty	101, 111, 123, 88
Nauendorf	50
Nelson	30
Ney	114, 55, 55, 61
Nil	30
O'Reilly	49, 52
Oguliner	50
Olsouwief	114, 118
Ostermann	111
Ott	47
Ottocaner	50
Oudinot	108, 114, 87, 91
Ouvaroff	88, 111
Pahlen	111, 118
Pajol	124, 124, 125
Paul Ier	45
Perrée	32
Piré	124
Pitt	45, 80
Platov	111
Polenz	90
Poniatowski	111
Prince d'Orange	78
Provera	13
Pyrrhus	44
Quasdanovitch	20, 26
Raevski	111
Rainer	65
Rampon	12, 13, 41
Reisky	50
Rey	27
Reynier	108, 32, 33, 40
Ricard	121
Richepanse	55
Riesch	55, 55, 62, 63
Riese	65
Rosbach	82
Rosenberg	108
Rosette	37
Rüchel	81, 81, 82
Ruffin	95
Sacken	114, 117, 120
Saint-Empire romain germanique	74
Saint-Hilaire	103, 68
Saint-Sulpice	101
Saragosse	97
Scherer	12
Schmettau	78, 78
Schramm	91
Schwarzenberg	113, 114, 118
Sebattendorf	17
Sénarmont	88, 95
Sérurier	11, 16
Sivers	111
Sokerev	110
Soult	58, 6, 69, 72, 94
Splényi	50
Stendhal	25
Stengel	16
Stuart	50
Suchet	47, 66
Talleyrand	39
Thureau	47
Toutchkoff	111
Treilhard	124
Vandamme	101
Vaubois	23, 29, 32, 33
Victor	52, 88, 95, 114
Victor-Amédée III de Savoie	14
Villeneuve	32
Vincent	113
Vivant Denon	35
Von Arnim	79
Wagram	97
Wartensleben	78
Werneck	65
Wittgenstein	118, 124
Wrède	124
Wurtemberg	60, 124
Wukassovitch	13, 26
Würmser	11
Wurtemberg	124
Yorck	114, 117, 121
Yvan	105
Zach	52, 53

INDEX GÉOGRAPHIQUE

Abbach	101, 104
Abensberg	98
Aboukir	30, 31, 41
Acqui	13
Adda	10, 16
Adige	11, 21
Aisne	115
Albanie	73
Albaredo	23
Albeck	62, 65
Albenga	10
Alexandrie	29, 47
Alle	85, 87
Allemagne	58
Alpes	25, 46
Alpone	23
Altare	13
Amiens	71
Ampfing	54
Amstetten	59, 67
Angleterre	25, 27
Aoste	48
Arcis-sur-Aube	118
Arcole Rivoli	7
Argenteau	12
Aschaffenburg	76
Aspern-Essling	98, 109
Auerstedt	74, 75, 79, 82
Augsbourg	58, 61
Austerlitz	7, 71
Autriche	25, 9
Avignon	27
Bâle	46
Baltique	90
Bard	45, 47
Bar-sur-Aube	118
Bartenstein	91
Bassano	11, 25
Bassin parisien	114
Bavière	46, 56, 97
Baylen	94
Bayonne	94
Berlin	74, 75
Berry-au-Bac	115
Bicoque	13
Bohême	113, 62
Borghetto	19, 21
Borodino	110, 111
Boulogne-sur-Mer	58, 71
Brandebourg	76
Brenz	62
Brescia	19
Breslau	85
Bretagne	58
Brienne-le-Château	114, 117
Brisgau	60
Brünn	72
Bug	85, 86
Buitrago	95
Burgiau	55
Burgos	94
Buttstaedt	79
Cairo	13
Caldiero	23, 25
Campoformio	11, 47, 56
Canope	31
Carcare	13
Carinthie	99, 109
Carniole	99, 109
Casteggio	48, 49
Castelnuova	49
Castiglione	11
Cenis	47
Ceva	12, 13
Châlons-sur-Marne	118
Champaubert	114, 122, 123
Château-Thierry	114, 121
Chaumont	115
Cherasco	10, 14
Chiese	11
Chiusella	48, 47
Cintra	94
Cispadane	24
Civitavecchia	32
Claye	113
Comtat venaissin	27
Cossaria	13
Craonne	115
Crémone	17
Czarnowo	85
Dalmatie	73
Damanhour	37
Damas	42, 43
Danube	25, 46
Danzig	82, 85, 90
Dego	10, 13
Donauwœrth	61
Dürrenstein	68
Ebersberg	55
Eckartsberg	79
Eckmühl	100, 98
Edward	11
Eggolfsheim	101
Égypte	7
El Arich	30
Elbe	75, 81, 86
Elchingen	59, 6, 61
Embabeh	30, 40
Erfurt	75, 81, 82
Escaut	58
Espagne	25, 94
Espinosa	94
Essling	107, 98
Étoge	123
Europe	58
Eylau	84
Finale	10
Finkenstein	85
Fombio	16
Fontainebleau	94
Forêt noire	59, 46
Fouli	30, 42
France	10, 25
Francfort	84
Freising	60
Friedland	7, 84, 85
Frioul	11, 73
Galicie	109, 99, 42
Gambione	23
Garde	20
Gaza	30
Gênes	12, 32, 47, 48
Gernstedt	79
Gibraltar	32
Gizeh	30
Golymine	85
Gozo	33
Grand Saint-Bernard	47
Graudenz	82, 85, 90
Grodno	85
Guadarrama	94
Guenes	94
Guignes	115
Guillaume de Prusse	123
Gundelfingen-Elchingen	63
Günzburg	61, 62
Hagelstadt	101
Hanovre	60, 80
Hansel Grund	109
Hartofen	55
Haslach	62
Hassenhausen	78
Heilsberg	85
Héliopolis	30
Helvétie	45
Hochstedt	46
Hohenzollern	108
Hohenlinden	47
Hohenlohe	75
Hollabrünn	59, 69
Hollande	25, 45
Holm	91
Iéna	7, 75
Ingolstadt	59
Inn	54, 56
Invalides	79
Isar	54, 55
Isen	55
Istrie	60, 99, 109
Italie	7
Jaffa	30
Jourdain	30, 42
Köfering	101, 104
Kolberg	90
Königsberg	75, 85, 91
Kösen	78
Krems	59, 68
Küstrin	75, 82
La Favorite	11
La Ferté-Gaucher	122
La Ferté-sous-Jouarre	114, 120
La Rothière	114
La Stradella	49
La Valette	32
Landshut	60, 98, 100, 101, 103
Langenau	62, 65
Laon	115
Le Caire	30
Légations papales	27
Legnano	24
Leipzig	75, 81
Leoben	11
Ligurie	47, 53
Loano	10
Lobau	108
Lobay	98
Lodi	10, 11, 15, 17
Lombardie	9, 16, 19, 47, 53
Lonato	20, 25
Loubya	42
Lubeck	75
Ludwigsburg	60
Lunéville	47
Madrid	94
Magdebourg	75, 82
Main	25, 59
Malte	29, 32
Manche	32
Mantoue	10
Marengo	47, 7
Maréotis	35
Marne	114
Marseille	32
Mattenboet	55
Meaux	115, 122
Méditerranée	32
Melk	68, 69
Michelsberg	65, 66
Milan	10, 16, 17, 25, 48
Millesimo	10, 13, 14
Mincio	16, 17, 19, 47
Modène	24
Mondovi	10, 12, 13, 16
Monte Legino	12, 13
Montebello	47, 48
Montenotte	12
Montereau	115, 123
Montmirail	7, 114
Moravie	59
Moret-sur-Loing	124
Mormant	115, 124
Moscou	112
Moskova	7, 112
Munich	46, 60
Nangis	124
Naples	45
Narew	85
Naumburg	75, 77, 78
Nazareth	30, 42
Nehrung	91, 91
Neuburg	46
Neufarwasser	91
Neumarckt	11
Nice	9
Niémen	85
Nogent-sur-Seine	114, 124
Novi	47
Ober-Elchingen	62
Oberhausen	46
Oder	84
Oise	115
Oldenbourg	110
Ostrolenka	85, 86
Paris	10, 14
Parsdorf	46, 47, 54
Passarge	90, 91
Passau	103
Pavie	17
Peschiera	19, 21
Piémont	9, 13, 47, 53
Pillau	91
Pizzighetone	17
Plaisance	16, 47, 49
Plock	85
Pô	16, 25
Pologne	75, 84
Poméranie	91, 110
Pomichowo	85
Porcile	23
Portugal	94
Posen	85
Praga	85
Pratzen	59, 71
Prenzlau	75
Presbourg	60, 73, 109
Provins	124
Prusse	25
Ptolémées	37
Puerto	95
Pultusk	85, 86
Pyramides	7
Ratisbonne	59, 62, 98
Reims	115
Rhin	47, 75
Rhodes	30
Rivetta	49
Rivoli	11, 25
Rocking	101
Ronco	23, 23
Rosenheim	56
Russie	45
Saale	81
Saalfeld	75, 77
Saint-Christophe	55
Saint-Dizier	114, 118
Saint-George	22
Saint-Jean-d'Acre	30
Saint-Pétersbourg	58
Saint-Pölten	67
Saint-Priest	115
Salzbourg	109, 99
San Giuliano Vecchio	52
Sardaigne	9
Savoie	10
Savone	10
Saxe	74, 81
Schaffhouse	46
Schivardino	111
Schœnbrunn	60
Scrivio	47
Sediman	30
Seine	114
Selingenthal	101
Sézanne	114
Silésie	113, 117
Sinaï	31
Soissons	115
Soldau	85
Solférino	11
Somosierra	88, 94
Souabe	60
Spielberg	78, 79
Spitz	69
Stadtamhof	105
Stettin	75, 82
Steyer	47
Stradella	47, 48
Strasbourg	117
Straubing	103, 104
Suède	110
Suez	31
Süssenbrünn	108
Syrie	29
Tagliamento	11
Tarvis	11
Telnitz	72, 73
Tessin	47
Thabor	30, 42
Thorn	85
Thuringe	75, 81
Tibériade	42
Tilsit	82, 86, 110
Tolentino	27
Tortone	49
Tortonne	53
Toscane	24
Toulon	10, 29, 32
Trafalgar	71
Trente	11
Trentin	60, 73
Trieste	99
Troyes	114
Turin	13
Turquie	30, 45
Tyrol	10, 19, 60, 73
Ulm	54, 59
Urschitz	60
Valenza	16
Valmy	75
Var	47
Varsovie	84
Vauchamps	114, 123
Vénétie	25, 47
Venise	11, 19, 73
Vénitie	60
Vérone	21, 22
Vienne	11, 25
Villanova	23, 52
Vistule	84
Voghera	48, 49
Voltri	12
Vorarlberg	60
Wagram	7
Walcheren	107
Weichselmunde	91, 92
Weimar	78, 82
Westphalie	86
Würzburg	81
Yonne	125
Zélande	107
Znaïm	109, 99
Zurich	51
Zwetzen	82

Crédits photos

Pages :

8 : Blot/RMN. **9** : Giraudon. **10** : Menet/IGN. **11** : Edimédia, RMN. **12** : RMN. **14** : Giraudon, RMN. **15** : RMN. **16** : Collection Viollet/N-D Viollet. **18** : Arnaudet, Lewandow, RMN. **19** : Giraudon. **21** : Lauros-Giraudon, Giraudon, Collection Viollet, Rue des Archives, TAL. **22** : Lauros-Giraudon. **23** : Mathéus/RMN. **24** : Collection Viollet, Lauros-Giraudon/Bridgeman. **25** : Edimédia. **26** : Collection Viollet. **28** : Giraudon, Bridgeman. **29** : Josse. **31** : Arnaudet/RMN, Giraudon. **32** : Lauros-Giraudon. **34** : Edimédia, RMN, G-Blot/Collection Viollet, Bridgeman-Giraudon. **35** : Giraudon. **36** : Musée de l'Armée. **37** : Mathéus/RMN, Giraudon, Lauros-Giraudon. **38** : G. Blot/RMN. **39** : El Meliani/RMN. **40** : Giraudon, Lauros-Giraudon. **42** : Giraudon **44** : Edimédia, Collection Viollet, RMN. **45** : Arnaudet, Schormans/RMN. **47** : G-Blot/RMN, Giraudon. **48** : G-Blot/RMN. **50** : Giraudon, J. Schormans/RMN, G. Blot/RMN. **51** : Giraudon. **52** : Joseph Martin, Giraudon. **54** : AKG-Images. **56** : RMN, AKG Paris, Cameraphoto, Arnaudet-Blot/RMN. **57** : Musée de l'armée. **58** : Arnaudet/RMN. **60** : Edimédia, Lauros-Giraudon. **61** : RMN. **62** : Collection Viollet, RMN, Musée de l'armée. **64** : RMN. **66** : Collection Viollet, Giraudon, Edimédia, G. Blot/RMN. **67** : N-D-Viollet. **68** : Collection Viollet. **69** : Musée de l'armée, Lauros-Giraudon. **70** : RMN. **71** : J-C Maillard, Edimédia. **73** : Giraudon, Lauros-Giraudon, Edimédia, Musée de l'armée. **74** : E. Lessing/Magnum photos. **76** : Edimédia, Edimédia. **77** : Collection Viollet. **79** : Josse, Giraudon, Lauros-Giraudon. **80** : Edimédia, Musée de l'armement, AKG-Paris. **83** : VISIOARS/AKG-Paris. **84** : Lauros, Giraudon. **86** : Lauros-Giraudon, Musée de l'armée. **87** : Giraudon. **88** : Rue des Archives/Tal. **89** : Lauros-Giraudon. **90** : G. Blot/RMN. **92** : Musée de l'armée, Josse, Josse. **93** : Bridgeman-Giraudon. **94** : AKG-Paris. **95** : Lauros-Giraudon, Giraudon, Giraudon, Lauros-Giraudon. **97** : Popovitch/RMN. **99** : Musée de l'armement, AKG-Paris. **100** : collection Roger-Viollet. **102** : Musée de l'armement, L. Truchy, L. Bertrand/Explorer. **103** : Josse. **105** : Musée de l'armement, Josse. **106** : Bridgeman. **107** : Lauros-Giraudon. **109** : Lauros-Giraudon, Giraudon, Lauros-Giraudon. **110** : Giraudon. **112** : Giraudon, Giraudon. **113** : G. Blot/RMN, Musée de l'armée, AKG-Paris. **116** : G. Blot/RMN. **117** : Bridgeman-Giraudon. **119** : Roger-Viollet, AKG, AKG. **120** : G. Blot/RMN. **121** : Musée de l'armement. **122** : Musée de l'armement, G. Blot/RMN. **123** : Arnandet, G. Blot/RMN. **125** : Musée de l'armement/Giraudon.

Couverture : *Bonaparte franchissant les Alpes au Grand-Saint-Bernard*, tableau de David, château de Malmaison. L. Lecat/AKG-Paris.